明治期における法令伝達の研究

岡田昭夫著

成文堂

目　次

初出一覧

緒　言――法令伝達研究の現状とその射程――

「法令伝達研究の方法と展望、その射程（1）（2）」東京医科大学紀要第二七号～第二八号二〇〇一年～〇二年

第一章　明治期の高札と法令伝達

「明治高札考（一）～（四完）」早大法研論集第六七号～第七〇号一九九三年～九四年

第二章　明治期の東京府における法令伝達制度について

「明治期の東京府における法令伝達制度について（1）（2）」東京医科大学紀要第二四号～第二五号一九九八年～九九年

第三章　官報創刊前の法令伝達について

「明治法令伝達考（1）～（5）」東京医科大学紀要第二五号～第二八号一九九九年～二〇〇二年

第四章「法令公布日誌」構想と「官報」の創刊

「法令公布日誌考」東京医科大学紀要第二一号一九九五年

第五章「法令全書」の創刊について

「『法令全書』創刊考」法制史研究第四八号一九九九年

第六章「官報」の創刊と人民の法令理解について――中央権力機構の変遷と法令伝達制度

「『官報』の創刊と人民の法令理解について――中央権力機構の変遷と法令伝達制度」法制史研究第五六号二〇〇六年

結　言――法令伝達研究の展望――

「法令伝達研究の方法と展望、その射程（1）（2）」東京医科大学紀要第二七号～第二八号二〇〇一年～〇二年

緒　言――法令伝達研究の現状とその射程――

一　法令伝達研究の現状と課題

［一］法令伝達研究の現状

近時、近代法史学においては法典編纂史に代表される立法史の研究に止まらず、訴訟記録を利用して法の適用面の研究が精力的に試みられるようになってきた。訴訟記録を基にした法の運用面の研究が進捗することは法史学研究に大きな前進をもたらすことは言うまでもない。近代法史学の新たな地平の開拓が始まったと言えよう。ところで、法史学が研究対象とするのは、その立法過程・その運用過程というふたつの局面のみならず、名宛人への伝達過程という第三の局面が存在することを忘れてはならない。なぜなら、各時代の権力機構はどのような伝達システムを有したかの解明と、その権力機構が国民に対して法令の内容をどの程度まで理解することを期待していたかの把握は、その時代の権力の特質を理解するために不可欠なことであると思われるからである。

しかしながら従来、第三の局面はあまり顧みられなかったと言わざるを得ない。すなわちこの分野の先行研究に目を向けるなら、古くは穂積陳重が『法律進化論』[1]において進化論的視点から法令伝達の進化過程の説明を試みた。また、石井良助は『明治文化史』第二巻法制[2]において、諸実定法の制定過程及び国家機構の成立過程の説明の中で比較的詳細に法令伝達制度にも言及している。その後石井は「法の公示方法の沿革」という論考を著した。主として近世から明治初年にかけての高札と触に関する論考であるが、最後の部分で明治初年の法令伝達の沿革についても言及している。残念ながら紙幅の関係であろうかごく概説的な内容にとどまっていた。これら以外にも法令伝達に関する論考は発表されているが[3]、それらの多くは、地域・時代・伝達方法等に主題を限定して法令伝達を各論的に研究したもの、あるいは法の制定過程の論究との関連で限定的に法令伝達に言及するものが見受けらるが、現在までの所、石井の業績以外には法令伝達に関する体系的な研究はないという状況である。

法令伝達の研究に密接に関連する問題として例えば法令形式に関する研究があるが、この法令形式の研究については山之内一夫の「法令形式[4]」というがある。その中で明治初年から旧憲法施行後までの法令形式を沿革的に論じているが、法令の文体や法令番号、達文等についての解説が試みられており注目されるところである。また法令の伝達媒体の研究においては、高札・官報の研究が注目される。前者においては、前述の石井良助の「法の公示方法の沿革」が、近世の高札と触を中心にして近世的法令伝達制度を明らかにし、その延長上に明治初年の法令伝達制度を位置づけた。また服藤弘司は「明治初年の高札[5]」において、明治期に掲示された各高札を網羅的に分析し、近世在地に定着していた高札に対する法意識、すなわち支配権力の神聖不可侵性・遵法要求の峻厳性等の在地人民が有した法意識を、明治政府がの法令遵守の担保として巧みに利用したことを帰納的に立証した。また、「官報」の研究では、那智上泰八が「官報の歴史[6]」を著し、「官報」創刊経緯のみならず、その前身としての「太政官日誌」、その印刷機関としての太政官印書局について、さらに「官報」創刊前に法令伝達媒体として機能した民間諸新聞についても詳説している。また近藤金広の『官報創刊前後』[7]も官報創刊経緯を詳細に解説している。それ以外の法令集の研究では、石井五郎「日本の法令集・おぼえ書」[8]が、「太政官日誌」を初めとする種々の日誌、「官報」「官途必携」「憲法類編」「法例彙纂」「現行類聚法規」「非現行類聚法規」「法令全書」「法規分類大全」「法規提要」「現行法規輯覧」等の諸法令集の解題を示してくれている。

[二]　早急に解決すべき課題

法令伝達は、法史学研究の各領域に不可避的に且つ横断的に関わる問題である。例えば高札による法令伝達を分析検討するには、高札を媒体として伝達された法令の実体的内容の研究も必要となる。なぜなら、ある法令の伝達に高札による伝達方法を用いるに至った理由、あるいはそれを取り止めた理由等が、当該法令の実体的内容と密接に関わっていることがあるからである。また、中央政府が発令した法令が各地方においてどの程度遵守されたのか、あるいは遵守を確保するために各地方ではいかなる方策を用いたのかを明らかにするには、当該地方の行政機構の特性を的確に把握しておかねばならない。あるいは、法令集の編纂頒布も紙を媒体にした法令伝達の一態様と位置づけられよう。そうであるなら、ある法令集が編纂される際にいかなる法令資料を基礎資料としたのであるかが問題となる。当該基礎資料の史料的価値により当該法令集の史料価値が大きく左右されるからである。従って法令集の史料的価値を明らかにするためには、法史学のみならず公文書学や史料学などの研究成果を学際的に把握していなければならない。これらの成果を前提として初めて、ある法令を確認しようとする場合、いかなる法令集を検索すべきであるかが明かとなるのである。

このように考えてくると、法令伝達の研究は、法史学研究者が共通に理解しておかなければならない法史学上の基礎研究と言うことができる。それ故に、前款で述べたように、法令伝達研究がはかばかしい進捗を見ないことが、法史学研究全体に障害となっていることに気づかなければならない。

例えば一九七七年に井上政文が「法令引用にあたっての留意すべき事項」を、また一九八四年に堀内節が「布告達の謬った番号表記について」(9)を著し、法令形式や法令番号を引用する際の注意を喚起している。しかし現在に至っても、公文式(10)制定以前の法令を、例えば明治一四年太政官第一〇一号達と表記すべきところを、明治一四年太政官達第一〇一号と表記するがごとき誤りが後を絶たない。更には「布告」「布達」「達」等の法令形式の定義も、研究者の間で必ずしも明確に認識されているとは言えないのが現状であろう。

ところで、「法令全書」『法規分類大全』等の法令集は法の伝達媒体であることは言うまでもない。特にこの二者は、近代法史学研究における典拠として確固たる地位を築いてきた。しかし不思議なことにこれら法令集の書誌学的・史料学的研究は従来ほとんど行われなかった。従ってそれらに掲載されている法令は、実際に発令された法令のすべてを登載しているのか、それらに掲載されている法令テキストは信頼するに足るものなのかといったごく基礎的なことがらについても明らかにされていないのである。そのため、両者を検索して目的の法令が見つからなければ、そのような法令は存在しないと即断してしまう研究者さえ存在するのが現状である。

はたして本当にそうであろうか。例えば明治六年の皇城炎上の際、太政官の建物とともにその記録群は烏有に帰した。それ以後に編纂された法令集は、このとき焼失した諸法令をどの程度まで復元し、掲載しているのであろうか。また各法令集の採録洩れは、上記の理由で明治六年以前が多いのか、あるいはそれ以外にも別の理由で採録漏れが存在するのであろうか。あるいは法令集が編纂される前に廃止された官庁、例えば刑部省や教部省など、が発令した諸法令は、それらが廃止された後どこの官庁で保管され、法令集編纂当局はそれをどの程度まで確認できたのであろうか。このように考えると、各法令集の史料価値をいわば「自明の公理」のごとく考えて無批判的に法令集の法文を引用してきたことは反省しなければならないであろう。

また権力側は人民に対してどの程度まで法令の理解を求めたのであろうか。後述の如く、人民の法令理解への期待度の変化は、権力側における機構的変化あるいは法制度観の変化等に起因することが多い。そこでかような権力側の期待度の変化と当時の権力機構の相関関係を分析することで、当該権力機構の近代化を評価することも必要なのではあるまいか。しかし残念ながらかような取り組みも現在までの所皆無に等しい状況である。

(1) 穂積陳重『法律進化論』第二冊（岩波書店、一九二九年）。
(2) 石井良助『明治文化史』第二巻法制（原書房覆刻版、一九八〇年、覆刻原本は一九五四年洋々社刊）。
(3) 法令伝達に関する主な先行研究については第五編第一章（1）を参照されたい。
(4) 山内一夫「法令形式」（内閣官房編『内閣制度七十年史』一九五五年、二二一頁以下）。
(5) 服藤弘司「明治初年の高札」（『明治法制史政治史の諸問題』慶應通信、一九七七年、二七頁以下）。
(6) 那智上泰八「官報の歴史」（「時の法令」一〇〇－一一二号、大蔵省印刷局、一九五三年）。
(7) 近藤金広『官報創刊前後』（原書房、一九七八年）。
(8) 石井五郎氏「日本の法令集・おぼえ書」一－八完（「国立国会図書館月報」四四―五二号、一九六四・六五年）。
(9) 「法学新報」九一巻五・六・七合併号、中央大学法学会、一九八四年。
(10) 明治一九年二月二四日勅令第一号「公文式」（「法令全書」明治十九年―1、原書房覆刻版、一九七七年、勅令一頁）。

二　法令伝達研究の射程

[一] 本書の方法論

(1) 諸史料の分析に基づく実証的理論構築

①総説

従来、法令伝達は必ずしもひとつの研究課題として認知されなかった。その最大の理由は、法令伝達という事象の性質上、それを研究するに当たっては被伝達法令の実定的内容にある程度踏み込み、各種の被伝達法令を横断的に検討しなければならないためであろう。すなわちその実定的内容は刑事法の場合も、あるいは民事法、手続法、行政諸法である場合もあり得るため、従来の法史学研究の立場からひとつの専攻領域とは為しにくいという事情があるのであろう。また法令伝達の根拠諸法令は、事項別法令集である『法規分類大全』第一編中に「布令式」として掲載されている。また「太政類典」の各編の「制度」中に「布令掲示」として関連資料が収集整理されている。しかし当然の事ながらこれらのみでは不十分であり、それ以外の関係諸法令は諸史料、諸法令集の中に散在埋没しているためそれらの精査という作業が必要となる。それには大別して次の二点に留意しなくてはならない。すなわち第一に根拠法令が複数の法令史料中に発見された場合どの史料を典拠として提示すべきか。第二に諸史料中に埋没していた根拠法令を発見した場合、そのテキストの一部等が底本からの引用の際に変容していることが多い。そこでいわば土中に埋没した土器を発掘し復元するのと同様の作業が必要となる。すなわち当該法令の真正な実体を復元する作業を行うことが必要になるのである。

②典拠の提示

歴史学研究においては、ある史料を立論の根拠として利用する場合、まずその史料の史料的価値が問われる。それと同様に、記録資料中に根拠となるべき法令が発見されたとき、あるいは法令集から根拠法令を引用するとき、何より問われなければならないのはその記録資料や法令集の史料的価値であるはずである。従って、根拠法令が複数の異なった法令資料に掲載されている場合も、それら諸資料を史料学的・書誌学的に批判的に検討して、史料的価値の優劣を判断する必要がある。以下で具体例を用いて、このことを検証してみたい。次に示すのは明治九年に陸軍省から発令された「改訂衛戍服務概則」であるが、「陸軍省布達」「法令全書」「太政類典」の三種の資料が本法令を掲載している。そこで典拠として最も史料的価値が高いのはそのうちどれであるかを確定しなければならない。この三者の概略は以下のとおりである。「法令全書」は太政官文書局、後には内閣官報局において編纂された総合法令集である。種々の利用の便に供するべく発令官庁毎に発令順に編纂することで汎用性を重視している。明治一八年以降分は逐次編纂であったが、慶応三年から明治一七年分までは遡及編纂となった。詳細は本書第五章『法令全書』の創刊について」を参照されたい。「太政類典」は太政官記録課において編纂された記録資料である。それは太政官日記日誌及び公文録等から典例条規を浄書採録し、制度・官制・官規・儀制・宮内・外国交際・地方等の十九部門に分類し、年代順に編集している。ちなみに公文録には前述の明治九年「改訂衛戍服務概則」およびその関係資料は掲載されていない。「陸軍省布達」は現在、国立公文書館内閣文庫に明治七年から同一三年分が（但し明治一二年分欠け）、最高裁判所明治文庫に明治六年から同一八年分が、国立国会図書館に明治九年から同一〇年分がそれぞれ収蔵されている。すべて和装本であり、かなり原義に近い段階で作製されたものであると推測されるが、現段階では史料的制約もあり、著者は正確な解題を著せるに至っていない。

「陸軍省布達」(1) 第四冊九年十二月

(著者注「陸軍省布達」は達文・人員表・改訂衛戍服務概則の三部から構成されている)

達第二百拾九號

各鎮臺衛戍官員服務概則別紙之通改正候條此旨相達候事

明治九年十二月十八日　　陸軍卿　山縣有朋

六管鎮臺衛戍官僚人員表(九年十二月十八日改正)《内容略》

改訂衛戍服務概則

例言

一此書ハ東京衛戍服務ノ綱領ニシテ素ヨリ一般ノ衛戍ニ適用スルモノニアラス而シテ其成則タルモ唯任務ノ大綱ヲ掲示スルモノナルカ故ニ哨所ノ模様守地ノ位地及ヒ時候ノ變換等ニ因リ司令長官ハ時々陸軍卿ニ上申シ臨時ニ變更スル事アル可シ《後略》

このように本法令は、「各鎮臺衛戍官員服務概則別紙之通改正候條此旨相達候事」という達文に続いて発令日および発令機関が記載されている。そして次に「六管鎮臺衛戍官僚人員表」が添付されその後に達文で別紙とされた「改訂衛戍服務概則」本文を掲載するという構成であった。しかしこの法令を「太政類典」は次のように掲載している。

「太政類典」(2) 第二編二〇六巻ノ五

改訂衛戍服務概則

例言

一此書ハ東京衛戍服務ノ綱領ニシテ素ヨリ一般ノ衛戍ニ適用スルモノニアラス而シテ其成則タルモ唯任務ノ大綱ヲ掲示スルモノナルカ故ニ哨所ノ模様守地ノ位地及ヒ時候ノ變換等ニ因リ司令長官ハ時々陸軍卿ニ上申シ臨時ニ變更スル事アル可シ《後略》

「太政類典」では、達文・人員表が欠落している。「太政類典」は前述のように太政官記録課で編纂されるものである故に、その下部機関である陸軍卿による達文が削除されたと考えることは可能であろう。しかし、人員表が編纂の段階で省略されたのはいかなる理由であろうか。

一方「法令全書」第九巻ノ二[3]では陸軍省の部に達文・人員表・改訂衛戍服務概則を次のように掲載している。

○達第二百十九號（十二月十八日輪廓附）

各鎮臺衛戍官員服務概則別紙之通改正候條此旨相達候事

（別紙）

六管鎮臺衛戍官僚人員表（九年十二月十八日改正）

《内容略》

改訂衛戍服務概則

例言

一此書ハ東京衛戍服務ノ綱領ニシテ素ヨリ一般ノ衛戍ニ適用スルモノニアラス而シテ其成則タルモ唯任務ノ大綱ヲ掲示スルモノナルカ故ニ哨所ノ模様守地ノ位地及ヒ時候ノ變換等ニ因リ司令長官ハ時々陸軍卿ニ上申シ臨時ニ變更ス

ル事アル可シ《後略》

「法令全書」では発令機関としての陸軍卿の名が省略されているが、これは同書が発令機関別の編年体構成を採用しており、前述したように陸軍省の部に掲載されているため発令機関が自明であるためであろう。

「法令全書」の明治九年巻は、明治一八年以降に遡及編纂されたものである。それ故、第一に、掲載された法令の発令年月日と編纂年の間に大きな時間的懸隔が存在すること。第二に、各法令の発令機関が編纂した法令集ではなく、各機関の発令した法令を収集編纂した総合法令集であること。この二点から史料的価値としては発令と比較的近接した時期に発令機関自身が編纂した「陸軍省布達」に劣ると言わざるを得ない。一方、「太政類典」は明治一五年までの政治上の基本事項について内閣制施行以前の明治政府の基幹史料のひとつである「公文録」を各種日誌や法令集等で補って編纂したものであり、基本的典拠史料として高い評価を得ている。しかし「法令全書」と同様に遡及編纂であり公文録、各種日誌や法令集を底本としている点で、やはり当該法令発令機関が編纂した法令集である「陸軍省布達」より史料価値が低いと言わざるを得ない。

また具体的に本法令の場合を検討しても、「法令全書」が「太政類典」を底本にしたと仮定すると、発令日、達文、人員表が欠落しているはずである。そこで「法令全書」と「太政類典」の双方がその編纂に当たり「陸軍省布達」を底本にしたものと推測される。従って典拠としては「陸軍省布達」の方が他の二者に比較して史料価値が高いと言えよう。ただし、「太政類典」は編纂過程で何らかの理由で発令日、達文、人員表を省略したのであろうが、達文が省略された理由については前述のごとく考える余地がある。すなわち「太政類典」においては、それが史料的に不完全と即断するのではなく、前述のごとき編纂の特性に起因する必然的帰結としての省略、いわば「太政類典」ならではの省略と考えなければならない場合が存在することは念頭に置いておくべきであろう。

この場合、「法令全書」は「太政類典」ではなく「陸軍省布達」を典拠としたためテキスト等の欠落を免れたが、「法令全書」に掲載された諸省令の中には、不完全な法令資料を典拠としたため同様の欠陥を抱えるものが存在するはずである。従来より同書掲載の諸法令を無批判に引用する傾向があることは否めないが、とくに遡及編纂版の「法令全書」掲載の諸法令を引用する前に、前述のごとき史料批判の手法を用いてより信頼性の高い法令史料を特定する必要があろう。

③法令の復元

前述のごとく、法令集にもその史料価値において優劣がある。一般的には発令機関である管轄官庁が編纂した法令集の方が、「法令全書」のごとき総合法令集より史料価値が優越していると言い得るであろう。なぜなら一般的には前者を底本として後者が編纂されることが多いからである。そしてそのような理由で種々の法令集の間で同一法令のテキストに齟齬が生じることが多い。次に示すのは明治二年に東京府が発令した「府兵規則」であるが、これを例に説明したい。「法令類纂」を見ると本規則は次のように示されている。(4)

第拾六號　同年十二月廿三日本府達

総　　長

今般厚キ御趣意ヲ以テ府下取締改革被仰出候ニ付別紙ノ通リ府兵規矩規律相定メ諸兵ヘ相達候間此旨篤ト相心得第一其身ヲ正シ諸隊長ヘ精々教諭ヲ相加ヘ指揮宜ヲ得御趣意貫徹致候様勉励可有之候事

別紙

府兵規則

一府下鎮撫ノ為メ兵隊ヲ差置候儀ハ第一乱妨ヲ禁シ盗賊ヲ防キ市在ノ諸民安堵営業致候様トノ厚御趣意ニ候間隊長ヨリ

夫卒ニ至ル迄深ク其意ヲ奉體シ第一軍律ヲ堅相守府下ノ諸民難儀不相成様心掛ケ厳重ニ可致事

《後略》

「法令類纂」は東京府の編纂した法令史料であり、官省使諸寮司および東京府の告達をその内容としている。慶応三年一一月より明治一〇年一二月を第一期とし同一一年より同一五年を第二期とした。そして第一期第二期分の遡及編纂作業は明治一八年中に完了した模様である。(5) 本書は東京府の編纂による総合法令集という位置づけとなろう。

さて、同書によれば「府兵規則」は名宛人が総長と明示され、達文に次いで別紙の形で「府兵規則」が示されていた。しかしこれが「太政類典」(6) では、法令番号と発令日付、名宛人と達文が省略されてしまい、法令テキストもゴシックで示す箇所が異なっている。

二年十二月

東京府府兵規則ヲ定ム

府兵規則

一府下鎮撫**之**為メ兵隊ヲ差置候儀ハ第一乱妨ヲ禁シ盗賊ヲ防キ市在**之**諸民安堵営業致候様トノ厚御趣意ニ候間隊長ヨリ夫卒ニ至ル迄深ク其意ヲ奉體シ第一軍律ヲ堅**ク**相守府下ノ諸民**難澁**不相成様心掛ケ厳重ニ可致事

《後略》

以上のことから明かなように、法令集を編纂する過程で、程度の差こそあれしばしばテキストの変容が生じるのである。第三章で述べるように、当時は法令を筆写する際に一字一句全くそのままに写し取ろうと注意を払うより、全体の大意を損なうことなく筆写するよう心がけられたようである。それ故なおさら法令を引用する際には真正のテキストを特定する努力が必要となるのである。さらに引用の過程で、前述のごとく当該法令集の性格によるところもあるが、発令日、名宛人、達文等の重要な法情報が埋没してしまう可能性がある。それ故、ある法令集にそれらの記載がないからといって、それは原典にも存在しなかったということには必ずしもならないので注意が必要である。

(2) 統治機構論からの分析

従来その時々の権力機構の分析評価等の作業は、それ自体が独立した研究として、あるいは法制定過程の分析を通じて行われてきた。しかしながら、一方で近代統治国家において統治は法を媒介にして行われる。他方、制定された法はその名宛人に伝達せられ、規範として提示されることになった。しかし権力機構が人民に期待する法理解の程度は、その時々の権力機構の構造的変化や西洋法の影響等によって違いがあったため、伝達のされ方も時代によって大きく異なった。そうであるなら、人民の法理解への権力機構の期待度の変遷過程にひとつの近代化の指標を求めることができよう。

たとえば新たな支配の有効な方策を持たない草創期の明治政府は、犯罪を取り締まるために旧幕時代同様の「触」と同様のシステムを用いた。すなわち行為規範のみを人民に提示し、当該行為に相当する刑罰は裁判規範として部外に秘されたのである。しかしその後時代が下り、明治六年六月一四日太政官は第二一三号を以て法令が各府県に到達するのに必要な日数を法定し、当該法定到達日数と三十日の掲示期間の経過を以て各地の人民が法を「知リ得タルモノト看做ス」と規定した。更に明治一三年には旧「刑法」[7]が発令された。周知の通りその第二条は「法律ニ正條ナキ者ハ何等ノ所為ト雖モ之ヲ罰スル事ヲ得ス」と規定し明確に罪刑法定主義が標榜されたのである。罪刑法定主義が機能するためには人民側に法条に規定された行為規範の認識あるいは認識の擬制が前提となることは言うまでもない。その後、明治一六年七月二日に至ると「官報」が創刊され、諸法令は「官報」に掲載することを以て公示とされた。官報公示主義の登場である。

この十数年という期間に、権力機構が人民に求めた法理解の程度は大きく変化したことは明かである。すなわち法の内容など理解する必要などなく単に遵守すれば良いという段階から、自らの生活関係に必要な法情報は自ら自由意思と責任に基づいて入手すべきであるという段階へ大きく変化した(8)。それでは明治六年太政官第二一三号に言う法を「知リ得タルモノト看做ス」というのは、人民の法令周知を擬制するという法技術が早くも導入されたことを意味するのであろうか。そうであるなら自分の生活関係に必要な法情報は自分の責任と自由意思により収集獲得すべきであるという理性的存在体としての人間像が早くも登場したことを意味する。それはすなわち我が国の法体制が、近代西洋法の基本的指導理念である私的自治の原則を継受したことにほかならない。そして明治一三年の旧刑法発令の段階では罪刑法定主義が円滑に機能し得るほどに法令周知の擬制という法制度は定着していたということであろうか。そうであるならこの段階で官報公示主義も導入し得たはずであるし、むしろその段階で導入された方が合理的であったとさえ思われる。なぜ明治一六年を待たねばならなかったのであろうか

これらを考察するに当たり、権力側が人民に求めた法理解度の変化と権力機構の構造的発展過程の相互連関を分析することが必要となろう。後述のごとく太政官制の確立、太政官内閣制の発足と展開、参議省卿兼任制、および各省事務章程通則の制定等の権力側の機構的諸条件が法令伝達に及ぼした影響を看過することはできない。近時、我が国近代の統治機構形成過程の研究に関しては多くの優れた論考が発表された(9)。そこで、これらの研究成果をもとに、権力機構の発展過程と法令伝達の変遷の相互連関を分析し、前者における近代化を評価する際の一指標を提

示することを試みたい。

〔二〕本書の目的

そこで以上のことをふまえて、本書の各章では次の諸点を試みたい。第一章においては、明治時代に至っても法令伝達方法として存続した高札の法史学的位置づけを試みたい。明治政府における旧幕時代の高札公示方法の流用からその廃止という過程は、有効な支配の方策を有しなかった草創期の明治政府が、中央集権的統治機構を建設し西洋法を継受していく過程に他ならないからである。従って明治期における高札の消長を中心とした法令伝達方法と統治機構の中央集権化の過程との相互連関を明らかにしてみようと思う。

第二章では、東京府で展開された法令伝達方法の概要を明かにすることで、第三章において取り組む全国的な法令伝達方法との対照を試みたい。前者における法令伝達方法の変遷は各地方における中央法令の伝達方法のなかでも極めて独自性の強いものである。かような東京府における法令伝達の独自的展開の要因を検討すると共に、今後進捗が期待される各地方における法令伝達研究に対し比較の一座標を提示したい。

第三章においては、明治政府の草創期から官報創刊に至るまでの法令伝達方法の変遷を概観し、その時々の統治権力機構が国民に対しどの程度まで法の内容を理解することを求めたかを明らかにすることを試みたい。すなわち前述のごとく、この時期には国家が求める国民像は、法の内容の理解はどうであれ法であるゆえ遵守を要求するという旧幕時代の触が前提とした人民像から、近代西洋法における私的自治の原則が論理的前提とする国民像、すなわち自ら必要な法情報は自らの自由意思と責任において収集し、国家が定立した行為規範を理解しそれを遵守するという国民像へと重大な変貌を遂げたのである。それでは権力機構のいかなる発展段階でこのような変貌は生じたのか解明を試みたい。また、統治機構の成熟・複雑化に伴い法令の発令件数は急激に増加し合理的な法令伝達方法が模索されるようになった。そして今日においても法令の伝達・公布手段として位置づけられている官報が創刊されるに至った。この官報創刊を必要とした統治機構内部の機構的要因の解明をも試みたい。そしてこれらの作業を通じて権力機構の発展段階と法令伝達方法変遷の相互連関の分析を通じて、前者の近代化を評価する際の一指標を提示してみようと思う。

第四章では官報公示主義の創設経緯について解明を試みたい。官報は今日においても法令の伝達ないし公布手段として存続していることは言うまでもない。それは明治一六年七月に創刊され今日に至っている。ところで官報創刊に関連して従来それが存在することは指摘されていたが所在が不明のため内容が検証できなかった史料に「法令公布日誌」関係史料がある。これは明治一三年・一四年に会計部主管参議の大隈重信が構想した新たな法令伝達方法であった。当該史料については『福澤諭吉全集』がその存在に言及しているが、実際の所在は不明の状態が続いていた。著者は幸いにもその所在を突き止め、内容を分析する幸運に恵まれた。そこで本章では、政治史における研究成果をもふまえながら且つ「法令公布日誌」関係史料の分析を中心に、法令伝達という視点から官報創刊の意義の再評価を試みようと思う。

第五章では法令集のひとつとして「法令全書」を取り上げたい。言うまでもなく法令集は法令伝達の媒介として機能する。且つ「法令全書」は近代法史学の研究者のみならず実務従事者からも最も信頼性の高い法令集の一つとして承認されている感がある。しかしその一方でかつて石井良助が指摘するように、同書に掲載されなかった法令が相当数存在する。従来、この点については充分検討されることなく同書はその典拠としての位置づけを確立してしまった。そこで同書の書誌学的・史料学的位置づけを明らかにすることで、典拠としての信頼性を再評価する必要があろう。かような作業は、法令伝達研究の一側面としてのみならず近代法史学研究の精度を高めるための基礎研究として無用ではなかろう。また例えば現行憲法が制定される際、既存の諸法令と同法の整合性を検証する道具として法務省において法令集が編纂された。それでは「法令全書」の場合は国家機構におけるいかなる時宜に合わせて編纂されたものであろうか。本章では当時の権力側が同書編纂に着手せねばならなかった国家機構的諸事情を明らかにしたい。

第六章では、支配権機構に期待される人民像の変質過程の解明を試みたい。すなわち支配のための有効な方策を持たない揺籃期の明治政府は、その支配権力機構の中央集権化を進める過程で、被支配層である人民に対してどのような人民像を期待したのであろうか。また期待される人民像はどのように変質していったのであろうか。この点を法令伝達制度の変遷の視点から解明を試みたい。

[三]　法令論の展開

(1)　総説

著者は現在、法令伝達の研究を中心にいわば「法令論」とでも呼ぶべき研究領域が確立できないか模索している。すなわち、その根底には、法令伝達、法令形式、法令改正の態様の研究等を通じて、ある法令の制定から消滅までの変異消長を動的に捉える研究領域として法令論を確立し、それを以て現行の法実務および法解釈学の一助となり得ないかという問題意識が存在するのである。特に法学研究者は、伝達過程における法の変容という問題に従来あまり注意を払わなかったことは否めない。さらにその伝達が政府における行政作用として行われてきたため か、伝達された法の内容を誤りなきものと信頼して受容し、伝達過程での変容などほとんど疑ってかからなかった。しかし、以下で述べるように、そのことが現行法制上にも深刻な問題を投げかけているのである。それ故、法令論は近代法史学における研究領域にとどまらず、その射程を現行法の研究および実務の領域にも及ぼさなければならないと考えるのである。

現行法解釈学および近代法史学では、現行・非現行諸法の実定的内容とその制定経緯を研究対象としてきた。法のライフサイクルは、法案の起草ないし原義の作成から法の成立を経て法の伝達（伝達媒体としての法令集の編纂を含む）、そしてそれは当該法令の改廃過程に及び、更にはそれを改正する法案の作成から伝達までが含まれることとなろう。従来の法解釈学や近代法史学は、その立論過程において法令の制定への言及が必要となった場合にこのライフサイクルを断片的に紹介するにとどまっていた。しかしそのライフサイクル全体を把握せずしてその一齣を理解しようというのには自ずと無理がある。それ故、本書で論じている法令伝達のように近代法史学が立脚すべき基礎研究であるのに、その成果が不十分なため近代法史学の研究所産の精度が危機に瀕したり、後述のごとく法令の改廃態様の研究等のごとく全く未着手のまま取り残されたりしているのが現状である。

このような法のライフサイクル全体を把握するためには、立法及び伝達機構における内的秩序の総体的分析が必要となる。それらは主として公文書ないし史料を素材として分析検討されることとなる。しかしそのための方法論研究は近時に至りようやく本格的に展開され始めたと言えよう。この分野で中野目徹が『近代史料学の射程』(10)の中で古文書学・記録史料学の方法論を分析検討し、更に近代史料学の提言を試みているのが大いに参考となろう。

中野目によれば公文書および近代史料研究は、近世以前を扱う古文書学とは性格を異にする。また近代史研究自体がアカデミズムの外縁部で展開されることが多く、大学が収集した文書史料等の便益を享受できる機会が乏しかったことが公文書ないしは近代史料研究の発展を遅らせた一因という。大藤修は「史料と記録史料学」[11]のなかで古文書学が研究課題としなかった諸点をも記録史料学の研究課題として提唱した。この点を中野目は注目した。すなわち、第一に記録の作成—流通—蓄積—保存ないし廃棄のシステム、第二に記録史料群の内的構造、第三に非記録情報の記録化の方法である。他方、記録史料学では、記録すなわち現用文書の段階から研究対象とし、且つ史料の内容自体の評価分析をその学問範疇とはせず、あくまで記録を選別し史料として利用者に提供するまでの理論と実践を研究領域とするという。中野目はこの点について立場を異にして、近代史料学を次のように提言している。[12]すなわち、近代史学の基礎研究領域として非現用段階の文書を対象にその史料の内容情報の分析評価を試みつつ上記大藤の三点に考慮することで文書処理の過程ないしは意思決定のプロセスを解明することを目的とするものであると言う。

大藤が提唱し中野目が展開する前述の研究領域、すなわち記録の作成から保存廃棄までのシステムの研究、ないしはそれを基底とする文書処理の過程及び意思決定過程の研究が、法令論における立法及び伝達機構における内的秩序の総体的分析に大いに資するものと思われる。ただ中野目は近代史料学を非現用文書に限定する。しかし法令論においてかような限定が妥当であるか、また逆に現用・半現用記録にどの程度アクセスすべきであり且つどの程度がそれが可能なのかについては、史料諸学と法令論の今後における相互展開を待って論じたい。

以上のように、法令論を展開させるために連携すべき主たる周辺諸学問は、ようやくその発展の途についたばかりである。しかしながら特に次の諸点について、法史学研究者にかぎらず現行諸法学の研究者も早急に注目し研究を進捗せしめなければならないと思っている。

（2）法実務のための基礎研究・用語使用準則の確立

現行・非現行を問わず法令集や法令索引をみると、法令の変異消長を表すために「改正」「全改」「改題」「廃止」「消滅」「実効性喪失」等の用語が用いられている。これらの用語法に若干言及している実務担当者向け解説書は存在するが、[13]学術的な研究はほとんど試みられていない。それ故、内閣法制局・衆議院および参議院の両法制局・法務省大臣官房・国立国会図書館調査および立法考査局・そして法学研究者は、実は同一の基準と理解に則ってこれらの用語を用いていないのではと危惧される。そうであるとすれば法令集ごとに改正態様の表記に違いが生じることになる。各法実務機関や研究者が同じ概念規定に立脚し論理を展開することが、法学研究が実務の一助たるためにも絶対に必要である。そのためにもこれらの用語を使用するに当たり共通概念に立脚した使用準則を確立する必要があろう。

（3）現行の官報公示主義の問題点

①官報公示主義の法的根拠

また明治一六年以降官報公示主義にはそれを実施する法的根拠が存在したが、第一章で述べるように昭和二二年政令第四号（内閣官制の廃止等に関する政令）により公式令が[14]廃止され、それによって法的根拠を失ったまま今日に至っている。すなわち現在の官報公示主義は単に法的慣行として行われているに過ぎない。およそ法、なかでも法律（国会制定法）は国民の権利義務に変動をもたらし得るものである故、それを国民に知らしめる媒体の存在根拠が法的慣行のまま放置されて良いのであろうか。

②官報正誤の問題

現行では官報掲載事項に誤記が発見されると、それに対する正誤記事が掲載されることになる。しかしその掲載時期については大蔵省印刷局の裁量権に属してる。すなわち大蔵省印刷局の裁量で、当該正誤に必要な紙幅を紙上に確保できると判断された号に掲載することになるのである。政令や省令等の法源論で命令と称するものより下位の法についてならまだしも、法律に関しては前述のごとく国民の権利義務に変動をもたらし得るものである故即座に訂正が為されてしかるべきではなかろうか。

法学研究者が官報正誤に注目しなければならない一層深刻な理由が存在する。それは正誤が改正手続を経ない法改正として利用されかねないということである。官報正誤問題を考える際に示唆に富む事例として、昭和五年に当時外地であった関東庁管下で起こった「ベンゾイリン事件」がある。その概略を次に紹介する。

昭和二年九月二八日「関東庁庁報」第一二六号により関東庁令第五四号「麻酔剤取締規則」[15]が要旨次のごとく公布された。

第一条　本令に言う麻酔剤

モルヒネ、コカインおよびその塩類又は誘導体もしくは含有物

第三条　麻酔剤輸入手続き

品名、数量、輸送方法経路、輸入又は移入の予定日、使用目的、出荷人の氏名商号業務所所在地を具して関東長官の許可を受くべし。

第八条　罰則

第二条乃至第四条違反は一年以下の懲役又は二百円以下の罰金。

付則

本令の施行　昭和二年十月一日より「法令公布前買付契約ヲ為シタルコトノ證アル「モルヒネ」「コカイン」ヲ除ク麻酔剤ニシテ本令施行ノ際現ニ輸送ノ途ニアルモノハ第三条ノ規定ニ拘ラス之ヲ輸入スルコトヲ得」

関東庁管内では、同規則の制定公布を見越し同規則付則の存在を利用して、モルヒネ・コカイン以外の麻酔剤の輸入を企てた者がいた。同人は九月二五日頃、同規則の公布を見越してスイスの製薬会社にベンゾイリンを注文、同規則施行の際既に輸送の途にあるもののごとく偽装して輸入を企てた。同人はベンゾイリンの化学成分を理解しておらず同規則第一条に該当すると考えていたようであるが、後に同人が起訴され公判廷における鑑定の結果、ベンゾイリンの成分は塩酸ベンツオイルモルヒネであり、モルヒネ誘導体の塩類に属し、同規則第一条には該当しないはずであった。ところが同規則にたいして、昭和二年一〇月六日関東庁報第一二九号(16)に次のような正誤記事が掲載されていた。

昭和二年十月六日関東庁庁報第百二十九号正誤欄

第一条　誤　モルヒネ、コカインおよびその塩類又は誘導体もしくは含有物
　　　　正　モルヒネ、コカインおよびその塩類、誘導体又は誘導体の塩類もしくは以上の薬品の含有物

付則　誤「モルヒネ」「コカイン」ヲ除ク麻酔剤ニシテ
　　　正「モルヒネ」「コカイン」又ハ其ノ塩類ヲ除ク麻酔剤ニシテ

この正誤記事により、同規則第一条にいう麻酔剤には誘導体の塩類も含まれていたことになり、被告人の輸入したベンゾイリンもこれに該当することになった。

ところが、公判廷ではこの正誤記事の作成経緯が問題となり、同規則の立案にあたった衛生課員の証言に基づき次のような調書が提出された。すなわち、同課員によれば、「誘導体の塩類」が包摂されなければ不都合が生じる

が、発令後すぐに改正するのは朝令暮改のきらいがあり適当でないので、関東庁文書課員および衛生課長と相談の上、文案を起草し文書課長へ提示した後、正誤として掲載した。また正誤掲載に際して、原議（規則原本）と正誤の間に齟齬があると不都合なので、原本にもペンで訂正を挿入し、挿入日を審議会以前の日付にして捺印した。これは、まさに適正な改正手続を経ず「正誤」の名のもとに不正な改正が行われたことを意味する。関東庁高等法院覆審部は、当該正誤は国家意思に基づかず一吏員が擅に新たな薬品種目を追加せんとして為した私的行為であり、当該正誤部分は人民に対する拘束力を有さないと判断し、被告人の無罪を言い渡した。

このような法令公布媒体における正誤記事で実質的な法改正をしてしまう危険は何も過去に限られた事ではない。

現時の立法実務担当者からも、例えば法律が国会を通過した後に衆議院に提出した原案と違っていることに気づき、官報正誤で原案に戻してしまう等のことが行われているとの話を耳にすることがある。法学者と言えどもこのような立法および伝達実務に無関心のままで良いはずはない。ちなみに平成九年一月から八月までの官報に掲載された正誤記事の内、法律と条約の正誤記事の件数は次の通りである。法律では「原稿誤り」は0件、「印刷誤り」は十四件、条約では「原稿誤り」0件、「印刷誤り」六件であった。注意しなければならないのは、これは当該期間中に官報に掲載された正誤記事の総件数でということである。この数は当該期間中に生じた「原稿誤り」・「印刷誤り」の合計数とは必ずしも一致しない。なぜなら、前述のように正誤記事の掲載を決定する裁量権は大蔵省印刷局（当時）にあり、法令を発令した官庁が正誤記事を掲載する必要を発見し同局に依頼しても、それを掲載する紙幅の余裕等を同局が判断して掲載日が決定されることになり、時として正誤記事の掲載が訂正を要する記事の掲載日から大きく遅れることがあるのである。

③官報と法令集の齟齬

制定された法令は、官報に掲載されるという形で公示される。それを基に出版社は六法を編纂する。ところが、六法編纂のため官報に掲載された法令の内容を転記する際、誤写があると深刻な問題が生じる。第一に裁判所に於いては法令を参照する場合、官報ではなく六法を参照している。それゆえ、真正な法文と異なった誤記を含んだ法令が裁判規範とされる恐れがある。第二に、内閣および衆参の法制局では、所与の法令の一部改正等を行う際に、当該法令をやはり六法で参照している。従って一部改正をしようとする部分に対応する六法の法文に誤記があると、当該六法の法文上では一部改正となる改正法案を立案しても、それは官報に記載された該当個所と法文が異なっているため、官報に掲載された真正な法文を改正することができないという齟齬が生じてしまう。このように六法で見る限り一部改正となり得るが、実は官報上の真正な法文では一部改正となり得ないという欠陥を抱えた一部改正法が、国会を通過しその相当数が放置されているのが現状だという。さらにこれらの齟齬を是正するために法改正の手続きを取らず前述のごとく官報正誤が濫用されれば事態は一層深刻であると言わねばなるまい。

(1) 国立公文書館内閣文庫蔵「陸軍省布達」第四冊九年一二月。
(2) 国立公文書館蔵「太政類典」第二編二〇六巻ノ五。
(3) 「法令全書」第九巻ノ二(原書房覆刻版、一九九四年)一〇二二頁。
(4) 東京都公文書館蔵「第一法令類纂」二三―一六―一六。
(5) 東京都公文書館蔵「法令類纂」総目凡例、および同蔵「明治十九年四月長官事務引継書　東京府庶務課」参照。
(6) 国立公文書館蔵「太政類典」第一編第八八巻第三五。

(7)　明治一三年七月一七日第三六号布告（『法令全書』第一三巻ノ一、原書房覆刻版、一九九四年、一〇一頁）。
(8)　本書第六章「三　太政官内閣と『官報』創刊」［四］（三六〇頁以下）参照。
(9)　例えば、吉井蒼生夫「中央権力機構の形成」（福島正夫編『日本近代法体制の形成』上巻、日本評論社、一九八一年）、同『近代日本の国家形成と法』（日本評論社、一九九六）、山中永之佑『日本近代国家と地方統治』（敬文堂、一九九四年）、笠原英彦『明治国家と官僚制』（芦書房、一九九一年）、坂本一登『伊藤博文と明治国家形成』（吉川弘文館、一九九一年）、赤木須留喜『〈官制〉の形成』（日本評論社、一九九一年）等。
(10)　中野目徹『近代史料学の射程』（弘文堂、二〇〇〇年）。
(11)　「記録と史料」創刊号、一九九〇年、五六頁。中野目同右八頁。
(12)　同右十一頁以下。
(13)　たとえば『全訂新版例解立法技術』林修三・吉国一郎（学陽書房、一九六九年、内閣法制局出身者の著書）、『立法技術入門講座』全四巻　浅野一郎他編著（ぎょうせい、一九八八—九一年、参議院法制局出身者の著書）、『実務問答法令入門』小島和夫（ぎょうせい、一九九二年、参議院法制局出身者の著書）、『法制執務事典』浅野一郎（ぎょうせい、一九七八年、参議院法制局出身者の著書）、『ワークブック法制執務』前田正道（ぎょうせい、一九九八年）等。
(14)　『法令全書』第四十巻—3（原書房覆刻版、一九八九年）勅令七頁。
(15)　「関東庁庁報」第一二六号（国立国会図書館蔵、一九一一五六号、一九二七（二一一二月））。
(16)　「関東庁庁報」第一二九号（国立国会図書館蔵、一九一一五六号、一九二七（二一一二月））。

三　小　結

以上のように、法令伝達をめぐる諸問題は、近代法史学研究におけるひとつの重要なテーマとなり得ることは明かである。そしてそれはまた、今後、前述の法令論研究を進めるにあたり、その重要な部分を担うことになるであろう。以下、本書では、法令伝達をめぐる著者の今日までの拙い研究の成果を披瀝することで、この分野の研究の重要性の喚起を試みたいと思う。

第一章　明治期の高札と法令伝達

一　はじめに

近時、近代日本法史学に於いては、実定法それ自体の研究は大きな進展を遂げたと言って良いであろう。しかしそれら諸法の伝達・周知・公布手段の研究はほとんど行われていなかった。穂積陳重博士が『法典論』[1]の中で述べたように、「民をして知らしむべし、拠らしむべし」が、近代社会に於ける法現象のひとつの指標であるなら、法令の伝達・周知・公布の研究というのは、近代法史学研究に於いて重要な位置を占めなければならないはずである。しかし、現在までのこの分野の研究の進捗は、必ずしもはかばかしいものではない[2]。とりわけ、明治期法令公布制度の沿革を体系的に捉えた研究は、皆無に等しい。思うに、法令公布制度の研究はその性質上、必然的に公布されるべき実定法の内容にある程度踏み込み各法令を横断的に検討しなければならないため、研究者が、ひとつの専攻分野としずらいきらいがあるのであろう。

現在の法令公布制度に目を転じてみよう。明治一六年七月二日、官報が創刊された。そして明治一九年二月二四日、勅令第一号（公文式）の十条により、凡そ法律命令は官報を以て公布するとされた。この建て前は、明治四〇年二月一日勅令第六号（公式令）に継承され、戦後に至った。しかし昭和二二年五月三日政令第四号（内閣官制の廃止等に関する政令）により、公式令も廃止されてしまった。これにより法令伝達・公布手段としての官報は、その法的根拠を失ったまま現在に至っているのである。従って現在では、官報公布主義は解釈によって単に法的慣行として存続しているに過ぎない。(3)法の周知という近代市民社会の基本原理を担うはずの官報にもかかわらず、四〇年以上にわたりその法的根拠を喪失した状況が続いているのである。かような現状に思い至る時、また地方自治体庁舎に設置されている掲示板の荒廃を見るにつけ、法令の伝達・周知・公布の現状に問題点を感じるのは著者のみであろうか。思うに、基礎法学の存在意義の一端を法解釈学への一助となり得る点に求めるならば、近代法史学に於ける法令の伝達・周知・公布の研究は、それらの現状が向かうべきべき方向を探る際に重要な役割を担う事ができるはずである。

さて、本章では、明治期における法令の伝達・周知・公布のうち、中央政府が発令した法令の高札による伝達・周知の実施及び廃止の経緯を検討することにする。前述の如く、この分野に於いても、若干の先行研究は存在する。しかし、研究段階の大きな進捗は、服藤の「明治初年の高札」によってもたらされたと言って良いであろう。服藤の先の執筆になる「高札の意義」(4)で展開された近世高札論が、明治期に於いても妥当することの論証を試みた論考である。近世法史学研究者の側から、近代法令公布制度の評価を目指した示唆に富む好論である。しかしながら、中央政府関係の諸資料の収集および分析検討という点で、未だ大きな課題を残していると言わなければならない。そこで著者は、中央政府公文書等の諸資料の分析検討による帰納的理論構築、及び中央権力機構と法令公布制度の連関という、ふたつの文脈を通じて、明治期高札制度の実施及び廃止の過程の分析検討を試みようと思う。かような方法論によってこそ、法令公布制度の動的分析は、その意義を有すると考えるからである。

（1）　穂積陳重『法典論』二〇九頁（哲学書院、一八九〇年）
（2）　明治期法令公布制度については、第三章一注（1）を参照されたい。
（3）　最高裁判例も「公式令廃止後も原則として官報によってなされるものと解するのが相当である」との判断を示している（昭和三二年一二月二八日大法廷判決、最判刑集一一巻一四号三四六一頁）。また、法令公布の時期について、最高裁は、「一般国民が官報を閲読または購入しようとすればそれをなしうる状態となる最初の時点」としている。すなわち「最初の購読可能時説」を採用している（最高裁昭和三三年一〇月一五日大法廷判決＝最判刑集一二巻一四号三三一三頁）。
（4）　服藤弘司「高札の意義」（「金沢大学法　文学部論集　法経篇」一〇）。

二　明治前期法令伝達制度沿革

［一］　官報創刊までの法令伝達

明治期の法令伝達の展開は、高札が廃止されるまでの間、複線的であった。江戸時代に、取締組合村ないし寄場組合等の村々、あるいはそれ以前より存在した組合村々に見られた触頭・触次等を利用した制度から徐々に発展し、最終的には、明治一六年の官報創刊に至り制度的完成を見るのである。一方、かような系列とは別に、高札による法令公布が、特定の法令について行われた。その件数は、前述の公布制度の発展系列上に位置づけられる法令件数に比較して、極めて少数である。現在、著者が高札掲示の事実を確認している法令は一九件に過ぎない。その理由のひとつは、高札掲示主義が、明治六年には概ね、遅くとも同一三年にはほぼ完全に姿を消したことである。高札掲示主義が行われたのは明治初年の短期間に過ぎなかった。また、高札を用いる場合と、他の一連の伝達方法による場合とを区別する明確な指標があったとは思われない。その意味では、高札は明治初年に例外的に用いられた法令伝達手段と言い得るであろう。

ここでまず高札公示主義の位置づけを明確にするために、明治期の法令伝達制度の沿革を概観する必要があろう。これについては第三章を参照されたい。

〔二〕 高札の種類

前述のように、明治前期には、極めて少数の法令のみが、高札により公示[1]された。まして、先の法令公布制度沿革の中には、高札掲示を制度化する根拠法令などは登場しなかった。高札掲示主義は、明治期法令公布制度の例外として複線的に存在したのである。

(1) 高札の分類

高札掲示主義を考えるにあたり、我々が検討対象とすべき高札の範囲を特定しておく必要がある。本章では、服藤の分類に従い高札を三種類に分けることにする。[2]

①自分高札　　各村が村掟を公示する場合、各府県が当該府県内限りに適用する法令を公布する場合等に用いら

れる高札を言う。すなわち、中央政府によるのでなく、地方が独自に制定した法令の公布に用いた高札を意味する。この種の高札は、各地方の便宜により用いられるため、その実数を全国的に把握するのは不可能に近い。また掲示内容の点で府県間の統一性を欠き、中央権力機構との連関という視点からの分析には親しまない。

②天朝自分高札　中央政府の法令を、正規の方法で公布するだけでなく、各府県の独自の判断で高札による公示を行う場合があった。これを天朝自分高札と呼ぶ。法令本文を板面に記載し、それに続けて、「右ノ趣屹度可相守候事〇〇縣」等の文言が付与されることが多いので、それであることが容易に判断できる。これらは、本来、中央政府が通常の方法で公布することを前提として制定した法令である故、本章では高札とは位置づけないことにする。

③天朝高札　中央政府が、自ら制定した法令について、高札による公示を命じたものである。中央政府が、何らかの意図に従い、高札を用いる事にしたものである。本章の趣旨に鑑み、検討の対象とすべきなのは、この天朝高札である。

(2)　明治高札の特定

いかなる法令を、高札を以て公示したのか。法令本文自体から、それらに一貫した特徴ないし基準を見いだすことはできない。従って、法令本文のみならず、制定経緯やその後の改正経緯等を、諸資料の分析を通して明らかにして行かなければ、高札公示主義の横断的検討は不可能である。そのためには、まず、種々の法令集や公文書より、高札を以て公示された法令を特定しなければならない。そこで次に、著者が現段階で高札による旨を特定しているものと、その根拠法令及び廃止法令を別表一に列挙しておくことにする。(3)

（1）既に正規の手続により公布された法令を、高札面に表記し掲示する場合が多く見られた。この場合本法と高札面は二重関係となる。本法が高札に先行する場合、高札面は現代的意味の「公布」でなく、本法強調の機能を有すことになる。高札掲示にはかような場合が多く含まれるため、現代的意味の「公布」と区別するため、便宜上、本章では「公示」と表記するものとする。

（2）服藤弘司「明治初年の高札」三二頁（『明治法制史政治史の諸問題』慶應通信、一九七七年）。

（3）これらの他にも、次の二札が確認されている。

招魂社制札（出典＝東京都公文書館蔵「明治七年記事類纂　制度之部禁令」）

御陵墓制札（出典＝「法令全書」明治一〇年内務省乙第八号、一一年同省達無号）

前者は、東京招魂社に掲示され、同域内での樹木の折り取りを禁じる旨を公示したものであり、発令元は陸軍省である。後者は墓域を明示し、域内への立ち入り、生物の捕獲等を禁じたものである。両者共に、天朝高札の定義に該当するものの、極く限られた範囲のみに適用されるに過ぎない故に、本章で検討する高札の範囲からは除外する。

三　明治高札の一覧

前述のように、本章の目的は各高札の制定及び除却経緯に関する史料、特に中央政府関係の史料を中心とした分析検討を通じて、帰納的理論構築を試み高札公示制度に評価を加えることである。従って、各高札に関する単行法令および公文書その他の史料の収集と分析が必須の作業となる。またこれによって明らかになった各高札の輪郭に、中央権力機構との連関という視点から評価を加える事で、明治期法令公布制度における高札公示主義の位置づけが明かとなるのである。従って、ここではまず各札について制定から消滅までの全体像の確定を試みることにする。

［一］朝廷万機決裁札・慶喜追討札・天朝御領復帰札

新政府の誕生当初、諸領主が新政府に対し恭順の意思を表示するか否かは、最も重要な関心事であった。そのため、恭順の象徴となる何らかのメルクマールが必要となった。その機能を果したのが標記の諸高札であった。この点については、服藤が綿密な分析を行っている。(1)

確かに、これら高札の掲示が新政府の法域へ編入されることへの同意ないしは恭順の意思表示とされたことは史料的にも明かである。太政類典には、次の史料が掲載されている。(2)尚この史料は、『法令全書』では慶應四年第三七五となっている。(3)

徳川亀之助へ達

徳川亀之助

府内制札早々取除候事

大総督宮

御沙汰候事

五月六日（慶應四年＝著者注）

すなわち、旧幕府の諸高札の除却を命じたのである。そして翌年、東京遷都が決定されると、府内にいかなる高札が掲示されているかの調査を命じた。[4] この命令を受けた東京府側には了解違いがあり、府内に設けられていた高札場の所在地を回答した。その後、新政府は、再度の高札板面の調査を命令した。東京府側の史料中にその調査結果が残っているが、[5] 旧幕時代の高札が残っていなかったことは言うまでもない。

新政府発足の当初、東京府と同様に旧幕府の高札除却が行われた例は他にも散見される。例えば『新潟県史』には次の史料が掲載されている。[6]

御領中村々御高札之義、追て御沙汰有之候迄、早々取外シ、庄屋方ニ預り置候様可申触旨、被　仰渡候、右之趣、御承知之上、此状急速廻可被成候、以上

三月廿五日（慶應四年＝著者注）　　触元役所

このように、新政府の法域へ編入されたことの徴表として旧幕高札が除却され天朝高札掲示が行われたのは、新政府発足当初に限られたことではない。明治四年一月五日太政官第四布告[7]により、寺社領が上知され明治政府支配地に編入されることとなった。それに伴い旧寺社領内に天朝高札を掲示するため、高札場を設置した旨の資料も現存している。[8]

差上申御請書之事

一右者武州秩父郡三峯村名主千島彦太郎奉申上候、今般御高札場新規御取建奉願上、願之通被仰付、依之御掛板面之通御認済之上御下ヶ被成下、慥奉請取候、然上者帰村早々御高札場江取掛ヶ聊茂無之様役人共精々可仕候、依之御請取差上申処如件

御支配所

武州三峯郡三峯村

役人惣代　名主　千島彦太郎

明治四年未六月十五日

このように、天朝高札の掲示を以て明治政府の法域編入の徴表とされたことは明かである。

しかしここに若干の問題点が存在する。すなわち、第一に、朝廷万機決裁札（列藩宛及び京都市中宛）、慶喜追討札、天朝御領復帰札は、慶應四年六月二〇日第四九七により除却されたという点である。現段階でその根拠となり得るのは、同四札それぞれの「法令全書」頭註[9]のみである。「太政類典」の平行記事も、除却については言及していない[10]。これは、高札除却の根拠としては、些か薄弱の感を免れない。周知の通り、「法令全書」の太政官期は、明治一八年以降に内閣官報局に於いて遡及編纂された[11]。その際、編纂担当者の解釈により、頭註が付されたのである[12]。従って頭註部分は二次・三次的資料価値しかないことを、念頭に置くべきである。

一方「東巡日誌」には次のような記述が残っている[13]。

御布令写

制札取除之儀、先達而御差図ニ相成候處、今度親敷叡覧被為在、取除ニ不及旨宸断ヲ以テ更ニ被　仰出候條、早々掲示可致様御沙汰候事

九月二十二日

追テ御道筋ノ府藩縣次第ニ廻達可有之事

これは、注（10）の「太政類典」記事の底本である。「先達而御差図」がどの法令を差すかが問題となる。高札除却の達は、前述「太政類典」徳川亀之助への達（明治元年第三七五）と「法令全書」慶應四年第四九七の二件である。しかし、前者は江戸府内のみへの達であるので、ここでは後者と考えるのが適当であろう。内閣記録局の「太

政類典」編纂者も同様に考えた。従って前四札は、第四九七により除却が示達されたが、この九月二二日布告により掲示の継続と、既に除却した地域には再度の掲示が命ぜられたことになったわけである[14]。一方、前述の『東京市史稿』明治二年一一月の東京府内の高札面調査記事によれば、当時、東京府の高札場には、既に同種の高札は掲示されていなかった。この時点までには、遅くとも除却されたと考えて良いのではないか。

　かように考えると、明治政府の法域への編入の徴表という機能を果たしたのは同四札のみではない。そうでないなら、前述の三峯村の明治四年史料の説明がつかない。そこで著者は、明治新政府の基本方針の宣言である五榜にもかような機能を認めたい。五榜の掲示が命ぜられたのは、慶應四年三月一五日第一五八による。この段階で、新政府に恭順の意思を示していない地域が存在していたことは明かである。また、前四札が除却されたとする同年六月二〇日以降もまだ戊辰戦争は継続している。従って五榜もかような機能を果たす余地があったにちがいない。もちろん、後述の如く、五榜は独自の機能を有し、その点に本来的な存在根拠があることは言うまでもない[15]。

　第二の問題点は、前述の東京府の高札板面調査報告は、五榜の掲示に触れていない。慶應四年第一五八は、五榜のうち「定三札ハ永年掲示被仰付候」とし、覚札は「追テ取除ノ御沙汰可有之」とした。それ故、五榜の掲示は自明のことであり、言及しなかったのであろうか。

〔二〕切支丹札

　慶應四年四月一三日第一五三[16]は、

此度王政復古神武創業ノ始ニ被為基諸事御一新祭政一致之御制度ニ御回復被遊候ニ付テハ先第一神祇官御再興御造立ノ

上追々諸祭奠モ可被為興儀被仰出候依テ此旨五畿七道諸国ニ布告シ往古ニ立帰リ諸家執奏配下ノ儀ハ被止普ク天下之諸神社神主禰宜祝神部ニ至迄向後右神祇官附属ニ被仰渡候間官位ヲ初諸事萬端同官へ願立候様可相心得候事

と命じた。神祇官を復興し、神道による祭政一致を新政府の基本方針としたのである。そしてキリスト教については、旧幕府と同等の方針を採用した。すなわち、慶應四年三月一五日第一五八[17]を以て、五榜の掲示が発令された。その第三定札として切支丹禁止が永年掲示とされた。

一切支丹邪宗門ノ儀ハ堅ク御禁制タリ若不審ナル者有之ハ其筋之役所へ可申出御褒美可被下事

慶應四年三月　　太政官

旧幕府切支丹札同様、訴人褒賞規定まで付与されていたのである。しかしこの定札は外交上大きな問題となった。明治政府が信教の自由を認めない点のみならず、キリスト教を邪宗門と同等に評したためである。本法令の案文は、「耶蘇宗門之儀ハ」となっており、また外国交際を意識して「邪宗門」との同等化を忌避していた。しかし、案文の添削段階で、期せずしてさようの文言になってしまったのである。[18]早速この点につき英公使が太政大臣三条実美に、強硬な抗議を行った。更に米公使から次のような抗議書翰が寄せられた。[19]

The Undersigned has learned from the 6th.Number of the Official Gazzet so kindly furnished him by Your Exellencies that His Majesty the Mikado has issued an edict prohibiting Christianity throughoutthis Empire, designating it as an evil religion and offering to reward those, who report any person suspected of an infringement of this law.

《中略》While disclaiming any intention of interfering with the internal affairs of Japan, I deem it my duty to call Your Exellencies' attention to the fact that the Christian religion is the religion of the Country I have the honor to represent, that my Government is on the most friendly relationswith the Government of Japan, and that issue of such an edict as that avobe mentioned will necessarily tend to affect those relations, apart from its being in disaccord with the enlightend spirit of the age.

同様に、キリスト教を邪宗門として禁じたことは穏やかでない旨の抗議文が、プロシア代理公使、フランス公使、英公使からも寄せられた。

ここに至り、新政府は、定第三札を改定し、切支丹の禁止と邪宗門の禁止を二条に分けた。更に、あたかも切支丹を邪宗門と同等に評価していたのではさらさらないと言わんばかりに、次のような前文を付して示達したのである[20]。同年閏四月四日のことであった。

先般御布令有之候切支丹宗門ハ、年来固ク御制禁ニ有之候處、其外邪宗門之儀モ總テ固ク被禁候ニ付テハ、混淆イタシ、心得違有之候テハ不宜候ニ付、此度別紙之通被相改候條、早々制札調替、可有掲示候事

邪宗門問題はこのようにして苦しい言い訳の末、落着を見たが、次なる問題が起こった。同月一七日、浦上教徒の諸藩送りが決定され、達示されたのである[21]。さらに明治元年一〇月二五日には、行政官第八九三布告を以て、切支丹宗門改方は、新たな規則定立までは旧幕府の処置によるとされた。諸外国は、この浦上教徒問題に重大な関心を寄せた。明治四年一〇月には、英国領事は、金沢・大聖寺・富山に於ける浦上教徒の取扱い振りの視察まで行った[22]ほどである。

キリスト教に対する明治政府のかような態度は、諸外国の不信を買った。明治四年一一月一二日、岩倉市使節団が欧米巡見に出発した。その目的のひとつは、翌年改訂期を迎える安政不平等条約の前交渉であった。ところが、使節団は、至るところで日本政府のキリスト教政策につき非難を受けることになった。この問題への日本政府の善処が、改正交渉の前提条件である事を悟った。ここに至り、大蔵卿井上馨は、明治五年一月一四日、キリスト教徒

赦免を正院に提案した[23]。それを受け、同年二月七日太政官第三六号布告により、各地方官預けの耶蘇教徒のうち悔悟の者の赦免を命じた。

同年二月八日、使節団は米国国務卿等と意見交換を行った。その際米側が要求したのは、意見表明・新聞刊行・信仰の自由を人生の権利として認め、条約面に明記する事であった[24]。岩倉に同行していた伊藤博文と大久保利通は、外交交渉に必要な全権委任状を日本政府より得るため、明治五年三月二四日に一時帰国した。翌日、伊藤は「条約改正要旨」なる一文を起草し、正院に提出した[25]。

一、日本ノ法律中ニ外教ノ明禁ナシト雖モ、尚ホ高札ニ其禁令ヲ掲示スルヲ以テ、外人ハ一概ニ自由信仰ヲ妨クルノ野蛮国ト看做シ、対等ノ権ヲ許スコトヲ甘ンセス、故ニ此高札ノ禁令ヲ除ク事

前述の、耶蘇教悔悟の者赦免の布告以来政府の耶蘇教取扱いは緩和されつつあり、各地方官預けの浦上教徒の待遇も向上した。しかし、明確なキリスト教禁止条項が存在する以上、かような緩和のみでは諸外国の対日不信を払拭するには到底不十分であった。禁令の撤廃の必要性を痛感した伊藤博文は、パリより次のような書翰を、留守政府の大隈重信・副島種臣に送った[26]。

《前略》然レトモ方今之勢にてハ、各国能ク我事情ニ通シ、目下之形勢と雖、英国抔にてハ我輩之知る所よりも事柄ニ寄リ明白ナリ、現ニ高札等ニ耶蘇之禁令ある等者、固より能ク熟知せり、故ニ我国にて教法ハ黙許なりと云フハ、洋人ニ向テ説ク事不能、又事実を推シ事理を謀リて考フルニ、国トシテ禁令を掲示シ其令行ハレサレハ、国威何ヲ以テ乎立ツヘキ、又誠心赤子を安ンスルノ訓ニも、恥ツヘキナリ《後略》

こうした状況下、翌明治六年二月二四日太政官布告第六八号を以て、高札面は一般に熟知されたことを理由に、高札掲示の廃止を宣言し、法令は一律文書掲示により公布するとした[27]。なお浦上教徒については、翌月一四日太政

官番外達により、預け先の諸県より長崎県下に復籍させるよう、司法省に命じた。[28]

〔三〕 外国交際札・外国人通行札・火附盗賊人殺札・往来妨害札

大政奉還後の慶應三年一〇月一九日、徳川慶喜は、刑法制定につき次の如く伺い出た。[29]「刑法ノ儀ハ、召ノ諸侯上京ノ上、御取極可相成候ヘ共、夫迄ノ処ハ、仕来通ニテ宜候哉」。これに対する指令は、「召ノ諸侯上京ノ上規則被相立候ヘ共、夫迄ノ処ハ、是迄ノ通リ可心得事」とされた。すなわち、旧幕府領では公儀刑法を、各藩では藩法を、暫定的に適用するということである。その後、慶應四年には仮刑律[30]が制定され、明治三年には新律綱領（同年第九四四）が、更に明治六年には改定律例（同年太政官第二〇六号）が制定された。明治新政府による刑事法編纂作業は、他の諸法典に比較し、はるかに早い時期に始まったわけである。その主たる理由は、治安維持のため、刑法の制定が急がれた事である。

発足当初の新政府にとり、治安問題は深刻だった。何より、まだ維新の動乱がまだ鎮静化していない。また、後述のように、幕末の動乱に乗じて本貫を脱籍した者が都市部に集中し、維新の志士の夢破れ、乞丐化していった。更に、外国人は、日本の習俗に不慣れなため、日本人との間に様々な衝突を生じた。また幕末以来、輸入超過による金の流失が、景気の低迷を招き、庶民の生活を圧迫したことも、外国人への反感へとつながった。そのため、都市部を中心に、治安の紊乱は深刻な状態となった。慶應四年正月二三日、刑法事務局は第五一を以て、暗殺の厳禁を命じた。その法令本文が、治安の紊乱ぶりを端的に物語っている。[31]

近来於所々致暗殺候内ニ者罪状相認死骸ニ添有之候モ不少何レモ険悪陰謀等ヲ憤リ候而之所業ニ可有之全體不埒之者共

ハ得ト吟味之上刑典ヲ以厳重之御裁許被仰付事ニ付……《後略》

明治新政府は、三府開港場を中心とした治安の維持に腐心した。とりわけ、外国人の遭難が、外交問題に発展することを憂慮したのである。

このような状況下で、治安の維持及び外国人の遭難防止の目的で掲示されたのが、標記の四札であると著者は考えている。また前述のように、当面刑法は旧幕府のものに依ることとしたが、生命・身体及び財産という重要な法益の侵害に対しては、新政府は断固たる態度を以て臨む旨を示すため、五榜の第一定札（五倫札）の第三条は「人ヲ殺シ家ヲ焼キ財ヲ盗ム等ノ悪業アル間敷事」とされた。[32] その意味では、第一定札も同様の機能を果たしたと言える。

一方、外国交際は、五榜の第四覚札によって命ぜられた。[33] これが外国交際札である。

今般　王政御一新ニ付　朝廷ノ御條理ヲ追ヒ外国御交際ノ儀被　仰出諸事於　朝廷直ニ御取扱被為成萬国ノ公法ヲ以條約御履行被為在候ニ付テハ全国ノ人民　叡旨ヲ奉戴シ心得違無之様被　仰付候自今以後猥リニ外国人ヲ殺害シ或ハ不心得ノ所業等イタシ候モノハ　朝命ニモ悖リ御国難ヲ醸成シ候而已ナラス一旦　御交際被　仰出候各國ニ對シ　皇國ノ御威信モ不相立次第甚以不届至極ノ儀ニ付キ其罪ノ軽重ニ随ヒ士列ノモノト雖モ削士籍至當ノ典刑ニ被處候條銘々奉　朝命猥リニ暴行ノ所業無之様被　仰出候事

更に、同年八月二二日第六五〇によって、往来で外国人と行き違う時は、充分な注意を払い、軽挙の振舞なきよう命ぜられた。[34] しかし、翌明治二年になると、外国人の遭難事件が頻発した。[35] そこで、前年の第六五〇を再度強調するため、明治二年三月二四日行政官布告第三〇一が、次のように発令されたのである。[36]

外国人通行之砌於途中出逢候説往来之半ヲ譲リ可致通行様兼テ御布令之趣モ有之候處近来間々不都合之儀モ有之趣相聞

ヘ以ノ外ノ事ニ候自然瑣末ノ行違ヨリ　皇威ニ関係候様之儀出来候テハ實ニ難相済次第ニ候間向後混雑無之様屹度相心得可申萬一粗暴ノ所業於有之ハ當人ハ勿論時宜ニヨリ其藩主或ハ主宰之者ヘ厳重可被及　御沙汰此旨更ニ相達候事

更に周知徹底を図るために、本法令は、三月二六日に高札とされ、東海道筋の東京までの間に掲示された。(37)これが外国人通行札である。外国人の遭難の態様は、大名行列などと行き逢った際、馬や馬車から威力を以て降ろされ、抜刀で威嚇されるというものが多かった。そしてこの種の事件は、その後も跡を絶たなかった。そこで、政府は同種の法令を度々発令した。同年四月四日行政官第三三七、同年一〇月二四日太政官第一〇〇九などである。(38)太政官弁官に於いては、一般予防効果を狙い、外国人への粗暴なる行為を禁ずる布告に、刑罰を明示するなどの方策の検討を行った。(39)また、外務省も外国人遭難問題では苦慮していた。同省は、外国人への粗暴行為で逮捕された者の罪状を東京府内の高札場に掲示してはどうかと太政官に上申した。(40)従来は、死罪が適用となる犯罪行為者のみが、その対象となったのであるが、外国人に対する粗暴行為による逮捕者も掲示するという日本政府の姿勢を、諸外国への説得力としようとしたのであろう。何れにしても、外国交際札・外国人通行札発令の後に於いても、斯かる遭難事件が頻発し、明治政府が苦慮していたことがわかる。

翌三年一二月二四日太政官布告第九八九が達示された。三府開港場取締心得であった。その内容は、そのまま同日太政官布告第九九〇により、各藩県にも示された。(41)その中には、治安維持の観点から、火附盗賊貨幣贋造等の逮捕取締、抜刀等の狂悖の所業の取締、失火の際の対応方、外国人通行への配慮などが規定されていた。さらに同日、これらの法令をうけ、第九九一を以て、以下の高札掲示が命ぜられた。(42)

市中掲示

火附盗賊人殺或ハ贋金札ヲ作リ候者等見聞次第早速其最寄ノ役所ヘ召捕差出シ又ハ訴出可申候、吟味ノ上相違無之候

ハヽ御褒美被下候事

但召捕候節手疵ヲ負ヒ又ハ即死等ノ者ヘハ厚ク御扶助可被下候、訴人致シ候者引合ノ為メ役所ヘ被召出候節ハ職業向迷惑不相成様相應御手當可被下候間有體ニ可申立候若隠シ置後日他ヨリ相顕ルヽニ於テ曲事タルヘク候

庚午十二月　　太政官

市中掲示

市中街上ニ於テ乱酔放歌物ニ触レ人ヲ遮リ往来ヲ妨ケ甚シキハ抜刀ヲ以テ路人ヲ恐嚇シ獣畜ヲ斬殺シ或ハ酒楼等ニテ乱暴相働候者有之節ハ速ニ取締所ヘ可訴出事

庚午十二月　　太政官

前者が火附盗賊人殺札であり、後者が往来妨害札である。尚、後者については、同日の太政官布告第九九二により、文書でも達示された。また、明治五年三月一二日太政官布告第八一号(43)により、火附盗賊人殺札は諸県にも同様に掲示された。

ここで考えなければならないことは、仮刑律および新律綱領とこれら諸規定の関係である。新律綱領は、前述のように同年一二月二〇日に第九四四(44)を以て頒布された。しかし、周知のように、それは頒布と同時に施行されたわけではなかった。概ね翌四年二月頃には施行されたと考えられている。(45)前二札と新律綱領諸規定との対応関係を見ると、火附盗賊人殺札は、人命律諸条・賊盗律諸条・雑犯律放火条、及び明治年三七月二日第四三七偽造宝貨律に対応する。また往来妨害札は、同法の人命律諸条及び闘殴律諸条に対応する。新律綱領は、仮刑律と同様に、一般に公布されたものではなく、中央政府及び地方官に頒布され執務準則とされたものである。まして頒布後、施行ま

で時間がかかったわけである。従って、年来の懸案であった治安取締に必要な諸規定の内容を迅速に国民一般に知らせるには、別途に方策を立てる必要があった。そのために用いられたのが、当該二札であった。新律綱領が一般公布されるものでないという性質故、当該二札には、法定刑を明記する必要はなかった。それが明記されない故に新律綱領頒布後も、さらにはそれの一般への印刷販売が許された後も、当該諸規定の重要性を強調し遵法を促すいわゆる心得達としての機能を保ち続けたのである。

同様に、これらの諸高札は、仮刑律の諸条とも対応関係にあった。すなわち、火附に対しては雑犯律放火条、盗賊に対しては賊盗律諸条、殺人については人命律諸条が対応関係にあった。また往来妨害については、人命律車馬馳驟傷人条の前段が対応していた。ここでもこれら諸高札は、法定刑を明示していない故に、先行する仮刑律と、二重関係に立ち、何等の矛盾をも生ぜず前者を強調していたのである。但し、仮刑律には贋金規定は存在しなかった。

その後、五倫札（五榜の第一定札）・外国交際札（同第四覚札）・外国人通行札・火附盗賊人殺札・往来妨害札は、いずれも前述の明治六年二月二四日太政官布告第六八号を以て除却された。

［四］贋金処罰規定（火附盗賊人殺札）

幕末維新期には、おびただしい量の悪貨ないしは贋貨が鋳造され流通していた。特に二分金の状況はひどく、「江戸大阪京都ヲ始メ各市街ノ両替店ニ出入スル弐分判ハ凡ソ十三四種ノ多キニ至リ其十中七八ハ贋金ナルヲ以テ上下一般ノ困難甚シ」(46)というありさまであった。そこで新政府は、慶應四年八月二九日行政官第七〇一御沙汰を以て、贋造貨幣厳警方[47]を達示し、各藩に贋金取締を命じた。しかしそれも効果が上がらなかった。政府自身が、明治元年四月より江戸で、また五月より大阪で悪貨の鋳造を行っていたからである。それは翌明治二年二月まで続いた。この様な状態のため、貨幣私鋳を行う諸藩に私鋳の禁令を出しても奏功するはずはなかったのである。[48]

これら悪貨ないし贋貨の蔓延は、外貨との交換比率をめぐり重大な外交問題へと発展した。明治二年正月七日、諸外国は、邦貨の貨幣価値の回復のため悪貨鋳造ないし贋貨私鋳の差し止めを求めた。[49]これを受けて、政府は種々の対策を講じた。同年二月二日行政官第九五布告[50]を以て、東京に金銀并金札包座を設け上納物及び疑わしき金銀等の鑑定を行い、贋模造貨幣の摘発した。同月五日には弁事達によって横浜にも金銀并金札包座を設置した。[51]また同日行政官第百十一布告により、京都・大阪・兵庫・長崎等に貨幣改所を設置した。[52]さらに同月一二日、行政官第一五一布告により、貨幣司及び東京金座銀座を廃止し新たに造幣局を設置して、劣位貨幣の鋳造を停止し新貨鋳造をもくろんだのである。[53]

贋金取締については、明治二年五月二八日、行政官第四八〇布告[54]を以て贋金鋳造及びその流通に従事した者を厳科に処す旨公布した。また同年七月二二日太政官第六六一達によって、各府藩県も贋金取引を厳重に取締るよう達示した。[55]その一方で、在日外国人が所持する贋金の調査を行った。同月二六日の東京運上所の外務省宛報告書によれば、東京居留外国人所有の二分金六〇七四両のうち何と四六七〇両二分が贋金であった。[56]また同月二八日の大阪府外国事務局より外務省宛の報告では、大阪居留英国人所有の二分金総計二二八八三両二分の内、悪金は一八四九四両二分であり、米国の場合は六四六四両の内、六三四九両にのぼった。[57]数字の示すとおり、悪貨・贋貨の蔓延は極めて深刻であった。明治政府自身による悪貨の鋳造および悪貨・贋貨流通の容認が、斯かる蔓延の主たる原因であろう。

さて、贋金鋳造の実態については、次のような記事が残っている。[58]

若松県下方数十里間一円贋金楮製造場ニテ其筋ニ関係セサル者殆ト稀ナリ…《中略》斯クレハ奸民争テカ手ヲ出ササルヘキ忽チ造意主謀ト成リ随従與党トナリテ専ラ之ヲ贋造シ非常ノ大利ヲ盗ム…《中略》…昨夏マテハ貨幣ニ真贋ノ名アレトモ通用ニ差別ナシ然レハ誰在テ贋作ヲ咎ムルモノナク咎ムル者ナケレハ愚民ノ哀サ左マテ悪業トモ不心得面々身勝手ニ贋作シ偶贋作セヌ者ハ結局偏屈ノ名ヲ来シ候様ナル勢ニテ遂ニ毎戸毎人此罪ヲ犯シタル…《後略》

このような私人による鋳造ばかりではなかった。「藩中分外ノ費用有之不得止情実ヲ以テ」などの口実を以て、藩で贋貨製造を行ったところもあった。例えば佐竹秋田藩では、戊辰戦争に於ける奥羽紛擾後の孤立及び藩力疲弊を理由に、会計全権者が自己の判断で、戊辰より庚午正月まで、私鋳を行っていた。[59] 鹿児島藩・広島藩・久留米藩なども、同様の事実があった旨の上申を行っていた。[60]

このような状況下、政府は明治三年四月二九日太政官第三二九を以て、戊辰戦争平定までの間に、すなわち同二年五月以前に行われた贋貨製造を、「国家紛擾之際」に「兵馬之費用」に充て「焼眉之急ヲ救」うための贋貨製造であったと解釈して、すべて不問に付すことを達示した。[61] これら全てを処罰することは、その件数の多さの点で、実務上困難であったためであろう。しかしその一方、同二年五月以後の贋金製造の取締方が問題であった。明治三年六月一八日達により、太政官は刑部省に偽造宝貨律を達示した。[62] その内容は、貨幣を贋造し且つ行使した場合、首謀者は梟首、製造者及び従犯は斬という厳しいものであった。本法は同年七月二日に府藩県に達示されることになるのであるが、その施行前にひとつの問題が生じた。前述若松県に於ける、膨大な件数の偽造犯の処置方である。「公文録」[63] によれば、若松県では戊辰の兵乱後の偽造犯が一二五〇余人に及び、その内未決囚が七八〇余人であった。該県官員のみでは、人手が足りず「至当の典刑」の確定が困難なので、民部省は刑部省に対し、官員の同県への派遣を要請してきた。太政官から刑部省に偽造宝貨律が達示された六月一八日のことである（同律は、前述の如く七月二日に府藩県に達示された）。しかし刑部省側にも余力がないので、刑部省は太政官に対し同年六月日欠で次のように伺出た。

同県ニ限リ右罪囚落着相成候迄當分ノ間今般被仰出候偽造宝貨刑律ヲ以即決差免相成候ハヽ隔地往復ノ手数等相省キ有形ノ通ニテ落着ノ運ニモ可相成ト奉存候

太政官の指令は「同ノ通被仰付候（年月日欠＝著者注）」であり、死刑即決処理を認めた。(64)

一方偽造宝貨律は、同年七月二日太政官第四三七御沙汰(65)により、府藩県に達示された。ところが、それにも「即決處置」が規定されていた。更には、同日太政官四三八御沙汰(66)により同様の即決処置が刑部省にも示達された。前述の六月一八日に刑部省に示達された偽造宝貨律には勿論即決処置の規定は存在していなかった。従って「同県ニ限リ右罪囚落着相成候迄當分ノ間」の如く若松県に限り例外的に即決処置を願い出た刑部省の意図と異なる結果となってしまったのである。

それに先立つ六月一二日、民部省は上申の中で、「是右刑典ヲ犯シ候モノハ速ニ至重ノ刑ニ被處国家ノ大患生民ノ至害未發ニ御防有之様イタシ度」、また「寛典ハ姑息ノ小仁ニテ濟時救民ノ御政体ニ無之候間断然タル御所置有之度」(67)というように、厳刑による一般予防を主張していた。その意味で偽造宝貨律の成案は、概ね同省の歓迎すべきで内容であったと考えて良いであろう。しかし、当の刑部省は、この偽造宝貨律に異義を提唱した。明治三年一二月の刑部省伺によれば、異議の理由は次の諸点であった。(68)第一に偽造宝貨律の刑の偏重が、他罪との権衡を欠くこと。すなわち、律(69)に於いてかような厳刑が用いられるのは、祖父母父母の謀殺等の重罪についてのみであり、太政官印偽造ですら、絞に止まる。第二に、死刑の執行の手順が通常と異なる。すなわち、明治元年一〇月晦日行政官第九一六布告により、死刑は勅裁を経てから執行されることになっていた[70]。また、同二年八月一〇日、弾正台の照会に対し刑部省は、自尽・斬罪・梟示・磔については、事前に刑部省に伺出ること、また自尽を除く三者については天裁を経るべき旨を回答した[71]。従って刑部省は、前述の若松県の場合の即決処置は、該県に限り、あくまで例外と位置づけていたのである。また、新律の編纂作業に於いては、寛恕の精神に基づき緩刑が採用されることとなった。そこで、刑部省は、新律施行前の諸犯罪にも新律を遡及適用すべく、死刑に該当する者の処断を暫く停止したい旨、太政官に伺い出ていた。これに対し太政官は、「可為伺ノ通事」と指令した[72]。しかるに、偽造宝貨律では即決処置の上、刑部省に届出ればよいとされていたのである。これは、新律制定施行に向けた従来の方針に全く逆行するため、刑部省にとっては容認しがたいものであったのである。そこで、刑部省は、宝貨偽造罪の刑を緩和し且つ死刑は従来の手順による旨の改正案を太政官に伺出た[73]。太政官はこの改正案を容認したが、発令は時期を待つこととし、当面は新律綱領の偽造宝貨条を「白空シ他日補正候様」としておくことになったのである。

偽造宝貨律をめぐっては、以上のような経緯があった。従って、同年一二月二四日太政官第九九一によって、三府開港場に火附盗賊人殺札が掲示されたが、その中の贋金取締規定部分に対応する新律綱領詐欺律偽造宝貨条は「白空」であった。前述のように、火附盗賊人殺札中の他の諸規定は、新律綱領の諸規定に対応する行為規範を明示し、その重要性を強調し、遵法を促すという機能を有した。しかし、同札の偽造宝貨取締規定は、新律綱領の偽造宝貨条が「白空」である故、新律綱領ではなく、偽造宝貨律（三年七月二日第四三七）の重要性強調及び遵法要求の機能を果たしているということになる。なお明治五年三月一二日太政官布告第八一号により火附盗賊人殺札は諸県へも掲示されたことは、前に述べた。従って、この贋金処罰規定も当然その中に含まれていた。

贋貨問題は、確かに深刻な問題であった。戊辰の役に参加し新政府創建に功のあった諸藩が、贋貨鋳造によって苦しい財政を賄っていたこと。新政府自身も悪貨鋳造に従事していたこと。更には私人間での贋貨鋳造は夥しい件数にのぼったこと。これら通貨偽造の実態は、政府の威信を大きく失墜させた。他方、蔓延した贋貨が、居留する外国人の手に渡ったことで、政府の対外的信用も失墜した。そして諸外国からは執拗に善処を求められるに至った。このような状況は、［三］の治安維持及び外国人の遭難防止と同様に、早急な対策の立案が肝要であった。この点で、当時の政府がいかに苦慮したかは、偽造宝貨律の突出した厳刑が雄弁に物語っている。そして、その効力を緊急に確保するため高札を用い、その重要性を強調し遵法を促したのである。この意味に於いて贋金取締規定が高札を用いた動機も、火附盗賊人殺札中の他の諸規定及び外国交際札ないしは外国人通行札の場合と同じく当該諸規定の重要性強調と遵法要求であったと考えられる。

なお、偽造宝貨律は、明治六年太政官布告第二〇六号「改定律例」詐欺律偽造宝貨条例諸条により改正され、同年六月二八日太政官布告第二三一号により、同条例に新たに一条が追加された。そして同一〇年三月二日太政官布告第二五号による改正を経て、同一三年七月一七日太政官布告第三六号「刑法」により消滅することになった。

［五］脱国札

明治政府は、その成立後、戸籍制度による人民把握に腐心した。それは、一方で脱籍無産者の取締及び帰籍による秩序の回復を目的とし、他方で廃藩置県による統一国家形成の基盤として機能し、その上に徴兵制度・教育制度・地方制度等が近い将来構築されることになるのである。

脱籍者の取扱いは、治安回復の観点からも、重要な問題であった。当初、本籍・本貫を離れた脱籍者は、政治の中心地であった京都に集中していた。その後、政府の枢要が東京にに移るにつれ、東京に集中しはじめた。そこで、まず京都では、治安を確保するため、明治元年一〇月市中戸籍仕法・郡中戸籍仕法が発令された[74]。その後明治二年二月五日行政官第一一七「府縣施政順序」により、戸籍の編制は「宜シク京都府ニテ編立スル所ノ制度ニ傚フヘシ[75]」とされ、各府県に達示された。東京府には、同年三月八日行政官第二六一布告により、脱籍無産者の差置禁止が達せられ[76]、翌日には会計官・軍務官・刑法官に対し、東京府宛と同様の脱籍無産者取締方が達示された[77]。しかし脱籍無産者問題は根強く、後述の如く明治五年一一月の東京府違式詿違条例制定の一要因ともなった。かような、脱籍無産者問題に対する新政府の取り組み姿勢を全国人民に対し表明したのが、五榜の第五覚札すなわち脱国札であった。

ところで、新政府が初めて脱籍者の取扱方を達示したのは、慶應四年三月四日京都府宛布告であった[78]。それによれば、士・民を問わず本国を脱走することを禁じ、また奉公人を召抱える際はその出生を確認し、脱籍無産者を召抱えた者は処罰された。その後、慶應四年三月一五日第一五八により五榜が掲示された[79]。その第五覚札は、天下浮浪の者を生ぜしめず、すなわち士民共に本籍からの脱走を禁じた。また脱国の者の不埒の所業は主宰者に帰責し、脱走の者の召抱えを禁じる旨を表明した。

第五札

覚

王政御一新ニ付テハ速ニ天下御平定万民安堵ニ至リ諸民其所ヲ得候様　御煩慮被為　在候ニ付此折柄天下浮浪ノ者有之候様ニテハ不相済候自然今日ノ形勢ヲ窺ヒ猥ニ士民トモ本国ヲ脱走イタシ候儀堅ク被差留候万一脱国ノ者有之不埒ノ所業イタシ候節ハ主宰ノ者落度タルヘク候尤此御時節ニ付無上下　皇国ノ御為又ハ主家ノ為筋等存込建言イタシ候者ハ言

路ヲ開キ公正ノ心ヲ以テ其旨趣ヲ尽サセ依願太政官代ヘモ可申出被　仰出候事
但今後総テ士奉公人不及申農商奉公人ニ至ル迄相抱候節ハ出所篤ト相糾シ可申自然脱走ノ者相抱不埒出来御厄害ニ立至リ候節ハ其主人ノ落度タルヘク候事

三月　　太政官

そして、同年八月一四日の各藩宛達は旧来の脱藩者の復籍方取り計らいを命じた[80]。さらに明治元年一〇月一四日軍務官宛達により、復籍者の生計が立つよう軍務官にて取り計らうべき旨命令した[81]。

一方、東京府には、元年一〇月二七日、徳川旧旗下竝浮浪の輩の調査及び処置が命ぜられ[82]、さらに前述の如く、翌年三月八日第二六一行政官布告により無籍の者の差置が禁ぜられ、翌日の達で同旨が会計・軍務・刑法の諸官に達示せられた。

脱籍無産者に対する明治政府の当初の対応は、悉く本籍に復帰せしめ、再び脱籍することなく該地に於いて生計が立つよう便宜を供与するというものであった。すなわち明治二年四月一五日第三五八行政官御沙汰[83]によれば、府下を始め各府藩県に於いて、戸籍人別の取調を行い、脱籍者を発見した場合は府藩県の主宰が本籍に急速に引き渡し、取調につき懈怠の有る場合はその主宰に帰責した。また、今後脱籍した者は追捕し、付近の諸県に姓名・年齢・不明となった月日等を順達することとなった。さらに同年九月一七日布告は、脱籍し東京府下に所在した乞食等を受け取った藩県は、再度管轄外へ出ることのないよう処置すべきことを命じた[84]。そして翌年一月九日太政官第一六布告[85]では、復籍人の引き渡しを受けた府藩県は、大逆無道を除く外、苛察の処置を科すことなく、前罪を糾さず旧籍に引き取り、生計が立つよう取り計らうことが命ぜられた。このように、当初は復籍及び原籍定着のみを志向したのであった。

明治三年九月四日、太政官第五六〇布告「脱籍無産復籍方規則」[86]が発令された。これによって、脱籍者の原籍地方へ送り方が定められた他、希望により現住地籍への編入または、原籍を残したまま入稼人として現住地に留まる方途が開かれた。さらに両親流寓中に出生した子の編籍方、脱籍者復籍入費の負担方等も規定された。本法令は翌年四月二三日太政官第二〇三布告「脱籍無産復籍方規則改正」[87]による改正を経て、明治一五年九月三〇日太政官第五〇号布告[88]を以て廃止されるまで存続した。また、それに先立つこと二〇日あまり、明治四年四月四日太政官第一七〇布告として「戸籍法」[89]が発令された。これらにより、脱籍無産者を含む全人民を統一的に掌握する方策が確立したのである。そして、同年七月一四日、廃藩置県の詔書が出された。ここに至り、中央集権的国家機構の根幹が確立したわけである。廃藩置県に先行して、戸籍法及び脱籍無産復籍方規則が発令されたことは、明治政府が支配機構建設の過程に於いて、戸籍制度確立による全人民掌握を重視していたことを、如実に物語っていると言えよう。

かような状況下、明治四年九月晦日、東京府は太政官に対して次のように伺出た[90]。

去ル辰年三月中御布告相成候高札五枚ノ内定三札ハ永年掲示致シ置覚札ノ分追テハ取除ノ御沙汰可有之旨其砌御達ニ相成然ル處尓今御沙汰無之候ヘトモ最早掲示ニ及間敷旨小田原縣ヨリ打合来居候ニ付勘弁候處差向第五覚札ノ分ハ取除候テ可然ト存候間其通リ取計候テハ如何可有御座哉依之覚札ノ書面写シ此段相伺候也

これに対する指令は

別紙ノ通御布告相成り候條取除可申事

であった。「別紙」は、同年一〇月四日太政官第五一六布告として次のように発令された[91]。

去ル戊辰三月中掲示候高札ノ内第五覚札自今可取除事

前掲した各札の掲示及び廃止法令一覧表に明らかなように、五榜の内特定の一札に付き廃止法令が制定されたのは、この脱国札についてのみである。それでは、当該廃止法令の制定経緯は如何なるものであったのか。それを明かにするには、東京府の伺の経緯を検討しなければならない。しかし残念ながら、現在までの所東京府側史料中より当該伺経緯に関する史料を発見できていない。そこで当面の所推測に依らざるを得ないわけであるが、著者は現在次のように考えている。

いわゆる朝藩体制は、新政府の草創当時の過渡的政体として位置づけられた。その政体が中央集権国家体制へと変貌する契機となったのは、戸籍法の制定、廃藩置県とそれに続く太政官職制竝事務章程の制定（四年七月二九日太政官第三八六）等であった。これらにより、中央集権的支配機構が確立された。さらに、この頃には各地で新律綱領も施行され、新政府の秩序維持が機能し始めた。ここに新生明治国家が登場したのである。

脱国札板面の「本国」「脱国」「主宰ノ者」という概念は、「藩」という体制を前提としたものである故に「藩」が解体されれば、もはや現実に妥当しなくなってしまう。従って廃藩置県が断行された以上、それらは朝藩体制期の遺物にほかならなくなってしまった。新法の制定により実効性を喪失したのみならず、表現上の妥当性をも喪失し、存続させておくことはかえって矛盾を生ぜしめることになる。また、支配体制が確立し、脱籍者の取扱い方が新法により確立した以上、明治国家胎動期の秩序紊乱を象徴する脱国札を存続せしめる実益はもはや存在しないのである。同じく五榜の一札である外国交際札の場合も、同様に秩序紊乱の表明となってはいるが、火附盗賊人殺札等と共に、一般に対し行為規範を明示し遵法を促すという形で、その機能を存続させている。現実の国制と乖離してしまった脱国札とこの点が異なるのである。

〔六〕　阿片札

帝国主義列強による植民地化の危機に瀕した旧幕府にとり、重大な憂慮のひとつが阿片問題であった。列強の進出と阿片の侵食がもたらす惨禍を、何よりも中国の前例が雄弁に物語っていた。それ故、旧幕府は安政年間以降に諸外国と条約締結する際には阿片の輸入を厳禁した。[92] しかし、外国人居留民が自用に供する目的で阿片を密かに持ち込む例が跡を絶たなかった。明治政府にとり問題なのはそれが流通ルートに乗り日本人の間に蔓延することであった。そこで神奈川県は、慶應四年閏四月二日、次のように阿片草の販売を禁じた。[93] 外国人が持ち込みそれらが流通する危険があったことが理解できよう。

神奈川県達

阿片草之儀ハ人ノ健康ヲ害シ候品ニ付御條約面ニ揚ケ有之候通リ外国人共持渡之儀ハ厳禁ニ有之然ル処近頃外国人ノ内阿片多分ニ持越候者有之哉ニ相聞へ万一商人共右阿片呑用ヒ候有之ニオキテハ御国ノ大害ト成候ニ付右買入又ハ売買イタシ候儀不相成候若右品密売イタシ或ハ窃ニ用候儀他ヨリ顕ルヽニオキテハ厳重ニ咎可申付事ニ候間心得違無之様夫々ノモノマデ可相心得候事

同年五月一五日には、長崎県も神奈川県と同旨を示達し且つ各国領事館に阿片草持ち込みは禁ぜられている旨の書翰を送った。[94] また、新政府も、同年閏四月一九日には第三一九布告を、次の内容で発令した。[95]

阿片煙草ハ人之精気ヲ耗シ命数ヲ縮メ候品ニ付兼テ御条約面ニ有之候通外国人持渡候事厳禁之処近頃窃ニ舶載之聞有之万一世上ニ流布致シ候テハ生民之大害ニ候間売買之儀ハ勿論一己ニ呑用候儀決テ不相成候若御制禁相犯シ他ヨリ顕ルヽ

ニ於テハ可被処厳科候間心得違無之様末々ニ至ル迄堅ク可相守者也
右御達シ書府藩県一同高札ニ掲示可致被　仰出候事

これが阿片札である。また二日後の二一日、阿片札とほぼ同旨の阿片禁止法令が発令された。[96] 高札と紙面の両者による示達が行われた。

しかし、これらの諸法令はさほどの抑止効果をあげ得なかったようである。特に在留中国人による阿片の持ち込みが甚だしく、旧来より自用の慣習もあり、政府としても黙認せざるを得ない状況であった。しかしその一方で、それらが邦人間に蔓延した場合、国家存亡に係わる重大な危機を将来するという強い危惧があった。そこで、明治三年、外務省は新たな取締法規制定に向けて太政官に伺出た。[97] この伺には阿片取締強化を府藩県に命ずる達案、生鴉片取扱規則案、在留清国民への阿片取締論達案が添付されていた。この外務省の御布告案は刑部省に回付され、刑部省の意見は七月二二日に弁官へ上申された。

これらを基に明治三年八月九日、太政官第五二一「販売鴉片烟律」が達示された。それによれば利を得るため鴉片烟を販売した者は斬、従犯三等流、人を誘引して吸食せしめた者は絞、という厳しい法定刑が設定された。[98] また同日、太政官第五二二布告「生鴉片取扱規則」[99] が達示された。さらに第五二三御沙汰[100] を以て販売鴉片烟律が制定された上は、各港在留中国人へも厳重禁止を論告し厳しく取り締まるよう外務省宛に命じた。外務省はこれを受けて前記在留中国人への論告を各港庁に命じて掲示させた。尚、明治三年第五二一「販売鴉片烟律」は、同一の内容を以て同年一二月二〇日第九四四「新律綱領」雑犯律販売鴉片烟条に吸収された。[101] 但し、新律綱領では「犯罪自首」条が名例律に規定されているため、販売鴉片烟律の自首規定は雑犯律販売鴉片烟条からは削除された。

ここで問題になるのは、阿片札の除却時期である。「法令全書」では、阿片札につき規定した慶應四年閏四月一九日第三一九の頭注に、「三年第五百廿一ニ依リ消滅」とある。この注に依れば、阿片札は販売鴉片烟律の制定により消滅したことになる。これを支持する学説もある。(102)しかし、内閣記録局編の『法規分類大全』では慶應四年閏四月一九日布告の廃止期日につき言及されていない。(103)また同局編の「太政類典」の平行記事にも、廃止期日は示されていない。前述の如く、「法令全書」の太政官期分は、明治一八年以降に内閣官報局に於いて遡及編纂されたものである。また、同書第一巻編纂例に明かなように、その頭注も編纂段階で編纂者の判断に基づいて付与されたものであり、二次三次的史料価値しか有さない。つまり、内閣官報局は「法令全書」編纂段階で、阿片札除却時期について太政官記録局及び内閣記録局が行わなかった独自の判断を行ったということになる。従って、このような経緯を有す頭注の廃止記事は、ひとつの説にすぎないので、はたして「三年第五百廿一ニ依リ消滅」したかどうかは、別途検討を要するところである。

販売鴉片烟律に目を転じてみよう。同法令末尾の「各地方官ニ於テモ管内人民末々迄心得違無之様屹度取締可致事」という文言から明らかなように、これは執務規定として官吏限りに達示されたものである。それは仮刑律や新律綱領等の当時の刑罰法規に共通したことであった。従って各府藩県の独自の判断で心得達を人民宛に発しない限り、原則的に同法は人民一般の目に触れる事はなかったのである。それ故、同法が発令されても、阿片札はその存在意義を有していたと考える方が自然である。すなわち、明治政府は阿片の吸喫の禁止を緊要と考えていた。従って販売鴉片烟律が一般に公布されない以上、それを禁じる旨の行為規範を明示しておく必要性は、同律の達示後も継続して存在したのである。そのことは、新律綱領が頒布されても同様であった。しかし、新律綱領は、月日は不明であるが明治四年ないし五年には、民間への印刷販売が許された。しかし、それとても阿片札の存在意義を否定するものではなかった。すなわち、それにより一般人民対して行為規範が示されても、それには法定刑が規定されていないため、新法である新律綱領と矛盾することなく行為規範の明示ないし強調の機能を有し続けることができたからである。新律綱領と相前後するが、販売鴉片烟律が府県限りの判断で在地に公布されても、同様の事が言えた。つまり、禁令が人民一般に示される以前は行為規範明示の機能を有し、新法によりそれが明示された後には、それを強調し遵守を促す、いわゆる心得達としての機能を果たしたと考えるべきである。従って、現在までのところ阿片札の除却を個別に命じる史料が発見されてない以上、前述の明治三年第五二一ではなく、後述の如く、明治六年太政官第六八号に依り掲示中の諸高札が除却された際、一緒に除却された可能性も留保すべきであろう。

［七］浦高札

江戸時代の海難救助制度については、法そのものも立法技術も優れており、明治以降の西欧先進諸国に於けるそれらと立法精神に於いて変わるところがないという評価が為されている[104]。我国のそれら海難救助制度の大綱を規定したのが、江戸時代の浦高札であった。幕府は、それにより大綱を示すに止め、施行細則的諸規定については、諸藩の先規や慣習に委任した[105]。明治時代の浦高札は、概ねこの江戸時代の浦高札を引き写して作られたものであった。

ところで、慶應三年一一月七日第七[106]は

御政務筋往古之通ニ者迚モ難相運被　思召候得共総テ新法而已之御政務ニ相成候テハ甚不宜候間可成儀者旧儀ニ基キ候様被　思召候事

と述べ、律令時代の復古的新制が好ましくない部分については、旧幕府時代の制度を流用する余地を残した。ま

た、同年一二月二二日第二七[107]すなわち朝廷万機決裁札でも、

《前略》…徳川祖先ノ美事良法ハ其侭被差置御変更無之候間列藩此　聖意ヲ体シ心附候儀ハ不憚忌諱極言高論シテ救縄補正ニ力ヲ尽シ…《後略》

というように、徳川旧制度継承の余地を表明していた。

一方、慶應四年三月五日には、第一五八により幕府高札の除却が命じられた。[108] 当然旧幕府浦高札もこの中に含まれており、この点が問題であった。すなわち、多くの場合、高札により公布される法令は、紙面等の通常の形式により高札と相前後して公布されていたのであるが、[109] 海難救助制度をめぐる幕府法は浦高札により公布され、高札ないし紙高札により全国浦々に施行された。[110] 従って浦高札の除却は、法令そのものの消滅を意味した。

他方、明治政府は、同年第六一二布告により、貢米の大阪会計官への上納が命じた。従って大阪までの貢米回漕が行われざるを得ない。それも、各地方で独自に回漕船を雇入れ運搬するのが原則であった。[111] そこで、新政府としても海難救助制度の新たな根拠法令を定立する必要が切迫したのである。

明治二年八月一九日、民部省は海難救助法制定につき次のように伺い出た。[112] その内容は、前記の制定経緯を端的に示している。

諸国貢米積舩其外難破船ノ節荷物陸揚致シ候モノヘ万一渡方竝浦々取締向ノ義ニ付故幕府ノ節諸国浦々ヘ掲示有之候高札案取捨致シ取調大蔵省ヘモ打合ノ上御廻シ申候御存寄モ無之候ハヽ早々御布告有之度此段及御掛合候也

八月十九日　　民部省

弁官御中

この時の民部省の海難救助法草案は、江戸幕府の正徳元年浦高札、正徳二年浦々添高札、天保一〇年申渡を参照し

て、浦高札の体裁をとっていた。この民部省伺に対する太政官の指令は「伺之通布告可致候事」であった。そして明治二年九月、明治政府の浦高札[113]として、各浦高札場に掲示された。

この浦高札を逐条的に分析すると、江戸時代の寛文七年浦高札、正徳二年浦々添高札、寛政七年触書、天保一〇年申渡を部分的に引き写したものであることがわかる。金指正三が「要するに旧幕時代の救助法を集大成し、明治の法律用語に書き改めたもの」[114]と評価する所以であろう。このことから、明治政府が海難救助法に高札を用いた理由を、次のように考えることができる。すなわち、制度そのものが旧制度の引き写しである以上、その公示方法も長く慣れ親しんだ旧に依るのが周知徹底のためには良い。まして海難救助制度は浦々住民にのみ関係し、一般人民に布令する性質のものではないので、高札方式と浦高札場を利用するのが、周知徹底に最も合理的であるということである。

さて、以上のような経緯で制定された浦高札であったが、本当に周知徹底され、機能していたのであろうか。「太政類典」には次の史料が残っている。[115]すなわち久美浜県管下丹後国村々の貢米を積載した廻船が、明治四年五月に兵庫湊に碇泊中に難破した。その際、海中より貢米の引き揚げに従事した人夫に対して、「…右買請代金ノ内海底ヨリ掛揚米イタシ候者共ヘハ御定法十分一并諸入費共相渡」したと記されている。すなわち明治三年六月（日欠）第四二八を以て「貢米廻運船難破漂着取扱規則」[116]が発令された。これは浦高札を一般法として貢米回漕船を対象とした特別法であった。その第五条但書後段で、海底に沈んだ荷物の引き揚げに従事した人足の報酬の渡方は、浦高札を適用するよう命ぜられた。浦高札では、第二条により引揚従事者の報酬は目的物の十分の一と定められていた。従って、本史料の「御定法」とは当然浦高札を指す。この史料のみからすれば、明治期海難救助制度が定着していることがうかがわれる。しかしその一方で、同じく明治四年の次の史料[117]にも留意が必要である。

其村々海岸へ旧幕ノ節浦高札掲示有之候箇所取調早々可申出者也
　未九月十四日　堺県庁
　　　泉州　海岸村々へ

明治浦高札も、旧幕浦高札場に掲示されたと考えられる。従ってその場所を明治四年に至って調査を行ったということは、それまで新浦高札の掲示が遅延していたと考えるべきであろう。旧幕浦高札の除却は行われるも新浦高札掲示のみが遅延したのか、あるいは旧浦高札の除却さえも行われず残存していたのかは、村々の様子を示す史料が見つからないので、この史料からのみでは判断しかねる。しかし貢米の回漕先の大阪会計官のお膝元である堺県でさえもこの程度であった。また、後述の如く、明治八年には浦高札に代わる海難救助法が制定されるが、その制定理由は「内国船難破取扱規則従前区々ニ渉不都合ニ付…」[118]であった。以上の諸点から判断して、浦高札が規定する海難救助制度が、全国的に定着していたと言い切れるのであろうか。疑問が残るところであろう。

さて、明治浦高札第四条は、次のように規定している。[119]

難風ニ逢沖ニテ荷物ハネステ候時ハ着船ノ湊ニオイテ其所ノ府藩県役人庄屋等出会遂穿鑿船中残リノ荷物船具等取調証文可差出事

しかし、地方制度の改変に伴い、「庄屋」の名称も廃止されることとなった。すなわち明治五年四月九日第一一七号布告[120]は、

一庄屋名主年寄等都テ相廃止戸長副戸長ト改称シ是迄取扱来リ候事務ハ勿論土地人民ニ関係ノ事件ハ一切為取扱候様可致事

と達示した。明治四年四月四日第一七〇「戸籍法」[121]第一則は、便宜の区画（戸籍区）を画定し戸長及び副戸長を置

くよう命じた。その戸籍区の構成単位である村々の責任者たる地位を庄屋又は名主と呼んでいた。しかし五年第一一七号は、従来の呼称を廃し新たにそれらを戸長副戸長と改称するというものであった。ここに至り、浦高札第四条も必然的に改正を余儀無くされたはずである。「法令全書」『法規分類大全刑法門』掲載の浦高札では、この点について何等コメントが為されていない。通常、改廃経緯等については頭注によりコメントを付しているのであるが、この第四条改正については言及されていない。しかし、それを以て浦高札の改正が行われなかったとするのは、性急に失すと言わざるを得ない。前述の「法令全書」の場合と同様、『法規分類大全』の場合も、内閣記録局で明治二二年三月以降に着手された編纂過程で付された注である以上、二次三次的史料価値しか存在しないからである。恐らくこの浦高札第四条改正が行われたとすれば、浦高札の初めての改正であったであろう。現段階では推測するに止め、結論は今後の史料調査の結果に譲りたい。

次いで明治七年にも浦高札の改定が行われた。すなわち従来の浦高札第四条[122]では、

流寄ノ船并荷物等ハ浦方ノモノ見付次第可揚置六箇月ヲ過持主不相知時ハ揚置モノ可取之タトヒ持主相知ルヽトイフトモ六箇月ヲ過ルヽ後ハ差返スニ及ハス

と規定するのみで、漂流してきた船や積荷を浦方で陸揚げ保管しており、六カ月以内に持ち主から返還請求があった場合の取扱方が不明であった。この点につき地方官からしばしば照会があった。そこで同年二月二八日、司法省は同条の改正につき太政官に伺出た。その後、司法省側の第五条草案も改変されたため、八月三〇日に再び同条の改正を上申した。同草案は、更に左院の審議を経て[123]、九月一九日太政官第九七号布告として発令された。

浦高札第五條左ノ通改正候條此旨布告候事

一流寄ノ船并荷物等ハ浦方ノモノ見付次第揚置持主尋来ル時ハ可渡之持主ヨリハ第二條ノ定ニ准シ取揚候者へ歩

一可渡若囲置等ニ付別段手数相掛候ハヽ持主ヨリ相當ノ入費可相渡尤一ヶ年ヲ過持主不相知時ハ揚置モノ可取之タトヒ
持主相知ルヽト雖モ一ヶ年ヲ過ル後ハ差返スニ及ハサル事
但其管轄庁ノ可請差図事

明治七年一二月二八日、内務省は前述の如く、「内国船難破取扱規則従前区々ニ渉不都合ニ付…」という理由で、浦高札に代わる新法の制定を伺出た。(124)左院も「…右挙行ノ上ハ河海遭厄ノ保全ヲ得ルノミナラス随テ各浦々ノ取締リニモ相成保護上実ニ欠ヘカラサル措置ト存候…」との判断を示し、更に司法省による審査修正を経て、明治八年四月二四日太政官第六八号布告「内国船難破及ヒ漂流物取扱規則」として公布された。(125)その冒頭は、

内国船難破及ヒ漂流物取扱規則別冊ノ通相定候條本年六月一日ヨリ施行可此旨布告候事
但本年同日ヨリ浦高札ハ廃シ候事

とされ、浦高札の廃止が命じられた。この新法は紙面による通常形式で発令され、高札はもはや用いられなかった。

［八］違式詿違札

明治四年に入ると東京府では単行法令の形式をとり種々の禁令が発令された。(126)それらの立法意図は、「一般ノ儀ニテ諸人相怪シミ不申候ヘトモ」（四年正月二七日東京府達）(127)その実は、不潔であったり、危険であったり、外国人の目に奇異に映る風習を禁じるものであった。皇居が存在し外国人の往来する首都に不都合な野卑な風習を禁じたのである。しかし首都のイメージ向上につとめる中央政府も、明治五年になると苦慮する事態が生じた。東京府下に

全国から乞丐が集中していることが、ロシア親王の来日予定もあり甚だ不都合だと考えられたのである。また前年に東京府により達示された諸禁令の遵守状況もはかばかしくなく、禁止事項も不十分であった。そこで、明治五年一〇月一〇日司法省は、乞丐の放逐方の取り計らい及び禁令遵守の強調と新たな禁止事項の定立を東京府に達示するよう太政官に建議した。[128]これを受けて東京府は、同年一〇月一三日新たな禁令を発令した。[129]

しかし、その一方で司法省は、有犯意及び無犯意で犯す軽科につき取締規定の定立を企図していた。明治五年一〇月九日、司法省は同規定の施行を太政官に伺出た。太政官の指令は「當分之内仮定之心得ヲ以テ施行可致事」[130]であった。これを受けて同年一一月八日司法省無号[131]として「違式詿違条例」が発令され同日の東京府達[132]を以って同月一三日より施行されることとなった。前述の東京府諸禁令は概ね本条例に包摂され、その施行により消滅した。[133]またこの条例は当面内国人にのみ適用されることとなった。[134]翌明治六年四月一八日、司法省は前年の東京違式詿違条例に比照し、地方違式詿違条例を制定すべく、太政官に伺出た。その指令は「伺之通」であり、これを受けて明治六年七月一九日太政官第二五六号布告として地方違式詿違条例が発令された。[135]本条例では、司法省の要望で各地方に於ける適合性を担保するため、地方の便宜により違式詿違罪目を斟酌増減することが認められ、その場合警保寮に伺出ることとされた。[136]

さて、このようにして制定された違式詿違条例では、その周知徹底が最大の問題であった。有犯意の軽科はともかくも、たとえば無蓋の糞桶の運搬など従来日常的に何等の奇異も感ぜられないまま行われてきた行為についても、取締に及んだからである。行為規範の認識がなく、従って規範的障碍もなく日常的に行われてきた諸行為の取締の成否は、人民レベルに如何に周知徹底させるかにかかっている。司法省はこの周知徹底のために、六年八月一二日司法省第一三〇号[137]によって高札を用いることにした。

第百三十号
今般各縣違式詿違ノ條目御布告相成候浼
右條目ノ儀ハ國中ノ安寧人民ノ健康ヲ警保スル所以ニ有之候條各地方人民悉ク承知不致候テハ不相成儀ニ付戸長副戸長ノ設ケアル處ハ必ス之ヲ掲榜シ遺漏無之様可致候事
但右掲示ハ三十日間掲示ノ限ニアラス候事

明らかに、司法省は違式詿違条例に特別な位置づけを与えている。それは、本条例の掲示につき同省が、「右ハ平常布達一時掲示ノ類ニ無之別段施行方法モ有之ニ付」(138)と述べていることからも理解できる。遵守の確保への苦慮によるものであろう。

ところで、太政官は明治六年二月二四日第六八号布告で、法令公示方法として文書掲示法の採用を表明した(139)。更に同布告の中で、本章五で後述の如く、高札掲示の廃止をも達示した。従って、司法省第一三〇号は、この太政官第六八号布告発令後に、一見それと矛盾する高札による公示を、敢えて命じたように見える。しかし本章五で後述の如く、太政官第六八号布告は、高札掲示制度そのものの廃止を命じたのではなく、従来より掲示が継続中の諸高札の廃止を命じたものである。当然その背景には、高札の公示効力について太政官の評価が消極化したことが考えられよう。しかしその一方で、司法省の斯かる姿勢は、高札の人民周知機能を積極的に評価していることを表している。高札という形態を見ればその内容の何たるかを問わず、高札であるが故に重要だと考え遵守したという近世在地的法意識が存続していると司法省は評価していたのであろうか。

さて、司法省第一三〇号を受けて、地方官に於いても違式詿違条例周知徹底のため板札の掲示を在地に達示した。次は置賜県の例である(140)。

先般違式詿違ノ條目御布告相成候処右條目ノ儀ハ国中ノ安静人民ノ健康ヲ警保スル所以ニ有之人民悉ク不承知ニテハ不相成事ニ付衆人読易キ様字面ノ傍ニ仮名付ニ致シ板面ニ認メ區長正副戸長門前等ニ至急掲榜致ス可キ事

明治六年十一月九日

太政官第六八号布告で法令公示に文書掲示法が採用され高札掲示が廃止された際、文書掲示は「便宜ノ地」で行うこととされた。しかしこの「便宜ノ地」は、同年三月五日司法省第二七号により地方裁判所門前及び戸長宅前と具体化された。[141] 右の置賜県達令で掲示場所が「区長正副戸長門前」とされているのは、これを受けたものであろう。

各地方では、高札掲示以外にも、違式詿違条例周知徹底のため、種々の方策が実施された。例えば、埼玉県では、明治九年一〇月三〇日に乙第一一五[142]により「本縣違式詿違条例ヲ一般小学ニ頒チ各校課外授業時間外ニ於テ生徒ニ教授セシム」とされた。また長野県では、明治六年八月一四日布達[143]で、「等閑ノ処業無之様老幼婦女子ニ至ル迄区長戸長ニ於テ篤ク注意懇々教諭可致候」とされ且つ「人民一般ノ所用ニ可供与ハ県下書肆ニテ販売可致」として、民間での印刷販売が許された。さらに京都府をはじめ数県では、違式詿違諸条を図解説明する冊子が民間で販売された。[144] また、尾佐竹猛は「新板違式諭一ッとせふし」なる数え歌の存在を紹介している。[145] これは、法規範記憶のための便宜と評価できよう。いずれにせよ、地方官あるいは私人間で図解や教場での教授あるいは数え歌が有効と考えられたと同様に、司法省に於いては、周知徹底に高札が有効と考えたのであろう。

ここで問題なのは、高札により公示可能な情報量である。すなわち明治六年太政官第六八号布告により文書掲示法が採用された理由のひとつに、高札が公示を可能とする情報量が少なく法令の情報量増大傾向についていけないということがあげられている。[146] 確かに違式詿違条例に於いてもこの点が問題になる。はたして、本条例の九〇条余にのぼる全文を高札化するのは可能であったのか。或いは本条例を堅く守るべき様心得よ、という旨の心得達のみの高札化を以て足りたのであろうか。前述の六年司法省第一三〇号は、この点につき何等言及していないし、また違式詿違札の板面表記をそのまま記録した史料も未だ発見されていない。疑問の残るところである。

尚、違式詿違条例は、明治一三年に刑法（同年七月一七日太政官第三六号布告）中に違警罪目が制定され消滅した。違式詿違札については、その間の除却法令の存在が確認されていないので、前記刑法の施行で、やはり実効性を喪失したと解すべきであろう。

〔九〕神社制札

明治五年三月一四日太政官第八二号布告(147)により、神祇省が廃止され教部省が新設された。神道による国民教化を主たる目的とした改革であった。そして同年四月二五日太政官第一三二号布告(148)により教導職が設置され、更に同年四月二八日には国民教化の基本大綱が教導職に示された。そして明治五年六月二三日、教部省は官国幣社及び府県社の神域に於ける動植物の保護と車馬の乗り入れを規制するため、神社制札の掲示を伺い出た。斯かる教導の一環として人民の敬神姿勢の涵養が主たる目的であった。制札面の教部省案は次のようなものであった(149)。

官国幣社札案

定

一、車馬乗入ル事

二、魚鳥ヲ捕ル事

三、竹木ヲ伐ル事

右條々於境内令禁止者也
　年號干支月　教部省
右堅可相守者也
　　　　　　　　某府縣

府縣社札案
文言同上
右條々於境内令禁止者也
　年號干支月某府縣
　前文ノ制札何レモ英文ニテ譯ヲ加ヘ候事

翌日太政官は「伺之通」と指令した。ところが八月一七日に、大蔵省がこの制札の取立に異議を差し挟んできた(150)。その主たる理由は、地方制札場の費用が多額であり(151)、且つ定三札の掛替の予定もあり、その予算も捻出せねばならず、両者合わせると莫大な失費となるということであった。当時大蔵省では、井上馨大蔵卿を中心に家禄藩債整理のため緊縮財政が志向され、明治六年定額問題へと波及して行こうとする時期であった。太政官は、大蔵省の斯かる事情を顧慮し、教部省に対し「御都合之次第モ有之候條布達之儀可見合(152)」と口達した。右の如き事情で一旦は神社制札の取立は見合わされたが、翌明治六年二月一三日、教部省は次のように再び取立を伺出た(153)。

……《前略》…然ル処制限不相定候テハ追々神社境内ヘ車馬乗入ルモノモ有之趣ニテ此侭差置候ハヽ自然敬神ノ道モ　薄ク成行教導ノ筋ニモ差響可申哉ト存候…中略…尤司法省ヘ打合候処異存無之旨回答有之候仍此段更ニ相伺候　條至急御

指揮有之度候也

明治六年二月十三日

教部少輔　黒田清綱

教部大輔　宍戸　吹

今度は太政官も取立を認め、明治六年三月二二日教部省第一三号[154]により官国幣社札および府県社札が制定された。神社制札という呼称は両者の総称である。府県社札は発令者として府県名が表記されたが、その掲示を命じたのは教部省である。それ故、両高札共天朝高札と位置づけることができる。神社制札の内容は、前述の五年六月二三日教部省伺に示された案文通りであった。従ってそれには、英文表記も為されていたが、六年四月一四日教部省第一九号[155]により更に仏文も追加された。

さて、この神社制札違反者の取り扱いは、どのようになされたのであろうか。この点につき東京府から警保寮へ照会が為された。同寮の回答[156]に依れば、第一條の馬の乗り入れは、違式罪目第二二条を類推し、第二条・第三条については、違式追加第五九条を用い、共に各大区に於いて処断することとされた。

また神社制札の取立費は、従来各社の私費により賄われていたが、明治八年六月一七日教部省達書甲第九号達[157]により、官国幣社についてはその維持費が定額金より捻出されることとなった。その後、明治一〇年四月二四日内務省丁第七号達[158]により、官国幣社の各社官営箇所が定められた。すなわち維持費の政府負担となる箇所が定められたのである。これにより制札も官営とされた。

尚、官国幣社札は、明治一一年一〇月二三日内務省乙第六六号達[159]により命令主体が府県に変更され、更に明治二〇年内務省訓令第一五号[160]により、一五年間にわたり官国幣社保存金が配布されることとなり、従来より続いた官費営繕制が一九年度限りで廃止された。従って制札の官費維持も廃されたわけである。これにより形式的にも実質的にも天朝高札の性質を喪失したと考えて良いであろう。

［十］徒党札・徒党勧誘札

慶應四年三月一五日第一五八[161]により、五榜の定第二札として徒党札の掲示が命じられた。外国交際札や脱国札等と共に、新政府草創期の治安紊乱への対策として制定されたものである。

定

何事ニ由ラス宜シカラサル事ニ大勢申合セ候ヲ徒黨ト唱ヘ徒黨シテ強テ願ヒ事企ルヲ強訴トイヒ或ハ申合セ居町居村ヲ立退キ候ヲ逃散ト申ス堅ク御法度タリ若右類ノ儀之レアラハ早々其筋ノ役所ヘ申出ヘシ御褒美下サルヘク事

慶應四年三月　太政官

仮刑律には、徒党処罰に関する規定は存在せず、また新律綱領制定まで、それに関する単行法令も発令されなかった。従って、その間は、徒党札が徒党処罰の実定法として機能していたと考えられる。その後、明治三年一二月二〇日、第九四四「新律綱領」賊盗律兇徒聚衆条[162]が制定されて、初めて徒党札以外に徒党処罰規定が誕生することになった。

兇徒聚衆

凡兇徒衆ヲ聚メ村市ヲ毀壊焼亡シ財物ヲ劫奪シ若クハ人民ヲ殺死スル者造意ハ斬従ハ流三等従ノ手ヲ下シ人ヲ殺シ火ヲ放ツ者ハ絞其止タ附和随行シ場ニ在テ勢ヲ助クル者ハ論スル事勿レ

若シ地方ノ凶荒ニ乗シ衆ヲ聚メ良民ヲ擾害シ官長ヲ挟制シ及ヒ賑貸稍遅キニ因テ村市ヲ槍奪シ官廨ニ喧閙シ及ヒ私憤ヲ懐挟シ衆ヲ聚メテ市ヲ罷メ官ヲ辱ムル者並ニ首ハ絞従ハ流三等其餘ノ附随ハ亦論スル事勿レ

火附盗賊人殺札・往来妨害札の項で述べたのと同様に、徒党札も法定刑が明示されてはいない。一方高札は支配権力を象徴するという伝統があった。従って、徒党札も新律綱領施行後は実定法としての機能は停止されたが、同法の兇徒聚衆禁止規範の重要性を強調し禁令遵守を要求する機能を有し続けたのである。徒党札については、その廃止を命じる個別の単行法令は存在しない。従って、明治六年二月二四日太政官第六八号布告(163)により他の諸札と共に除却されたと考えるべきである。「法令全書」編纂者も同様に解釈し、慶應四年第一五八頭注に於いてその旨を表示している。それまでの間、徒党札は重要性強調及び遵守要求の機能を果たしていたのである。

なお、新律綱領賊盗律兇徒聚衆条の前段の改正を求め、司法省は次の如く太政官に伺い出た(164)。

兇徒聚衆律改正ノ儀ニ付伺

兇徒聚衆ノ律止タ附和随行シ場ニ在テ勢ヲ助クル者ハ論スル勿レト有之候處徒黨ノ禁令ハ兼テ御高札ニ掲示モ有之候ヘハ改テ違令ノ軽重ニ照シ贖罪申付度此段相伺候也

壬申七月十九日　　　司法卿江藤新平

正院御中

徒党禁止は従来より高札で禁止されているものであるから、罰則を厳格に改め、附和随行者も犯状に応じて相応に処罰すべきであるという上申であった。明治五年に至ってもなお高札の有す重要法令の強調及び遵守要求機能を政府が積極的に評価していたことがわかる。これに対する太政官指令は「伺之通」であった。これを受けて明治五年八月三日太政官第二一六号布告(165)が次のように発令され、兇徒聚衆条は改正された。

兇徒聚衆ノ律内附和随行ノ者ハ論スル勿レト有之候処自今改テ違令ノ軽重ニ照シ贖罪可申付事

この後徒党処罰規定は、明治六年六月一三日太政官第二〇六号布告「改定律例」に引き継がれた。

ところで明治三年一二月二六日に発令された太政官第一〇一一達(166)は次の内容であった。

関八州及ヒ信越三陸
両羽磐城岩代之藩縣

諸國高札ニ掲示有之候通何事ニ依ラス大勢申合セ又ハ強テ願ヒ事ヲ企ルヲ徒黨ト名ケ重キ御法度ニ候処近来所々ニ於テ奸民共我身ノ得手勝手ヨリシテ事ヲ好ミ種々申巧ミ良民ヲ欺キ徒黨強訴ノ人數ニイサナヒ入レ御法度ヲ背キ候ノミナラス妄リニ家財ヲ毀チ屋宅ヲ焼捨ル等ノ亂妨狼藉ニ至リ謂レサル事ニ候元来願筋有之節ハ穏便ニ申出候ヘハ夫々厚ク御詮議モ可相成候ヘ共右様大勢徒黨ヲモヨフシ上ヲ憚ラサル所業致候而ハタトヘ如何程道理至極ノ事タリトモ御取上ケニ難相成且發頭人ハ申ニ不及同類ノ者迄モ厳重相咎ラレ其上時宜ニヨリ不得止兵隊ヲ以テ御打果ニモ相成罪無キ良民共奸民ノ為非命ノ死ヲ遂ケ親子兄弟夫婦ニモ相分レ誠ニ以テ不憫ノ至ニ候條銘々篤ク勘辨致シ御法度之旨堅ク相守リ一家安穏ニ産業出精シ奸民ノ為メニ欺カレ心得違無之様致スヘキ者也

但奸民共徒黨強訴抔ノ人數ニ相勸メ候節ハ早速御役所ヘ訴出候ヘハ御褒美ヲモ遣サルヘキ者也

「法令全書」の本号頭注には「六年太政官第六十八號ヲ以テ高札除却」と記されている。すなわち法令全書編纂者は本号は高札であったと解釈しているのである。これを以て徒党勧誘札と称する。しかし「太政類典」「布告全書」は本法令の本文のみしか掲載していない。また『法規分類大全』「公文録」「太政官日誌」「太政官達全書」「刑部省日誌」は、本法令について言及していない。従って現在までの所、本法令の制定経緯を明らかにし、これが高札であったことを示す史料が見つからない。確かに嘱託札の如く、但書には訴人褒賞制の採用を示す嘱託文言がある。

しかしそれのみを以て、高札であったとは即断し難い。非高札法令が訴人褒賞制度を採用したのではない保障がないからである。「法令全書」頭注は、前述の如く明治一八年に遡及編纂が始まった際に編纂者が自らの解釈を付したものに過ぎない。従ってそれのみを根拠にするのは薄弱の感を免れない。今後の史料調査の課題としたい。

（1）服藤弘司　前掲「明治初年の高札」三九頁及び四八頁以下。
（2）国立公文書館蔵「太政類典」第一編第一巻第八五。
（3）「法令全書」第一巻（原書房一九七四年）一五六頁。
（4）国立公文書館蔵「太政類典」第一編第一巻第八九。
（5）『東京市史稿』市街編第五〇巻（一九六一年）一〇四三頁以下。
（6）新潟県編『新潟県史』資料編一三近代（一）明治維新編Ⅰ（一九八〇年）四七五頁。
（7）「法令全書」第四巻（原書房一九七四年）五頁。
（8）「三峰神社文書」。
（9）「法令全書」第一巻（原書房一九七四年）慶應三年第一七（一二頁）、同第三一（一三頁）、慶應四年第一〇（五頁）、同一一（六頁）参照。
（10）国立公文書館蔵「太政類典」第一編第一巻第八七。
（11）「法令全書」の創刊経緯については本書第五章を参照されたい。
（12）「法令全書」第一巻（同右一頁）編纂例には、次のような説明が記載されている。「凡ソ法令彼此相須タサルヲ得サル者及前後相関渉スル者ハ某号参看ト書ス而シテ其漸次ニ沿革シテ改廃消滅ニ就ク者及此ヲ以テ彼ヲ廃スルコトヲ断定シ難キ者モ亦之ニ倣フ」従って、同三札の頭注は、官報局編纂担当者が、その判断を以て「第四九七ヲ以テ廃止」と断定したのである。

(13) 国立国会図書館蔵「明治紀元戊辰秋九月東巡日誌第二」九月廿二日条。
(14) なお、この達は「布告全書」にも採録されている。同書戊辰九月第廿二（国立公文書館蔵）参照。
(15) 五倫札全三条のうち、特に前二条は道徳的訓戒規定であることは否めないが、服藤氏は前述の「明治初年の高札」の中で、この訓戒規定違反に対し刑罰を以て臨んだ例を紹介されている。
(16) 「法令全書」第一巻（原書房一九七四年）六三頁。
(17) 同右六七頁。
(18) 『復古記』巻七十（復刻版第三冊、内外書籍一九二九年、二〇三頁）。
(19) 『大日本外交文書』第一巻第一冊（外務省調査部編一九三六年）六四〇頁。
(20) 『復古記』巻七十（復刻版第三冊、内外書籍一九二九年、二〇二頁）。
(21) 閏四月一七日第三一四による。「法令全書」第一巻（原書房、一九七四年）一一六頁。
(22) 『大日本外交文書』第四巻（外務省調査部編一九二九年）七五八頁以下。
(23) 『大日本外交文書』第五巻第二九六（外務省調査部編一九二九年）。
(24) 同右第六九。
(25) 『伊藤博文伝』上巻六五三頁（原書房一九七〇年）。
(26) 「大隈文書」和文書翰巻子本一三六「大隈副島宛伊藤博文書翰明治六年一月二日」早稲田大学図書館蔵。
(27) 「法令全書」第六巻ノ一（原書房一九七四年）六四頁。
(28) 同右七五五頁。
(29) 内閣記録局編『法規分類大全第一編』刑法門一頁。
(30) 国立公文書館蔵「太政類典」第一編第一八九巻第四。仮刑律は、国民一般に向け公布されたものではなく、官吏による処断の際に準則として用いられた。これは後の新律綱領に於いても同様であった。但し新律綱領の場合には、後に一般に対する印刷販売が許された。

(31) 「法令全書」第一巻（原書房一九七四年）一二三頁。
(32) 同右六六頁、慶應四戊辰年第一五八。
(33) 同右。
(34) 同右二六三頁、慶應四戊辰年第六五〇。
(35) 主要史料を基に、明治五年までの外国人の遭難事件をまとめると別表二のごとくなる。
(36) 「法令全書」第二巻（原書房一九七四年）一三二頁。
(37) 『大日本外交文書』第二巻第一冊七五九頁以下（外務省調査部編一九三八年）。
(38) いずれも「法令全書」第二巻（原書房一九七四年）一四〇頁および四一六頁。
(39) 『大日本外交文書』第二巻第二冊六一五頁（外務省調査部編一九三八年）現在までのところ、残念ながらこの御布令案及び太政官における検討結果に関する史料は発見できていない。
(40) 同右第二巻第二冊八七〇頁、本史料では、この上申に対する太政官指令は欠落しており不明である。
(41) 「法令全書」第三巻（原書房一九七四年）九九一頁。
(42) 同右。
(43) 「法令全書」第五巻ノ一（原書房一九七四年）七八頁。
(44) 同右、しかし内閣記録局編『法規分類大全第一編』刑法門刑律（二）一二九頁では、同日上諭同月二七日頒布とされている。
(45) 手塚豊「新律綱領施行に関する一考察」（『手塚豊著作集第四巻』慶應通信一九八四年）四九頁以下。
(46) 明治財政史編纂会編『明治財政史』第一一巻（丸善一九〇五年）三五六頁。

(47)「法令全書」第一巻（原書房一九七四年）二八一頁。
(48)明治財政史編纂会編『明治財政史』第一一巻（丸善一九〇五年）三五六頁。
(49)外務省調査部編『大日本外交文書』第二巻第一冊。
(50)「法令全書」第二巻（原書房一九七四年）四八頁。
(51)内閣記録局編『法規分類大全第一編』政体門六（原書房覆刻版6一九七八年）三五一頁）。
(52)「法令全書」第二巻（原書房一九七四年）五七頁。
(53)同右六九頁。
(54)同右一九〇頁。
(55)同右二七五頁。
(56)外務省調査部編『大日本外交文書』第二巻第二冊四一五頁以下。
(57)同右四二九頁以下。
(58)国立公文書館蔵「太政類典」第一編第二〇二巻第十。
(59)同右第一編第二〇二巻第十。
(60)内閣記録局編『法規分類大全第一編』政体門制度雑款貨幣（原書房覆刻版6一九七八年）四五四頁。
(61)同右四五三頁及び「法令全書」第三巻（原書房一九七四年）一八四頁。
(62)内閣記録局編『法規分類大全第一編』刑法門刑律（原書房覆刻版一九八〇年）一一三頁。
(63)国立公文書館蔵「公文録」庚午六月刑部省伺　第七、「若松県ニ限リ偽造宝貨律ヲ以テ即決差免度伺」。
(64)死刑の即決処理は、通常の死刑執行手続に矛盾する。後述の如く、通常は司法省への伺及び勅裁が要件とされた（本章三［四］参照）。従って司法省は若松県に対する斯かる処置を通常手続に対する例外として位置付けていた。

(65)「法令全書」第三巻（原書房一九七四年）二五七頁。
(66)同右。
(67)国立公文書館蔵「公文録」庚午七月民蔵両省伺、第二偽造寶貨取締ニ付刑律確定伺。
(68)国立公文書館蔵「公文録」庚午一一・一二月刑部省伺、第二〇偽造宝貨律改定伺。
(69)この刑部省伺で言う律は、新律綱領が頒布前で新律提綱と呼ばれていた段階のものである。「公文録」庚午十閏一〇月刑部省伺　第一、「従前ノ假律ヲ廃シ新律施行伺」によれば、刑部省では、新律提綱奉奏が行われた上は仮律を廃し新律を施行したい旨を伺出た。これに対し太政官は、同年一〇月一二日に「可為伺之通事」と指令していた。
(70)「法令全書」第一巻（原書房一九七四年）三四二頁。
(71)国立公文書館蔵「太政類典」第一編第一八九巻第八。
(72)国立公文書館蔵「公文録」己巳自一〇月至一二月刑部省伺、第二十新律頒布迄人命強盗放火等立決スヘキノ罪犯ヲ除キ其他死刑ニ該ル者處断停メ度儀等伺。
(73)国立公文書館蔵「公文録」庚午一一・一二月刑部省伺、第二十偽造宝貨律改定伺。
(74)明治元年一〇月二八日第六九京都府告諭（福島正夫編『「家」制度の研究　資料篇二』東京大学出版会一九六一年　二九二頁）。
(75)「法令全書」第二巻（原書房一九七四年）五九頁。
(76)同右、一二一頁。
(77)国立公文書館蔵「太政類典」第一編第七九巻第三四。
(78)同右、第一編第七九巻第二七。
(79)「法令全書」第一巻（原書房一九七四年）六七頁以下。
(80)国立公文書館蔵「太政類典」第一編第七九巻第二九。

(81)『太政官日誌』明治元年第一一四号七頁。
(82)国立公文書館蔵「太政類典」第一編第七九巻第三〇。
(83)「法令全書」第二巻（原書房一九七四年）一四六頁。
(84)『太政官日誌』明治二年第九九号五頁。
(85)「法令全書」第三巻（原書房一九七四年）五頁。
(86)同右三三三頁。
(87)「法令全書」第四巻（同右）一六一頁。
(88)「法令全書」第一五巻（原書房一九七六年）四〇頁。
(89)「法令全書」第四巻（原書房一九七四年）一一四頁。
(90)国立公文書館蔵「公文録」辛未東京府伺（一）、第十一掲示第五覚札取除ノ儀伺。
(91)同右、及び「法令全書」第四巻（原書房一九七四年）三六一頁。
(92)幕末から明治にかけて締結された代表的二国間条約に於ける阿片禁止条項には次のようなものがある。対アメリカ、安政五年六月一九日「米国貿易章程」第二則（内閣記録局編『法規分類大全』外交門（一）原書房覆刻版一九七七年四〇頁）。対イギリス、安政五年七月一八日「英国貿易章程」第二則（同右九八頁）。対ロシア、安政四年九月七日「露国追加条約」第一四条（同右一四四頁）、同五年七月一一日「露国修好通商条約」第一一条（同右一六五頁）。対オランダ、安政四年八月二九日「和蘭国追加条約」第一四条（同右二二三頁）、同五年七月一〇日「和蘭国修好通商航海条約」第三条（同右二四二頁）、同年同月日「和蘭国貿易章程」第二則（同右二五三頁）。対フランス、安政五年九月三日「仏国貿易章程」第二則（同右二八六頁）。対ポルトガル、萬延元年六月一七日「葡国貿易章程」第二則（同右三九八頁）。対ドイツ萬延元年一二月一四日「孛国貿易定則」第二則（同右四三八頁）、明治二年一月一〇日「独逸国貿易定則」第二則（同右四七五頁）。対中国、明治九年二月一二日「大日本

国ト大清国ノ條約内ノ補正ニ就タル書翰摘要光緒二年正月一八日ノ照覆」（内閣記録局編『法規分類大全』外交門（二）原書房覆刻版一九七七年、三七九頁）。対朝鮮、明治九年一〇月一四日「朝鮮国貿易規則」第十則（同右四二〇頁）。
(93) 国立公文書館蔵「太政類典」第一編第一九〇巻第六九。
(94) 「同右」第一編第五九巻第一九。
(95) 「法令全書」第一巻（原書房一九七四年）一三三頁。なお「太政類典」の平行記事では、当該布告の発令は四月二〇日となっている。
(96) 国立公文書館蔵「太政類典」第一編第一巻第四〇。
(97) 国立公文書館蔵「公文録」庚午七・八月外務省伺、第二十一鴉片烟取扱規則等公布伺。
(98) 「法令全書」第三巻（原書房一九七四年）三〇一頁。
(99) 同右。
(100) 同右三〇二頁。
(101) 同右六五九頁。
(102) 服藤弘司「明治諸年の高札」（『明治法制史政治史の諸問題』慶應通信一九七七年）三一頁。
(103) 内閣記録局編『法規分類大全』刑法門禁令元年閏四月一九日布告（原書房覆刻版一九八〇年五三二頁）。
(104) 金指正三『近世海難救助制度の研究』（吉川弘文館一九六八年）五三五頁以下。
(105) 同右、五三〇頁。
(106) 「法令全書」第一巻（原書房一九七四年）三頁。
(107) 同右、二頁。
(108) 同右、六五頁。

(109) 服藤弘司「高札の意義」(「金沢大学法文学部論集法経篇一〇」一九六二年)九頁。
(110) 金指正三『近世海難救助制度の研究』(吉川弘文館一九六八年)五三〇頁。
(111) 「法令全書」第一巻(原書房一九七四年)三六二頁。
(112) 国立公文書館蔵「公文録」己巳八月民部省伺、第二諸国難破船陸揚荷物歩一渡方竝浦々取締等之儀布達伺。
(113) 明治二年九月一八日第八九一(「法令全書」第二巻(原書房、一九七四年、三六四頁)。その他以下の諸資料中にも掲載されている。国立公文書館蔵「公文録」己巳八月民部省伺第二、諸国難破船陸揚荷物歩一渡方竝浦々取締等之儀布達伺。内閣記録局編『法規分類大全』刑法門(二)(原書房覆刻版一九八〇年)一三六頁。国立公文書館蔵『太政官日誌』明治二年第百巻一頁以下。但し、いずれの資料にも、高札面の形式で規定され掲載されていることに注意を要す。紙面に表記制定された法令が、何らかの理由で高札により掲示されたのではなく、当初から高札形式を予定していた。すなわち高札たることも本法令の実定的内容であったのである。従って、他の高札と異なり、同一内容ないしは対応する内容の紙面表記法令は存在しない。詳しくは本章三を参照のこと。
(114) 金指正三『近世海難救助制度の研究』(吉川弘文館一九六八年)五三九頁以下。
(115) 国立公文書館蔵「太政類典」第一篇第一三七巻第二九「久美浜県下丹州村々庚午貢米船兵庫湊ニ於テ難破濡米売却処分」。
(116) 「法令全書」第三巻(原書房一九七四年)二四七頁。なお、貢米船の難破の際の運賃取扱方については、別に「貢米回漕船難破之節運賃渡方規則」が明治三年七月日欠第五〇六として発令されていた。
(117) 国立公文書館内閣文庫蔵『府県史料』大阪府史料二十一、元年起五年止旧堺県達令。
(118) 国立公文書館蔵「公文録」明治八年四月内務省伺五第九十九、内国船難破及漂流物取扱規則改定伺。
(119) 「法令全書」第二巻原書房、一九七四年、三六四頁。
(120) 「法令全書」第五巻ノ一(原書房一九七四年)八八頁。

(121)「法令全書」第四巻（原書房一九七四年）一一四頁以下。
(122)「法令全書」第二巻（原書房一九七四年）三六四頁。
(123)国立公文書館蔵「公文録」明治七年九月司法省伺一、第八浦高札第五條改正ノ儀上申。
(124)国立公文書館蔵「公文録」明治八年四月内務省伺五、第九十九内国船難破及漂流物取扱規則改定伺。
(125)「法令全書」第八巻ノ一（原書房一九七五年）八五頁。
(126)内閣記録局編『法規分類大全』刑法門二（原書房覆刻版一九八〇年）二頁以下。主たる内容は次の如きものである。無蓋の糞桶の運搬禁止（四年正月二七日東京府達）、飲料用河川での洗浄、往来への不浄の品の投棄、出火場見物、群衆中への人力車及び馬の乗り入れ、往来での放歌等の禁（以上明治四年一一月二三日東京府達）、裸体での稼方及び湯屋への出入りの禁止（明治四年一一月二九日東京府達）。
(127)同右　二頁。
(128)国立公文書館蔵「公文録」壬申一〇月司法省伺一、第六東京府下乞丐放逐等ノ儀伺。
(129)国立公文書館蔵「太政類典」第二編第三四六巻第二八。
(130)国立公文書館蔵「公文録」壬申一〇月司法省伺一、第十一警保寮職制並東京番人規則違式詿違条例伺。
(131)「法令全書」第五巻ノ二（原書房一九七四年）一三四九頁。
(132)内閣記録局編『法規分類大全』刑法門二（原書房覆刻版一九八〇年）四頁。
(133)内閣記録局編『法規分類大全』刑法門二（原書房覆刻版一九八〇年）三頁「違式ノ行為ヲ禁ス」頭注。
(134)国立公文書館蔵「太政類典」第二編第三四六号第二九司法省回答。
(135)「法令全書」第六巻ノ一（原書房一九七四年）三七五頁。
(136)国立公文書館蔵「公文録」明治六年五月司法省伺上、第一三違式詿違条例各地方へ施行ノ儀伺、及び「法令全書」同右。

(137) 「法令全書」第六巻ノ二（原書房一九七四年）一七三五頁。
(138) 国立公文書館蔵「公文録」明治六年五月司法省伺上、第一三違式詿違条例各地方へ施行ノ儀伺。
(139) 本書第三章五参照。
(140) 国立公文書館内閣文庫『府県史料』山形県史料十一置賜縣歴史制度部自明治四年至仝七年禁令。
(141) 本書第三章五参照。
(142) 国立公文書館内閣文庫蔵『府県史料』第五〇巻埼玉県二埼玉県史料政治部学校。
(143) 国立公文書館内閣文庫蔵『府県史料』長野県史料。
(144) 浦谷義春註解「京都府第三百八十五号御布令之譯」（明治九年一一月発行）など。
(145) 『明治文化全集第十三巻法律篇』解題一八頁以下。穂積陳重氏はその著書『法律進化論』（第一冊三五四頁　以下岩波書店一九二七年）の中で、記憶法の一形態である詩体法と分類し、法規範記憶のための便宜と評価している。
(146) 国立公文書館蔵「公文録」明治六年自一月至四月左院伺録、第七高札掲示ヲ廃止スルノ建議。
(147) 「法令全書」第五巻ノ一（原書房、一九七四年）七九頁。
(148) 同右、九三頁。
(149) 国立公文書館蔵「公文録」明治五壬申教部省伺　第四十六、神社制札案伺。
(150) 国立公文書館蔵「公文録」明治五年壬申八月大蔵省伺二　第三十、府縣官幣社内制札ノ儀ニ付伺。
(151) 後述の如く、大蔵省は同年七月二八日に、太政官に対して高札掲示の廃止を建議していた（「公文録」明治五年壬申八月大蔵省伺一第十六、高札廃止伺）。その理由の一つに、莫大な失費が挙げられていた。一県あたり四・五万円で三府七二県では約三〇〇万円の失費となると計算していた。この大蔵建議に対し、八月一〇日太政官は「不被及　御沙汰」の方針を決定した。斯かる経緯から考えても、神社制札取立への、大蔵省の異議申し立ては当然であった。

(152) 国立公文書館蔵「公文録」明治六年教部省伺自一月至四月第二十五、神社制札ノ儀伺。
(153) 同右。
(154) 「法令全書」第六巻ノ二（原書房、一九七五年）一六二九頁。
(155) 同右一六三二頁では「別紙略ス」となっているので、国立公文書館蔵「太政類典」第二編第二五二巻第二〇によった。
(156) 東京都公文書館蔵「明治六年第八編雑録社寺掛」第六十六。
(157) 「法令全書」第八巻ノ二（原書房一九七五年）一六七九頁。
(158) 同右、第一〇巻（原書房一九七五年）五〇二頁。
(159) 同右、第一一巻（原書房一九七五年）二四九頁。
(160) 同右、第二〇巻ノ二（原書房一九七七年）六九頁。
(161) 同右、第一巻（原書房一九七四年）六六頁。
(162) 同右、第三巻（原書房一九七四年）六三〇頁。
(163) 同右、第六巻ノ一（原書房一九七四年）六四頁。
(164) 国立公文書館蔵「公文録」壬申七月司法省伺、第十一兇徒聚衆律改正伺。
(165) 「法令全書」第五巻ノ一（原書房一九七四年）一七一頁。
(166) 同右、第三巻（原書房一九七四年）七一六頁。

四　高札の機能

〔一〕人民への法令周知

本書第三章で述べる如く、明治六年二月二四日太政官第六八号布告により「諸布告」の文書掲示が始まった。[1]更に同年三月五日司法省第二七号により、太政官第六八号布告にいう「諸布告」の種類が、太政官布告と諸省布達であると具体化されたわけである。[2]一方、同年六月一三日太政官第二〇四号布告は、[3]前述の太政官第六八号布告に言う「諸布告」については巻冊の体裁のものでも悉皆掲示を命じた。ところが、当時は未だ「布告」「布達」「達」等の区別が法定されておらず不明瞭であったため、人民一般に対する法令のみならず各省限りの法令に至るまで掲示されていたようである。そのため掲示法令は膨大な件数にのぼり、掲示場の物理的制約もあり不都合が生じた。そこで、明治六年七月一八日太政官第二五四号布告は、[4]次のように「結文例」を示して、太政官法令の形式を規定した。

本年六月第二〇四號布告ノ類巻冊ト雖モ盡ク掲示スヘキ旨布告候處全国一般ヘ相達スヘキモノト各廰限リ可相心得モノトヲ問ハス概シテ之ヲ掲示候テハ事務繁忙ノ際徒ニ手數ヲ費シ候ニ付向後左ノ通區別ヲ立テ相達候條夫々可取計候此旨可相心得候事

各廰及官員限リ達書結文例

云々候條此旨相達（可相心得）候事
　　全国へ布告結文例
云々候條此旨布告候事
…《後略》…

更に同年八月二八日太政官無号達[5]により、各省使法令の形式が次のように規定された。
各省使ヨリ布達ノ類總テ本年第二百五十四號布告ニ照準シ結文三等ニ區別相立可申候此旨相達候事
　但布告ノ字布達ニ換ヘ可申事

以上の如く、明治六年に至り上記の太政官及び司法省の諸法令により、法令形式および公示の要否が次のように規定された。太政官の発する法令で全国一般に布示するものは「布告」と称し、各省使官員にのみ達示すべきものは「達」とし、前者は要公示とされた。各省使の発する法令の内、全国一般に布示すべきものは「布達」とし、各省使限りのものは「達」とされ、やはり前者は要公示とされた。

ここで問題なのは、支配の末端に位置付けられる人民一般へ公示されるべき法令の峻別及び公示方法は、このように明治六年に至り初めて法定されたということである。[6] これ以前には、人民一般への法令公示に関し規定した中央法令は存在しない。周知の通り仮刑律や新律綱領等は官吏限りの執務規定との位置づけのため、一般には公布されなかった（もっとも新律綱領については、後年、私人による印刷販売が許されたが）。斯かる非公示の原則は、少数特定の法令についてのみ行われたのか、それとも明治六年に至るまで原則として法令は官吏限りに達示され、一般への伝達は為されなかったのか。この点に関しては、前述の如く中央政府の法令が存在しないので、地方資料を基に法令伝達制度の存在の有無を検証し、それにより中央法令も伝達せられたかを確認するという方法を用いて検証することにする。本書第三章五といささか重複する部分もあろうが、ここにおいて一度確認しておきたい。もっとも、高札というものは、近世以前より在地末端の人民への法令伝達手段として伝統的に用いられてきたわけであるから、明治期に至っても高札が存在する以上、その限りでは人民一般に法令が伝達されたということは自明である。しかし、「法令全書」によれば、明治五年迄に発令された法令総数は五千件以上にのぼるのに対し、現在までに確認されている天朝高札は僅か一七件に過ぎない。発令された法令総数に比して極めて少数でしかなく、極く例外的伝達方法であることは否めない。従って通常形式の法令が支配機構の末端に伝達されたか否かを検証することは、法令伝達制度全体の中での高札の機能及び位置づけを評価する際に必要不可欠であると思われる。そこで、各地の地方資料を検証すると、庄屋心得・区長及び戸長心得等に法令の周知徹底が重要な任務とされている例が多く見られた。また法令の村村間回達あるいは写し取り、法令の人民への読み聞かせが行われていた例、法令集の編綴が行われた例などが確認された。

(1) 庄屋心得、区長・戸長心得

例えば、明治二年三月柏崎県により発令された庄屋心得[7]では次のように規定されていた。

一、御布告ヲ始触示ノ件々庄屋拝承ノ上小前末々迄無洩申渡シ其上書写シ御高札場脇へ張出シ置可申事

一、御高札場損シ不申様常々心ヲ付可申自然風雨ノタメ御高札ノ文字塗滅致候ハヽ早々申出へキ事

また同県が明治五年一一月五日に発令した触[8]には

…《前略》…布告物区長副ヨリ差出候節ハ一小区壱通ニハ不限地形ニ寄可成丈数通ニ認メ回達速ニ行届候様相心得可申候…《中略》…順達少シモ不致遅滞様相心得若滞置候村方ハ急度可申付事

と規定されており、これを見る限りでは庄屋に法令周知と高札場管理の任務が与えられていたことは明かである。これは、明治五年四月九日太政官第一一七号布告[9]により庄屋名主等の名称が戸長副戸長と改称されるまで続いた。改称後は、戸籍法上の区の長たる戸長の名称は廃され、同年一〇月一〇日大蔵省第一四六号[10]により、区に区長、小区に副区長を置くことが認められた。そのため、その任務を区長・副区長が負担したことがわかる。また法令伝達の迅速性及び正確性を重視していることも容易に読みとることができる。さらに明治二年の庄屋心得では「御布告」となっており、中央法令の伝達が為されていたことが推測される。

京都府では、慶應四年七月に新たな京都市中の行政区画が施行された。則ち上下両京を、上大組と下大組とし、各大組内に、概ね二〇町を以て番組を組織した。そして大組に大年寄、番組に中年寄及び添年寄を、そして各町に年寄を置いた[11]。翌明治二年三月に、大年寄役可心得条々・中年寄役可心得条々・町年寄共可心得条々[12]が制定され、諸町人へ達示する法令は大年寄から中・町年寄を経て町内へ伝達されるべきことが規定された。

同様に、庄屋ないしは区長・戸長に法令伝達義務を設定している例は多数にのぼり、以下はその例である。東京府では、明治二年六月八日申渡[13]、同五年四月二三日区戸長職分[14]。岩鼻県では、明治四年一〇月岩鼻県郷村役人職掌規則[15]。群馬県では、明治五年五月二七日戸長以下職制及郷村規則[16]。堺県では明治二年一〇月一〇日組合村及当番庄屋設置の達示等[17]がある。

（2）回達・写し取り

庄屋ないし区戸長に届いた法令は、村内及び村間で回達が行われた。また回達を受けた村は、法令の内容を写し取っていた。次に示すのは、明治二年二月二三日に新潟県下の当番庄屋が村々の庄屋衆に達示したものである[18]。

一、郡中心得方并庄屋心得方、御条目写し中村始ニて相廻候間、参候ハヽ村毎ニ写取、先々へ御順達之上、留　村より岩下村へ御返し可被下候。

これによれば、法令が村に届くと条文の写し取りを行い次の村へ順達する。そして回達書は、各回達経路に於ける最後の村々から取りまとめ村（この場合は岩下村）へ集められた。おそらくはそこから郡区役所へ回収されたのであろう。また、東京府は、明治九年三月二二日達第五五号[19]により詳細な回達規則を定めた。このほかにも、斯かる回達が行われた例は、明治五年一一月日欠筑摩県回状取扱規則[20]等各地に多数存在する。中でも注目されるのは、「長野県佐久郡第三区戸長御用向日誌（自明治五年四月至同六年一二月）」[21]である。これによれば、当時の長野県では、県庁より各区へ法令が回達され（おそらくは各郡毎に下付され、郡内各区で回達されたのであろう）、各区では数通が筆写され区内の各回達ルートに回されたようである。そして各ルートは複数の村を以て構成されていた。この日誌には、中央法令が戸長役場に到達した日時が記録されている。従って、法令全書等で発令日が特定できる中央法令については、長野県佐久郡第三区への到達日数が特定できるわけである。この日数を以て長野県下各区への到達所要日数の目安とすることができよう。次に、第三区に到達した主要な中央法令の発令日と当該第三区到達日については本書第三章別表一を参照されたい。

翌明治六年六月一四日太政官第二一三号[22]により定められた長野県への法定到達日数は六日であった。言うまでもなくこれは、県東京出張所から県庁への所要日数である[23]。この史料のみからでは、中央政府から長野県庁への到達所要日数及び、県庁より戸長役場への到達所要日数の区別が明らかではないので、同表に見られる各法令の到達所要日数が極端に異なる理由を明らかに特定することはできないが、いずれにせよ少なくとも左表程度の所要日数で中央政府の法令が長野県の各区へ到達していたことは明らかである。

（3）読み聞かせ・張り出し・法令集編綴

町村及び戸籍区等に於いて、人民周知のため到達した法令を人々に読み聞かせた例も散見される。例えば新潟県では明治元年一二月二四日民政局達で次のように命ぜられた。[24]

…前略…御制札之文、来春初寄合之節、其町々年寄場ニて、末々迄不洩様為読聞可申事

年明けの明治二年の初寄り合いの際に、法令周知のため高札文面を読み聞かせよという命令である。この後も新潟県では明治五年九月一〇日に発令された「郡中改革大体」[25]の中で、各村で用掛が月二回づつ公令の読聞会を開催することが命ぜられた。なおこの用掛の読聞会開催義務は、同年一〇月の「用掛訓条」[26]にも規定されていた。同様に京都府では、明治三年三月一八日第三二号達[27]及び四年三月第六五号達[28]で「制法読知」会を各町小学校を会場として行うことを命じた。また入間県では、明治五年九月の諭告[29]で、人民へ法令の申し聞かせと高札場への一五日間の張り出しを命じた。

この他にも法令の張り出しを命じた例は多い。例えば、明治五年三月足柄県達[30]は、学校及び高札場への張り出しを命じた。また慶應四年七月日欠堺県達[31]は、御触書の集会所門前への掲示を命じた。また東京府は明治五年三月七日布達[32]を以て布告張出場を設置した。

人民周知を目的とした法令集の編綴は、明治二年三月東京府布達[33]に依るものが初出であろう。すなわち、

東京府布達

今般府内御改革事其外追々御達相成御旨趣直ニモ申渡候へ共年月ノ移ルニ随ヒイツトナク忘却致シ候様ニテハ相済ヌ事ニ付猶又御布令書出版シテ府下毎戸ニ知ラシメ永年遺忘ナカラシムルモノ也

(4) 小結

前述の如く、明治六年の太政官及び司法省の諸法令により、明治政府は支配機構の末端に位置する人民への法令伝達制度を初めて一般的に規定した。しかし以上の諸史料から明らかなように、明治六年以前から中央政府の指示により、或いは地方官の判断により、人民への法令伝達は頻繁に行われていた。その中には相当数の中央法令も含まれていた。そして伝達に於ける正確性・迅速性の確保及び人民周知の実現のため、地方官が腐心した様子が右の諸史料からうかがわれる。末端の支配機構の中で、法令の人民周知のために用いられた方策は、回達・写し取り・掲示・読み聞かせ・法令集編綴等であった。そして、法令の人民周知は、区長・戸長等の末端の役人の主要な任務とされた。しかしながら、これら通常の法令周知方法とは別に、極く少数の法令については高札が用いられたのである。斯かる認識に立ち、高札依拠の意義を検討することで、初めて明治期高札の機能を正しく理解することができるのである。

[二] 高札と通常形式の法令

(1) 高札の設置

高札は、その板面に法令を表記し、交通上の要所等人通りの多いところに掲示することで、人民周知を図ったものである。しかし天朝高札といえども、高札の体裁で中央より送られてきたわけではない。通常は各県の東京出張所に於いて、太政官及び各省からの回達或いは頒布の形で、通常形式の法令すなわち紙面に記載された法令を入手した。また、場合によっては太政官日誌その他各省日誌により法令を入手することもあった。それらを府県庁へ逓送し、府県庁等に於いて、中央政府の指示に従い高札の体裁に仕立てたようである。前述の明治二年三月柏崎県庄屋心得（前掲注（7））では「一、御高札場損シ不申様常々心ヲ付可申自然風雨ノタメ御高札ノ文字塗滅致候ハヽ早々申出ヘキ事」とされており、高札及び高札場の滅損は申し出れば足り、修繕までは要さなかったようである。これは、町村より上位に位置する支配機構から高札を預かり、それに代わって管理していたことを意味している。同様に、前述の明治四年六月一五日三峯村請書[34]には、次の如き内容があった。

差上申御請書之事

一右者武州秩父郡三峯村名主千島彦太郎奉申上候、今般御高札場新規御取建奉願上、願之通被仰付、依之御掛板面之通御認済之上御下ヶ被成下、慥奉請取候、然上者帰村早々御高札場江取掛ヶ聊茂無之様役人共精々可仕候、依之御請取差上申処如件

御支配所

武州三峯郡三峯村

役人惣代　名主　千島彦太郎

明治四年未六月十五日

岩鼻県御役所

これによれば、「御高札場」の新規建設願が許可され、許可権者より「御認済之上御下ヶ被成下」されたことがわかる。この請書の名宛人が「県御役所」とあるので、許可権者も「県御役所」と考えるのが自然であろう。従って「御下ヶ被成下」の動作主体も「県御役所」と考えられる。一方、町村が除却した高札の返還を県庁が命じた史料も散見される。[35]従って明治初年に於ける最も一般的な高札の掲示は、次の如き過程をへて実施されたと考えられ

る。すなわち中央政府から届いた法令を、中央政府の指示により府県庁に於いて高札の形態に仕立て、肝煎名主・戸長・区長等を経由して町村に下付した。各町村に於いては、町村役人が預り証を提出の上、高札場管理義務を負担した。服藤氏の指摘されるところでは、近世の高札掲示に於いては、町村役人が高札の預り証文を提出し、高札場管理義務を負担したとのことである。[36]明治初年の高札掲示過程をかように理解することは、近世的高札掲示制度との整合性を有し、極めて自然であろう。

（2）高札をめぐる法意識

中世以来、高札及び高札場は支配権力の象徴であり、その法令としての峻厳性と相まって神聖不可侵の空間を作り出してきた。例えば、中村直勝は、高札の駒型は中国太古に於ける最高支配権の象徴であり、高札が斯かる形状を用いることは法令の力の偉大さを示すためであったと説明した。[37]それ故、瀬田勝哉は、内容でなく高札自体が畏敬の対象であり、それの設置は支配権の存在を文字の読める読めないにかかわらず衆庶に対し象徴的に示す意味があったと論じた。[38]更に、服藤によれば、高札場の神聖不可侵性が庶民の遵法精神涵養に大きく機能したとある。また服藤は、斯かる高札場が丁重に扱われた事例として、町村役人による預り証文の提出及び高札場管理義務負担、高札番設置、通行人の高札への一礼、火災等の場合における高札の類焼防止や避難持ち出し等の諸例を挙げ、『南紀徳川史』中の次の一文を紹介している。[39]

下民先祖代々聞伝へ言ひ習はし、如何愚民幼童も御高札と称すれば事の何たるを知らすして唯大切なるもの犯すへからすと固執したり[40]

確かに、明治のごく初年には『南紀徳川史』の編者の評した如き法意識が人民の内に存在したと思われる。また支配者側も、人民間の斯かる法意識を支配の便法として積極的に利用したようである。たとえば、前述の明治四年三峯村請書も、近世的伝統を踏襲したものと評価できよう。また、東京府に設置された高札場は六箇所あったが、それらは江戸時代の大高札場と一致する。すなわち『徳川禁令考』[41]に見る江戸の大高札場と「太政類典」[42]に記された東京府の高札場を比較すると、

『徳川禁令考』　日本橋　浅草橋　常盤橋　芝車橋　筋違橋　麹町

「太政類典」　日本橋際　浅草御門内　常盤橋御門外　高輪車町　筋違橋御門内　半蔵門御門外

半蔵門門外は町名では麹町なので、同一場所を指すものと推測される。従って六箇所全部が一致することになる。これはまさに、旧幕時代の高札に対する人民の法意識を、新政府がそのまま支配の便法として積極的に利用しようとしたことの証左であろう。また、明治三年一二月、日本橋高札場は近隣の茶屋の失火により延焼した。その際弾正台の取り調べに対し、町用掛が次のような上申書を提出した。[43]

大工職
渡辺吉兵衛
妻　たけ

右妻たけ儀同所へ俗ニ棒手茶屋ト相唱煎茶商ヒ仕居候處昨朝六ツ半時見世ヲ出シ書九ツ時比相仕舞候砌火鉢壹ツ忘レ帰リ候趣ニ付右火鉢ノ炭起リカエリ候ヨリ燃出シ右ノ不都合ニ相也候儀ト乍恐奉存候尤モ廣小路へ罷出候出商人共并ニ町内人足駈付消防仕候ニ付御高札目安箱等ハ無滞持出シ申候儀ニ御座候依テ此段奉申上候已上

通一丁目
町用掛

高橋作右衛門
大澤初右衛門

この史料によれば、失火の当事者に代わり町役人が失火の報告を為し、また高札・目安箱を避難させた事実を報告している。町村役人による高札場管理義務負担という旧幕時代の制度の存続をうかがわせるものである。これらの史料を見る限り、高札をめぐる近世的法意識の伝統は明治のごく初年に関する限り存続していたと言えよう。それでは、斯かる近世的法意識の残存を背景に、高札による法令伝達は如何なる効力を発揮したのであろうか。それを考えるにあたっては、まず、高札と通常形式の法令との関係を理解しておかなければならない。

(3)高札と通常形式の法令の関係

本章の四〔一〕で述べた如く、明治初年には近世在地構造に根ざした法令伝達制度が存在した。村間及び村内回達・村内での文書掲示あるいは、読み聞かせ等であった。また町村役人に対しては地方庁が人民に対する法令周知任務を制度化していたところも多かった。草創期にあたり支配の方策に未だ明るくなかった新政府が、近世在地構造に立脚した伝統的伝達方法を追認していたということであろう。新政府が初めて支配機構の末端に於ける法令伝達方法の統一に動いたのは、明治六年に至ってのことであった。

さて、ここでは、紙面に記載された法令のための伝達方式が伝統的に存在していたにもかかわらず、少数特定の法令についてのみ、高札の体裁を取ることを命じた実益は何であったのかが問題となる。これを考察するにあたり、まず各高札と対応関係にある通常形式の法令を特定しておく必要があろう。そこで次に斯かる対応関係の一覧を別表三に示しておく。紙幅の関係もあり、標題の長い法令については法令番号のみ記載することにしたので、当該法令の標題及び内容については、「法令全書」を参照されたい。

同表より、次のことが明らかとなる。

①通常形式の法令の発令との時間的前後関係を問わない。

服藤も指摘しているように、近世に於いても高札の掲示と相前後して同一内容の法令が御触として発令された(44)。この場合、高札と通常形式のものとの前後関係は、高札の機能に次の如き差を生ぜしめる。すなわち通常形式の法令が先行した場合、高札は先行法令の強調機能のみを有す。支配権力を化体した神聖性により、先行する通常形式の法令を強調し、それ故その遵守を強く要求した。逆に、高札が先行する場合、その内容に対応する通常形式の法令が施行されるまでは高札の文面自体が実定法として機能した。しかし、当該通常法令の施行を以て当然として消滅するのではなく、その通常法令の強調機能が存続するのである。同一問題につき規定する後行の通常法令と高札文面が矛盾する場合、理論的には後行の通常法令の施行を以て高札の実定法的効力は停止されると考えるべきであろう。その場合でも、当該後行法令が廃止され、それに代わる新法が制定されなければ、高札の効力停止は解除されると考えられる。以上のことは、新律綱領と改定律例の関係を想起すれば、理解し得るであろう。しかし、実際の所、右表の事例の内、後行の通常法令と高札文面が矛盾する例は存在しない。

また、右表を見て気づくことは、高札の内容は禁令を規定したものが多いということである。すなわち一定の作為又は不作為を要求し、その違反には刑罰を以て臨むというわけである。しかし、別表三の諸高札の内、禁令を内容とするもので、刑罰を明示したものはひとつもない。近世に於いては、斯かる場合、刑罰内容を明示した高札とそうでないものが存在した。後者の場合、処罰するとのみ高札に表示し、その刑罰内容には言及せず、それでいて威嚇的に重刑が科せられたのである(45)。しかし禁令を内容とする明治期高札の場合、刑罰を明示していないが、後行の通常形式の禁令で法定刑を明定し、高札はその禁令の内容を強調することで、より強い一般予防的機能が期待されたのである。[46]

②二重関係に立つ通常形式の法令は、複数の場合も、改定される場合もある。

前述の如く、通常形式の法令との前後関係で、高札の果たす機能は異なった。同一主題につき高札の文面と矛盾しない限り、通常形式の法令の内容が改定されても、当該高札の強調機能には影響が及ばない。往来妨害札などがこれに該当する。また、高札と二重関係に立つ法令は複数たり得る。すなわち高札面の禁止規範が複数種の行為に及び、それらの禁止を複数の通常形式の法令が別々に規定している場合、および高札文面の禁止規範が一般的抽象的に規定されており、通常形式の複数の法令がその内容を具体化している場合である。外国交際札・外国人通高札などの場合がこれにあたる。

③二重関係に立たない高札も存在した。

右表に明らかなように、通常形式の法令と二重関係に立たない高札もあった。それは、第一に、新政府の基本方針と旧権力の取扱方の表明に主眼が置かれ、人民への特定の行為の要求を主たる内容とするものでない場合である。朝廷万機決裁札・慶喜追討札・天朝御領復帰札がこれに当たる。本章三で述べた如く、新政府はこれら高札の建設を以て恭順のメルクマールとした。高札が支配権力を象徴するという近世的伝統に則り、新政府は自らの支配権力を化体したこれら高札を各地方が掲示すること以て、当該地方が新政府の法域編入を受け入れたものと解釈した。[47]従って、これらの諸高札に於いて最も重要なことは、地方権力がこれらを掲示するか否かであった。

第二に、法令自体が高札として規定されていた場合である。切支丹札と浦高札がこれに該当する。[48]両高札ともに、通常形式の法令の内容を高札にして掲示しろと命じているのではなく、法令そのものが既に高札の形態をとっているのである。すなわち、五榜を定めた慶應四年三月一五日第一五八[49]は、「第三札　定」という体裁で規定された。また浦高札を定めた明治二年九月一八日第八九一[50]も、「浦高札　定」という形式であった。両者とも、通常形式の法令を偶々高札形式で掲示したのではなく、高札自体が実定法であったのである。この場合、高札除却の効果が、他の諸高札と異なる。すなわち、単に法令を掲示した立て札を取り除いたのではなく、法令そのものを消滅させることになった。浦高札の場合は、「内国船難破及漂流物取扱規則」という新法により廃止されたため、新法の発効により旧法たる高札の失効が無理なく理解された。しかし切支丹札に於いては、新法が施行されずに除却されたため、その効果が立て札の除却に止まるのか、法令そのものの廃止を意味するのか、外務省をはじめ各方面で少なからず当惑したようである。この点については、本章五で詳述する。

（4）高札の効能

これまでの検討してきたことから、為政者側は高札の効能を次の如く評価していたと考えられる。

第一に、高札は支配権力の象徴であった。総ての高札は斯かる機能を有すが、特に新政府誕生の混乱期には、それへの恭順の指標として、新政府の発令になる高札の建設の有無が利用された。朝廷万機決裁札・慶喜追討札・天朝御領復帰札・五榜がこの類型に該当する。

第二に、人民の法令遵守を確保する目的で、法令の重要性・峻厳性を強調するために、高札が利用された。高札は、近世的伝統として、支配権力を象徴し神聖不可侵性を具有していたわけであるから、それ自体が実定法となる場合も、法令の重要性を強調する効果を有していたはずである。まして通常形式の法令の他に、それと二重関係に立つ高札を敢えて建設することは、その法令の重要性を更に強調し、強く遵守を要求することになったわけである。斯かる視点から前表を見ると、この第二の類型に属する高札が立てられたのは、人民の法令遵守を確保することが緊要の場合であったことがわかる。たとえば外国人遭難が増加し、外交問題に発展した際、外国人通行札及び往来妨害札は掲示された。また贋金処罰規定（火附盗賊人殺札）の制定は、贋金鋳造が極めて深刻な社会問題となり、外交問題へと発展した時期に対応する。すなわち法令遵守を緊急に実現したい場合に、高札の持つ法令の重要性を強調する効果および法令の遵守を要求する効果を利用したのである。各高札に於ける詳細な事情は、本章三を参照されたい。

第三に、新政府が旧幕府的法令を継承する場合、高札掲示は有効であった。すなわち、近世に於いて高札は支配権力の威光を化体したものという伝統的法意識が存在した。明治のごく初年には斯かる法意識が残存していたわけであるから、近世高札の内容を継承する法令を公示するにあたり高札を用いることは、その遵守を要求するためにも好都合であったことは言うまでもない。この類型に該当するのは、浦高札と切支丹札である。本章三で述べたように、明治政府の浦高札は、江戸時代の浦高札の引き写したものであった。[51] 切支丹札も寛永年間以来、江戸幕府の伝統的高札であり、その禁止が近世の遺制であったことは周知の事実である。

（5）高札に対する意識の希薄化

高札に対する人民の法意識をめぐる前述の如き支配権力側の評価は、必ずしも妥当しなかった。斯かる法意識は意外に早く薄れてしてしまったようである。遅くとも明治四年以降には高札の権威は大きく失墜していった。それを裏付ける史料が散見される。たとえば、足柄県では、明治五年五月四日県達を以て次のように達示した。[52] 史料委

一管内於村々従来致掲示候高札之内、今以旧地頭支配人等之名前或者旧藩県之名目等致記載、中ニ者高札場江神社守

札・開帳札等其他右様の物、猥ニ張置候村方も有之哉ニ相聞、方今一般当県之所轄ニ相成以上者、早々相削、且張紙等取除可申候、万一等閑ニ相心得其侭差置ニおゐてハ、屹度可及沙汰者也
右之通り相達候条得其意、区内村々江至急可相達、追而此書付可相返もの也
壬申五月四日　　足柄県庁
第廿壱区
大住郡

右の史料からは、廃藩置県後一〇ヶ月を経ても、未だ旧代の表記のままの高札が残されていることがわかる。廃藩置県による行政区画の複雑且つ急激な統廃合もその一因であろう。しかし神聖不可侵であったはずの高札場に種々の貼紙さえ為されていたことを考え合わせると、高札の権威が退色し始めていたことも否めない。また、東京府等に於いては、高札場の対人口比が極めて小さいという問題もあった。東京府では、明治二年三月一六日申渡により朱引内を五〇区に分割した(53)。この際、一区画あたりの人口を一万人を基準としたとのことであり(54)、朱引内の総人口は五〇三七〇三二人であった(55)。それに対し、公設の高札場は六箇所に過ぎない。もっとも三浦周行によれば、江戸時代の江戸市街には町村連合が維持にあたった高札場が三五箇所存在したとのことである。仮にこれらのいわば民設高札場が全部明治初期まで存続し且つ天朝高札をすべて掲示していたとしても、高札場の合計は四一箇所に過ぎない。高札場一箇所あたり一万人強ということになる。人民周知に足る数字とはとうてい言い難い。政府側に、高札場は少ない方が有難味があるという発想があったとすれば、前述の支配権の象徴という効能を最も重視したということであろう。穂積陳重の『法律進化論』(56)に東京府下神田橋高札場（常盤橋御門外高札場のことか）の写真が、また小野清の『徳川制度史料』(57)の中には、半蔵門高札場の写真が慶應二年九月という日付と共に掲載されている。これら

を見ると、高札場は石組みの上に柵を設け屋根を差し掛けた荘重な作りであったことがわかる。その柵と屋根の間の僅かな間隙から、中に掛けられた高札を垣間みることができる。まして前述の神田橋や絵画で見る日本橋高札場は、石組だけでも人の背丈ほどもある。このような状態でその中の高札の細かな草書体の文字を本当に判読できたのであろうか。高札は本当に読めたのか、という素朴な疑問を禁じ得ない。法令周知という実質面より、支配権の象徴としての形式面を重視したためなのであろうか(58)。

(6) 小結

高札は、支配権力の象徴であり神聖不可侵性を具有するという伝統的法意識を、草創期の新政府は積極的に評価していた。それ故に、旧幕時代の高札の除却と新政府によるそれの建設を以て、新政府への恭順の指標とした。また通常形式の法令の他に、敢えて同種の内容の高札を立てることで、法令の重要性を強調し且つ遵法を要求した。また、近世的法令の継承にも高札を利用することで、江戸幕府の統治技術を借りた。

しかし、実際には、高札に対する人民の斯かる法意識は、明治初年の内に希薄化してしまった。明治四年以降、それを裏付ける史料が散見されるようになる。廃藩置県や太政官職制並事務章程に象徴される中央集権的体制に適した統治技術を模索する過程で、高札という旧態然とした伝達手段を払拭していったためであろう。その具体的検討は今後の課題としたい。

(1)　本書第三章五［三］参照。

(2)　同右。

（3）「法令全書」第六巻ノ一（原書房一九七四年）二二〇頁。
（4）同右、三六四頁。
（5）同右、七九七頁。
（6）明治六年二月一七日司法省第一七号は、五年一一月二八日司法省第四六号を地方裁判所並びに戸長宅前に掲示すべきことを命じた。裁判所および戸長宅前掲示が一般的に定められたのは、前述の如く（本書第三章五［三］参照）、明治五年三月五日司法省第二七号である。同年司法省第一七号は、同第二七号の先駆となったことは事実であるが、それはあくまで五年司法省第四六号の個別的掲示のみを規定している点に注意する必要がある。また、司法省第四六号の中で、「隣県ノ地方掲示ノ日ヨリ十日ヲ過クルモ猶延滞布達セサル時」は、人民が当該地方の裁判所又は司法省裁判所への訴えることが可とされた。この「地方掲示」をどう捉えるかが問題となろう。第四六号当時、人民に対する伝達を制度的に規定した法令は見あたらない。ただ東京府は、独自に布告張出場を設置していた。また各地では、後述の如く江戸時代からの伝統的伝達方法が行われていた。その中には、高札場への掲示も含まれていた。従って第四六号にいう「掲示」は各地で適宜に行われた伝達方式を総称した表現という程度に、緩やかに解すべきであろう。
（7）国立公文書館内閣文庫蔵「府県史料」新潟県史料第一一〇柏崎県史、制度部職制。
（8）同右、第一一一制度部禁令。
（9）「法令全書」第五巻ノ一（原書房一九七四年）八八頁。
（10）同右、六八九頁。
（11）明治初年の京都府に於ける法令伝達については、福島正夫編『「家」制度の研究・資料篇二』（東京大学出版会一九六二年）四七頁以下参照。
（12）国立公文書館内閣文庫蔵「府県史料」京都府史料第三五京都府史、制度部職制。

(13) 東京都公文書館蔵「府治類纂」。
(14) 東京都公文書館蔵「法令類纂」巻之六七下。
(15) 国立公文書館内閣文庫蔵「府県史料」群馬県史料第二五群馬県歴史、制度部職制二。
(16) 同右、群馬県史料第二四群馬県歴史、制度部職制。
(17) 同右、大阪府史料第五四旧堺県制度部職制。
(18) 『新潟県史』資料篇一三（新潟県一九八〇年）五二九頁。
(19) 国立公文書館蔵「太政類典」第二編第二巻第十一。
(20) 『長野県史』近代史料編第二巻（長野県編、一九八四年）二〇頁。
(21) 同右、三五頁以下。
(22) 「法令全書」第六巻ノ一（原書房一九七四年）。
(23) 本書第三章五［四］参照。
(24) 『新潟県史』資料篇一三（新潟県一九八〇年）五九五頁。
(25) 『新潟県史』資料篇一四（新潟県一九八〇年）七四頁。
(26) 同右、七八頁。
(27) 明治三年布令書（福島正夫編『「家」制度の研究・資料篇二』（東京大学出版会、一九六二年）二九一頁。
(28) 明治四年布告留（同右）二九二頁。
(29) 埼玉県立文書館蔵「明治五年管下布告留」入間県庶務課三六八〇号。
(30) 『明治小田原町誌（上）』（小田原市立図書館編、一九七五年）一六三頁。
(31) 「堺市史史料」（山中永之佑編『羽曳野資料叢書5堺県法令集1』（羽曳野市、一九九二年）六六頁。

(32) 国立公文書館蔵「太政類典」第二編第二巻第二。
(33) 同右、第一編第一巻第百一。
(34) 「三峯神社文書」。これは木野主計が「明治初期の地方行政と法令公布の様相」(「国史学」八三号四九頁以下) で紹介している史料である。
(35) 国立公文書館内閣文庫蔵「府県史料」群馬県史料群馬県歴史制度部旧群馬県禁令弐等。
(36) 服藤弘司「高札の意義」(金沢大学法文学部論集法経篇一〇、一九六二年) 三三頁。
(37) 中村直勝『日本古文書学』上 (角川書店、一九七一年) 七一七頁以下。
(38) 瀬田勝哉「神判と検断」(『日本の社会史』〈第五巻裁判と規範〉岩波書店、一九八八年) 六三頁。
(39) 服藤弘司「高札の意義」(「金沢大学法文学部論集」法経篇一〇、一九六二年) 三二頁以下。
(40) 『南紀徳川史』第十巻 (名著出版、一九七一年) 三六五頁以下。
(41) 『徳川禁令考』後聚第一帙 (吉川弘文館、一九三二年) 一四三頁以下。
(42) 国立公文書館蔵「太政類典」第一編第一巻第八九。
(43) 国立公文書館蔵「公文録」庚午自一〇月至一二月弾正台伺第二十九、日本橋高札場失火取調書。
(44) 服藤弘司「高札の意義」(金沢大学法文学部論集法経篇一〇、一九六二年) 九頁。
(45) 同右、三二頁。
(46) 禁令を表示する高札と刑事法規との具体的二重関係については、本章三を参照されたい。例えば火附盗賊人殺札および往来妨害札と仮刑律及び新律綱領の関係 (四三頁)、等。
(47) 本章三 [二] 参照。
(48) 五倫札の第一、二条もこれに当たる。教令的効果を有すにすぎないように思われるが、服藤氏はこれに基づき不孝不義者の摘発やそれによる五人組の連座制を命じた地方もあったことを紹介されている。「明治初年の高札」『明治法制史政治史の諸問題』慶應通信、一九七七年、四二頁。

(49)「法令全書」第一巻（原書房一九七四年）六七頁。

(50)同右、第二巻、三六四頁。

(51)本章三［七］参照。

(52)明治五年「御用留」（『平塚市史五』〈資料編近代（一）〉平塚市、一九八七年）。

(53)『東京市史稿』市街篇第五〇巻（東京都公文書館、一九六一年）五三二頁。

(54)『区制沿革』都史紀要五（東京都公文書館、一九九〇年）四三頁。

(55)同右、四八頁。

(56)『法律進化論第二冊』（岩波書店、一九二七年）二七四頁と二七五頁の間。

(57)『徳川制度史料』（一九二七年）三頁と四頁の間。

(58)事実上、高札の判読が困難であったということは、高札の持つ法令の重要性強調機能と必ずしも矛盾しない。支配権を象徴する神聖不可侵な高札の形態をとること自体が、重要性を強調しているからである。さらにその掲示を以て人民周知を擬制し違反者に重刑を科したのであるから、一般予防的意味でも遵法を強く要求していたと言える。

五　高札の除却と明治六年太政官第六八号

［一］明治六年太政官第六八号と除却対象高札

(1) 明治六年太政官第六八号

明治六年二月二四日、太政官第六八号が布示された。以下本章では「第六八号布告」[1]と称す。その内容は次のとおりである。

○第六十八號（二月二十四日）（布）
　自今諸布告御發令毎ニ人民熟知ノ為メ凡三十日間便宜ノ地ニ於テ令掲示候事
　但管下へ布達ノ儀ハ是迄ノ通可取計従来高札面ノ儀ハ一般熟知ノ事ニ付向後取除キ可申事

これを受けて各地方官に於いて高札の除却が行われた。例えば東京府では、この第六八号布告を三月四日に次の添達を付して公示した。[2]

前書（第六八号本文＝著者注）之通被仰出候ニ付而ハ市在へ掲置候高札面ノ儀ハ早々取除ケ可相納候且自今諸布告等市在共在来ノ制札場并張出所へ其都度無洩掲示可致此旨相達候事
　明治六年三月四日　東京府知事　大久保一翁

資料中の「張出所」とは、東京府が独自に法令公示のため設置していたもので、明治五年三月七日に東京府布達を以て「布告張出場規則」が各区の正副戸長に達示されていた。[3] 従って東京府では、高札を除却した後中央政府から新たに到達した法令は、旧高札場及びこの布告張出場に掲示されることになった。

このように、各地方官に於いては第六八号布告を受けて高札の除却と文書掲示が行われるようになったわけであるが、問題は除却された高札の範囲である。換言すれば高札制度そのものの廃止なのか、それとも当時残存していた高札の内の特定のものが除却の対象となったのかである。「公文録」「太政類典」『布告全書』「太政官日誌」等の諸資料中には、残念ながら、第六八号布告の制定経緯を示す史料は見あたらない。そこで本章三で特定した各高札の取り建て及び廃止経緯を基に除却の範囲を確定し、さらに中央権力機構の中で第六八号布告が如何なる機能を有したかを考察することを以て本章五の目的としたい。

（2）除却対象となった高札

まず、先行研究が第六八号布告による高札の除却をどのように捉えているかを見てみよう。

穂積陳重『法律進化論』は、次のように述べている。[4]

明治六年二月の法令は従来の高札掲示法を廃止すると同時に公布式を改正し、自今法令は文書掲示を以て公式とすべき旨を布告し、掲示期間を三十日と定めた。

当該箇所前後の文章をも勘案すると、この「高札掲示法」とは高札掲示制度を指称するものと考えられる。従って穂積陳重は、第六八号布告を以て高札制度そのものが廃止されたと考えたようである。

小早川欣吾『明治法制史論』は次のように述べている。[5]

六年二月法律第六十八號布告を以つて正式に高札の制を廃止し、諸布告は總て人民に熟知せしむる為、三十日間便宜の地に掲示する事となった。

小早川もまた高札制度それ自体が廃止されたと考えたようである。また第六八号布告による高札除却の契機を、明治五年七月二八日の大蔵省伺と捉えているが[6]、これは全くの事実誤認と言わざるを得ない。後述の如く、当該大蔵省伺に対し太政官は「別紙高札場取除ノ儀ハ不及御沙汰…《後略》」[7]と達示していたのである。

また、石井良助『明治文化史法制篇』は、次のように説いている[8]。

定三札は一八七三年（明治六年）二月二十四日太政官第六八号をもって除去された。けだし、すでにその定めるところは十分に周知されたというのである。それも一つの理由であったには違いないが、…《中略》…キリスト教を黙許せざるをえなくなり、かくて、一応周知方の徹底したことを理由として、切支丹高札を含む定三札を除去したのであった。

右の説明からは、除却された高札の範囲は定三札以外は不明である。同書は、除却の範囲を明確にはしていなかったが、実質的中心的除却理由をキリスト教解禁を求める外圧と考えていることがわかる。この点は重要である。キリスト教解禁と高札除却の関係については後述する。

さて、著者は、第六八号布告を以て高札の全廃とする説、ないしは高札制度そのものの廃止とする説には首肯し得ない。本章三［七］で明らかな如く、浦高札は第六八号布告発令後も存続したし、神社制札および違式詿違札に至っては、同布告発令後に設置されたからである。そこで、まず第六八号布告により廃止されたと考えられる高札を本章三を基に特定してみよう。

まず第一に、除却のために単行法令が出された高札は、第六八号布告による除却の範疇外である。すなわち、朝廷万機決裁札（列藩宛及び京都市中宛）、慶喜追討札、天朝御領復帰札、脱国札、阿片札である。それぞれの廃止法令については、本章別表一を参照されたい。但し、「法令全書」がその頭注を以て廃止法令を推定しているものには、前述の如く疑問の余地がある。例えば朝廷万機決裁札（列藩宛及び京都市中宛）、慶喜追討札、天朝御領復帰札のそれぞれについて、「法令全書」はその頭注に於いて慶應四年第四九七により除却されたと推定している。しかし本章三で述べた如くこれらは同年九月二二日布令により再掲示が命ぜられたと考えられる。(9) その後の除却時期については前述の如く特定できない。(10) 同様に阿片札についても、はたして「法令全書」頭注の示す如く、明治三年第五二一（販売鴉片烟律）の制定を以て除却されたかは疑問が残る。本章三［六］で述べた如く著者は、阿片札の除却については第六八号布告による余地を留保している。(11)

第二に、第六八号布告の発令日である同年二月二四日以降に存続し、もしくは設置された高札も当然のことながらその範疇より除外される。具体的には、浦高札、神社制札、違式註違札である。

そうだとすれば、第六八号布告による除却が明らかなのは、五倫札、徒党札、切支丹札、外国交際札、外国人通行札、火附盗賊人殺札、往来妨害札、徒党勧誘札ということになろう。

（3）除却理由としての「一般熟知」

第六八号布告は、「従来高札面ノ儀ハ一般熟知ノ事」を高札除却の理由としていた。確かに、除却されたと考えられる高札のうち五倫札、徒党札、外国交際札、外国人通行札、火附盗賊人殺札、往来妨害札、徒党勧誘札の諸札は、第六八号布告発令当時同一内容を規定する他の実定法と二重関係となっており、当該実定法の重要性を強調し且つそれの遵守を要求する機能を有すに止まっていた。詳細は本章四を参照されたい。(12) これら諸高札が、かような重要性強調及び遵法要求の機能を一定の合理的期間にわたり果たした結果、その内容が人民に熟知されたとの判断の下に、高札の除却を命じたというのは、理にかなっている。実定法的側面を有さず重要性強調機能及び遵法要求機能しか有さないこれら諸高札が、熟知を理由に除却を命ぜられたというのは極めて自然なこととして理解できよう。

しかしここで問題なのは、実定法たる高札の場合である。すなわち第六八号布告による高札除却の範疇には、切支丹札も含まれる。しかし、本章三［二］で述べた如く、[13]切支丹札はそれ自体が切支丹を禁止する実定法であった。そこで高札除却の効果が問題となる。

(4) 実定法たる高札の除却

切支丹札の如き実定法たる高札を除却した場合の効果については、理論上次の二通りが考えられる。すなわち、第一に、掲示という公示手段が無くなるだけで実定法そのものの効力は存続している。第二に、実定法そのものの効力も消滅する。問題は、中央政府がどちらの見解に立脚していたかである。

①切支丹札

「公文録」に次のような史料が残されている。第六八号布告による切支丹札除却に際して、それは掲示のみの廃止なのか、切支丹禁令の撤廃なのかを外務省が伺い出たものである。[14]

第五百三号

一高札中帽宗禁制之ヶ条掲載有之候処先般高札場御取除相成候御趣意ハ御布告面之如く外箇条一同一般ニ高札場を廃棄され候義ニ可有之帽宗を黙許セらるへき御趣意ニは有之間敷哉

…《後略》…

明治六年五月十四日　外務少輔上野景範

正院御中

《指令》（朱書）

第一条高札面ハ人民普ク熟知ノ儀ニ付取除百般ノ布令掲示致サセ候儀ニテ素ヨリ異宗ヲ黙許セラルヘキ御主意ニハ無之事

《後略》

明治六年六月十八日

この史料によれば外務省は、高札掲示の撤廃のみ命じたものであり、切支丹を今後は黙許するという趣旨でないことを太政官に確認した。それに対する太政官の指令は、高札面は人民に熟知されているので撤去して今後は種々の法令を公示したいという意味であり、切支丹を黙許するという意味ではないというものであった。また、同年五月七日に、外務省とほぼ同旨に付き開拓使も確認を求めてきた。その際の政府見解も次の如きものであった。(15)

《前略》…制札ハ我人民年来熟知ノ條目ニ付廃止セシナルヘシ敢テ教法ノ禁不禁ニ関ル事ニテ無之…《後略》

これらの史料のみを見れば、政府は単に掲示を撤去したまでで、実定法としての切支丹禁令は存続していると考えていたように見える。すなわち前述の第一の立場に立脚するものと思える。しかし、はたしてそうであろうか。

著者は、次のように考えたい。すなわち、外交上は禁教令の廃止をアピールしたいが国内的にはキリスト教に対する締め付けを緩めたくない政府が、実定法たる高札の特質を方便として巧みに利用したのである。つまり切支丹札という実定法たる高札の除却の効果を、外交上は禁教令の廃止ないし黙許との態度を示す一方で、国内的には掲示の廃止にすぎないと説明した。斯く考える理由は次のようなものである。第一に、その後切支丹禁制の解除を命じる単行法令は発令されなかった。第二に、本章三［二］の切支丹札の項で述べた如く、切支丹解禁を要求する外圧は高まりそれを行わないことが条約改正の重大な障害となっていた。そのため改正交渉との関わりで廃止を求める声が政府部内からも上がっていた。第三に、一方で外務省には前述の如き指令を出しておきながら、他方キリスト教が急激に蔓延している現実があった。次の史料がそれを如実に物語っている。[16]

歎願口状

西教追日蔓延致候ニ付テハ深重ノ　御廟算兼テ御確立可被為在ト奉恐察候ヘトモ頃日ニ至リ一層浸潤ノ勢ヲ増シ各派教師皆本国教會ノ後援ヲ募リ互ニ先ヲ争ヒ弘布ノ術ヲ盡シ居候事情ハ探索書ヲ以テ追々申上置候…《中略》…其口實タルヤ曰ク今日本政府明カニ制榜ヲ撤シ囚徒ヲ放免セリ是則チ黙許ノ徴ナリ此機ニ投シテ各派必ス先ヲ争テ布教スヘシ…《中略》…右ノ勢ニ相成候ニ付テハ禁允ノ論ハ全ク昔日ノ一譚ニ属シ目前彼輩ノ跋扈スルモ傍観スル姿勢ニ立至リ西教師カ虚談モ真実ニ帰シ可申…《後略》

明治六年十月

これは、切支丹札撤廃を機にキリスト教が爆発的に蔓延しもはやその防止が困難となったので、信徒共同体内で諜報活動にあたっていた諜者等が自らの免職求めた嘆願書である。切支丹札撤廃後、キリスト教の広まりに歯止めがかからなくなった様子がうかがえる。

以上のように、対外的には解禁少なくとも黙許の姿勢を取り国内的には禁制の継続という建て前に固執したが、政府の斯かる欺瞞的姿勢に説得力があるはずもなく、その結果激増するキリスト教勢力を黙認せざるを得ない状況となってしまったのである。従って結論としては、著者も従来の諸学説が主張するように切支丹札撤廃を機にキリスト教は黙許されるに至ったと考える。しかしその背景には、前述の如く切支丹札が実定法たる高札である故に、その除却の効果をめぐり外交上と国内で矛盾する二様の解釈を為す政府の態度と、その矛盾の破綻が存在したことを指摘しておきたい。

②浦高札

本章三［七］で述べた如く、浦高札も実定法たる高札に分類される。しかし政府は、第六八号布告による除却対象から除外されていたことは明らかである。なぜなら、明治八年四月二四日太政官第六六号布告「内国船難破及漂流物取扱規則」[17]の添達但書に於いて初めてその除却を命じているからである。第六八号布告が発令された際、除却の対象外となることについて、中央政府部内に於いても、地方官に於いても、理解の混乱はなかった。その理由は、第一に、浦高札場に設置されていたため、一般の諸高札とは別扱いと考えられていたと推察される。通常の高札は、一般人民に共通して関係する事項につき規定しているので、人通りの多い交通の要所に高札場を設け取り立てた。一方、浦高札は、海難救助に関与することが予想される浦々住民のみに関係するものである故、浦高札場に掲示されたのである。第二に、海難救助に於ける権利義務関係は、浦高札の規定によるという伝統が近世より続いており、且つその規定が現実に対し妥当的に機能していたため、廃止が浦高札にまで及ぶなどとは、考える余地がなかったと思われる。

［二］第六八号布告による高札除却の背景

［一］では、第六八号布告により除却対象となった高札の範囲、及び法令上の除却理由であった「一般熟知」という文言の意味を検討した。しかし、それ以外にも、第六八号布告には表記されなかった除却理由が幾つか存在した。それらは明文上除却理由とされていないので、除却の背景と位置づけ、［二］で検討することにする。

(1) 近代的支配機構確立に伴う旧制度の払拭

本章四［二］で述べたように、新政府の草創期には高札は支配権力の象徴であり神聖不可侵性を有すという伝統的法意識が存続していた。支配の方策に未だ明るくない新政府は、かような伝統的法意識を統治の便に供した。その一方で、人民間におけるかような伝統的法意識が、明治初年の内に希薄化してしまったことも前述した。著者は、この希薄化の主要な原因を、政府側に於ける近代的支配機構の形成過程に見いだしたい。すなわち、近代的諸制度が導入される過程で旧態然とした近世的制度は顧みられなくなっていったのであり、斯かる政府の傾倒が人民の感覚にも変化をもたらしたものであろう。草創期に未だ支配の方策を熟知せず、それ故旧幕時代の諸制度の内有益なものは継承しようとした新政府の姿は、諸史料より容易に看取できる。例えば、慶應三年一二月二二日第二七[18]（列藩宛）、及び同月二五日第三二[19]（京都市中宛）として発令された朝廷万機決裁札は、次の如き内容であった。

徳川内府宇内ノ形勢ヲ察シ政権ヲ奉帰候ニ付　朝廷ニ於テ万機　御裁決被遊候ニ付テハ博ク天下ノ公議ヲトリ偏党ノ私無キヲ以テ衆心ト休戚ヲ同フシ徳川祖先ノ制度美事良法ハ其侭被差置御変更無之候間列藩此　聖意ヲ體シ心附候儀ハ不憚忌諱極言高論シテ救縄補正ニ力ヲ盡シ上勤王之實効ヲ顕シ下民人ノ心ヲ失ハス皇國ヲシテ一地球中ニ冠超セシムル様淬勵可致旨　御沙汰候事…《後略》

朝廷に政権が回復したが、支配の方策に明るくないため、旧幕時代の有益な制度はそのまま継承する旨を公言していたことがわかる。

また、地方制度統一の必要性を感じていた新政府は、慶應四年七月（日欠）に、次のように布告[20]した。

布告

府藩県一定ノ御規則不相立候テハ御政令多岐ニ渉リ弊害不少候就テハ差當於京都府相定規則書遍ク御示シニ相成候間若

其土地民俗ニヨリ難行條件且別紙良法心得候等ノ儀ハ詳論太政官ヘ可申出追テ御斟酌永世一定ノ御規則可被為立旨被仰出候事

これによれば、地方支配の具体的方策にも欠けるため、京都府が定立した町組五人組仕法を暫定的に全国で用い、それをたたき台として不都合な点を補い且つ各地方の実状に則して、統一的な地方支配機構を確立してゆこうという姿勢を読みとることができる。各地方の便宜の尊重という方針は、その後も、例えば明治二年二月五日第一一七「府県施政順序」(21)等にも反映されている。このように、旧幕時代の支配方策及び近世的町村構造の尊重という基本方針が採用されていたのである。そしてこの基本方針は、法令伝達制度に於いては、触頭制・五人組制・組合村・高札等の継承という形で現出したのである。その後、明治四年に至り戸籍法（四月四日太政官第一七〇布告）(22)の発令、廃藩置県（七月一四日太政官第三五三布告）(23)の断行、太政官職制並事務章程（七月二九日第三八六）の発令等を経て、中央集権的体制の枠組みが形作られはじめた。一方、法令の円滑な下達は、かような支配機構の根幹を為すものである。従って、中央集権化の進捗に伴い法令伝達方法も新体制に適した近代的なものが志向されるようになった。斯かる法令伝達方法の刷新の一つとして、高札の除却が考えられたのである。次の史料は、明治五年七月に大蔵省が正院に対し高札の廃止を進言したものである。(24)高札を前近代的制度と評価して辛辣に排撃せんとするその姿と、新政府草創期における前述の方針との間に、大きな懸隔を感じずにはいられない。

御高札ノ儀ハ戊辰三月改テ掲示被　仰出候處右ハ畢竟幕府ノ舊制ニシテ徒ニ政治ノ文飾ニ供候迄ニ有之頗有名無實ニ相属候様被存候抑掲示ハ政憲民法ヲ表出シテ衆庶ノ方向ヲ導キ候具ニテ時勢民俗ノ変遷ニ依テハ憲法モ亦釐正セサルヲ得ス故ニ随テ掲ケ随テ改メ候儀ハ勿論ニ有之況方今日新ノ際凝然不変ノ定基ハ素リ難被相立御場合ト存候之ヲ要スルニ御高札ハ則現下御施行ノ御布告ト多少差別モ無之且従来民費ニテ取立有之候逸元来民費ノ道理モ無之然ルニ取調候ヘハ一

縣凡四五萬圓ノ失費ニモ相成三府七十二縣殆三百萬圓ノ入費ト相成格別民間必要ト申ニモ無之ニ付自今御取除相成張紙ニ換テ戸長ノ門戸ニ糊シ尊厳鄭重ノ制ヲ解キ簡易便捷ニ歸シ候様致度依テ御布告案相添此段相伺候也

壬申七月廿八日

大蔵大輔　井上　馨

正院御中

しかし、この大蔵省の進言は、容れられなかった。すなわち、正院は次のように指令した。

大蔵省

別紙高札場取除ノ儀ハ不被及　御沙汰尤在来ノ高札場破損イタシ候節ハ修繕等相加へ候ニ不及旨其省ニ於テ府縣へ可致内達候事

壬申八月十日

正　院

正院は大蔵省の進言を採用することはせず、その指摘に従い高札場の官費修繕を廃止するにとどめた。この点については後述する。しかし、かような正院の方針決定にもかかわらず、翌年二月一二日、今度は左院が同様の建議を行った。(25)

各所高札掲示ノ文人民教導ノ趣意無ニ非ト雖トモ之ヲ以テ洽ク庶民ヲ導ニ足ラス且百事維新ノ今日政令逐次ニ進歩シ凡百ノ典刑一高札ノ盡スヘキニ非ス實地上却テ不都合ノ廉モ可有之畢竟無用ニ属スルノミナラス之カ為ニ費ス所ノ用度モ僅少ナラス候ニ付速ニ撤去セラレ候方可然存候也

建議の趣旨は大蔵省のそれと大差無く、高札はもはや「庶民ヲ導ニ足ラス」と言い、且つ維持管理の費用の問題を指摘していた。また注目すべきは、後述の如く、高札板面に表記できる情報量には限度のある旨を指摘していることである。近代化の進捗に伴い高札という近世的手段が現実の社会に適さなくなってきたという感触を、立法を議する左院という政府の中枢部までもが持つに至ったのである。これが直接の契機となり一二日後の二月二四日、第六八号布告が発令されるに至ったのである。それが目指したものは、人民への法令伝達方法として文書掲示を全国統一的に実施し、近世的遺制である高札の除却であった。

新政府のかような近代的統治方法模索の過程で、人民側に於いても高札をめぐる伝統的法意識が希薄化していったのであろう。

(2) 高額な設置費

前出「公文録」壬申八月大蔵省伺一の大蔵省進言の後段で、同省は高札設置費が高額であることを、廃止建議の理由のひとつとしていた。また、同省は、高札場の管理修繕費が民費負担であることに矛盾を感じていたことも同史料から明らかである。そのため同省は、この進言を行う二十日前の七月八日に大蔵省第八五号[26]により高札場の官費営繕制を打ち出していた。

高札ノ儀ハ創立修繕共悉皆官費可下渡候條辛未十二月水理営繕御布告第八章ノ通リ施行可致候此段相達候事

しかし前述の正院指令を受け大蔵省は、明治五年八月一八日大蔵省番外[27]を以て官費営繕制の中止を発令した。かくして高札場の官費営繕制はわずか二十日あまりで中止となってしまった。

高札場修繕ノ儀ニ付第八十五號ノ通當省ヨリ相達置候處尚御詮議ノ次第モ有之以来修繕ヲ加フルニ不及破損致候節ハ其時々可届出候此段為心得更ニ相達置候也

本章三［九］の神社制札の項でのべたように、大蔵省が神社制札の取り建てに経費の面で異議を差し挟んだのは、この大蔵省番外の前日の八月一七日であった。かように考えてくると、神社制札取り建てへの大蔵省の異議は、同省の立場の必然的帰結であったことは明らかである。このように大蔵省が緊縮財政に腐心した時期である故、高札場の取り建て費及び管理費という財政的側面も高札廃止のひとつの要因であったわけである。

(3) 情報量の物理的制約

前出の明治六年二月の左院建議の中で、左院が高札を廃止すべしとした理由のひとつに、「今日政令逐次ニ進歩シ凡百ノ典刑一高札ノ盡スヘキニ非ス」というものがあった。すなわち、高札は板面に法令を表記するものであるに、板面の広さという物理的制約を余儀なくされる。従って長大な法令を逐一表記するには不適切である。しかし支配機構の近代化がすすむにつれ、例えば戸籍法や郵便規則等の長大で巻冊の体裁をとる法令がしばしば登場するに至った。このため、物理的制約を伴う高札の不適が指摘されるようになったのである。

確かに高札はかような宿命を持っていた。しかし、むしろそれ故に従来種々の法令の重要な部分を要約し板面に表記することが行われてきた。重要な部分が要約され表記される故に、高札は法令の重要性を強調しているという法意識を庶民に植え付けることができたと言うべきであろう。従って物理的制約と法令の重要性強調機能は表裏一体とも言い得るかもしれない。いずれにせよ、近代的な支配機構を構築整備が進捗するに伴い、法令の内容も複雑化しその分量も増大するにつれ、高札による公示では物理的に如何ともし難い状況に立ち至ったのである。

(4) 地方に於ける法令伝達方法の全国的統一

第六八号布告の主題は高札の除却ではない。それは但書後段に附記されているに過ぎない。主題はあくまで文書掲示による法令伝達制度の実施である。すなわち、布告は三十日間便宜の地に掲示されることとなったのである。

さらに本書第三章五で述べる如く、明治六年三月五日司法省第二七号[28]により第六八号布告で便宜の地とされていた掲示場所が、地方裁判所門前及び各戸長宅前、また裁判所未設置の地方では県庁門前及び戸長宅前と具体化された。さらに同二七号は、太政官布告のみならず各省使布達の掲示も命じた。

しかしながら、本章四で見たように、各地方ではそれぞれの事情に合わせて回達・写し取り・読み聞かせ会の開催等の方法で法令伝達が行われ、しかもそれがかなり円滑に機能していたようである。政府は第六八号布告以前には、各地方に於ける法令伝達方法について当該地方の便宜を尊重し干渉していなかった。[29]ここに至り、初めて第六八号布告により全国的統一方法の実施を命じたのである。従って、独自の法令伝達方法が円滑に機能している地方では、敢えてそれを廃止してまで全国的統一方法を実施しなければならないのかが大きな問題であった。その点について六年三月一四日、京都府は太政官に対し次のように伺い出た。[30]

《前略》…巻冊ヲ以テ御布達ノ分モ以後悉皆及掲示猶三十日間存シ置候様ニテハ場所狭隘追々ノ御布告相嵩掲示相成兼且箇所ニ寄人家接近可建増餘地モ無之彼是差支就テハ當府ノ儀ハ是マテ諸御布告管下へ布達ハ戸毎ニ回達猶各區於小學校毎月一度集會區長戸長等ヨリ布達面読知都テ御趣意貫徹致シ候様為取計候儀ニ付如前段巻冊ヲ以テ御布告ノ内事柄見計布達ノミ取計掲示ニハ不及候ニモ可然哉此段伺出候條至急御指揮被下度候也

巻冊の形態をとる法令まで張り出すのでは、場所をとり不都合であるから、内容によっては掲示せず従来の伝達方法に依るのみでよいかという伺であった。これに対し、太政官は三月一九日に一旦は可とする指令を出したが、同年六月一三日太政官第二〇四号布告を次のように発令し撤回した。

諸布告掲示ノ儀ニ付本年第六十八號布告ニ及ヒ候付テハ巻冊ノ類ト雖モ盡ク掲示可致此旨為心得更ニ相達候事

その後、同年六月二〇日、浜松県が次のように伺出た。[31]

《前略》…繁文長篇ニ至テハ路頭貯立ノ間熟讀暗記モ難相成且右等悉皆掲示可仕程ノ場所無之實地差支不少候ニ付巻冊ノ内楮数夥多ナル者ハ上梓ノ上汎ク頒布管内士民ヘ篤ト服膺為致度此段奉伺候也

これに対する太政官指令は、次の内容であった。

伺之趣掲示廢止ノ儀ハ難聞届且　勅撰書類又ハ他人ノ著書ヲ以テ公布ノ品ヲ除クノ外ハ上梓不苦尤管下ヘ回達ノ儀ハ本年二月第六十八號公布但書ノ通可相心得事

上梓頒布という便宜的方法を用いてもよいが、だからといって第六八号布告の命じている掲示を省略することは許されないというものであった。同様に、六年七月五日、島根県は次のように伺出た。(32)

《前略》…管内掲示場所手狭且建増等ノ餘地モ無之箇所不少ニ付テハ兼テ戸毎布達モ致置候ヘハ大冊ノ類ハ斟酌其要領ノミ掲示候様仕度此段相伺候也

従来より戸毎回達を行っているので、巻冊の体裁をとる分量の多い法令についてはそれによって伝達し、その要旨のみを掲示することにしてよいかという趣旨であった。この伺に対しても、太政官は便宜的方法を否定してはいないが第二〇四号布告通り巻冊の悉皆掲示を命じた。

以上のことから、太政官の基本方針は、地方の便宜的法令伝達方法の存続を否定はしないが、それとは別に文書掲示を全国統一的に実施するというものであったことがわかる。司法省が「西欧各国ニ於テ布告ト稱スルハ則チ掲示ノ事ニ有之由(33)」と述べた如く、太政官もまた近代的支配機構の整備の過程で法令伝達方法に於いて近世的遺制を脱皮し西欧的制度を志向したのである。

ここで、ひとつ注意すべき点がある。前述の六年三月一四日京都府伺には、「御布告ノ内事柄見計布達ノミ取計掲示ニハ不及候ニモ可然哉」とあるが、この「布達」の意味が問題である。本書四［一］で述べたように(34)、この後、明治六年七月一八日太政官第二五四号布告及び同年八月二八日太政官無号達により「結文例」が示され、布告・布達・達という法令形式が定められた。これによれば、布達は、各省使より全国に対し発せられる法令のことであった。しかし、前述の京都府伺の「布達」は明らかにこれとは意味が異なる。なぜなら、京都府伺の表記上からは、御布告の内の布達という関係となり、太政官が全国に向け発した法令の内各省使が全国に向け発した法令という意味になってしまう。両者は別物である故に、これは明らかな矛盾である。京都府伺は、結文例により法令形式が定められる以前に出されたものである故に、それにより定められた布達の定義とは異なる意味で使われていると考えるべき余地がある。すなわちそれは、京都府伺の全体の趣旨より見て伝達ないし回達という動作を表していると解すべきであろう。すなわち、御布告の内事柄によっては、(従来から行ってきた)伝達(又は回達)方法のみを行い、掲示は行わなくても良いか、というのが京都府伺の意味である。同様に前述の島根県伺では「戸毎布達モ致置候」という表現が用いられているが、文意から考えればこれも明らかに戸毎回達の意味である。また、前述の浜松県伺に対する太政官指令には「管下へ回達ノ儀ハ本年二月第六十八號公布但書ノ通可相心得事」とあったが、第六八号布告本文は、「管下へ布達ノ儀ハ」であった。

以上のように、この時期には、伝達ないし回達という動作を表現するために布達の語が用いられていたことは明らかである。従って、第六八号布告本文に言う「布達」もそのように解すべきである。従って第六八号布告全体の意味は次のようになる。すなわち第一に、諸布告が太政官から発令されるたびに人民に熟知させるため三十日間便宜の地に掲示すること。第二に、管下へ伝達する方法として、文書掲示のほかにこれまで用いてきた方法を使っても良いが、高札は除却しろ。以上のように、第六八号布告に用いられた「布達」という文言に注意を払うことで、従来便宜的に各地方で用いられてきた法令伝達方法を否定しないものの、それとは別に文書掲示方法の実施を全国的に強制しようとする太政官の方針が、第六八号布告の文面上にはっきりと見えてくるのである。

（5）小結

以上で説明した諸点をもとに第六八号布告による高札除却の背景を次のようにまとめることができよう。統治機構の近代化が進捗するにつれ、一方で政府は西洋的な文書掲示による法令伝達方法の実施を志向し、他方で人民側でも高札に対する伝統的法意識が希薄化していった。そのため、近世的伝統に立脚した高札掲示は、旧態然とした前代の遺制の如き感を呈するようになってきた。そのため高札はもはや人民を導くに足らず、という状況に立ち至ったのである。また、時あたかも緊縮財政が行われた時期でもあり、多くの失費を伴う高札掲示は財政的にも維持が困難になりつつあった。更には、法令の情報量の増大傾向に伴い、高札の持つ物理的制約も看過できなくなった。まして当時の高札のほとんどは、それらに対応する通常形式の諸法令の重要性強調機能しか有さなくなっていた。そこで切支丹禁令撤廃を求める外圧が強くなってきたことを契機に、切支丹札を含め高札場に残存していた諸高札の除却と文書掲示による法令伝達制度の全国統一的実施に踏み切ったのである。但し、切支丹札の除却だけは特殊な問題を伴ったことは、前述したとおりである。

なお、高札が除却された後の高札場については、七年八月七日文書掲示場に利用させるため無償で各府県に下付してはどうかと内務省が上申したが、それに対する太政官指令が残っていないので、詳細は不明である。(35)

〔三〕 統治機構の近代化と第六八号布告

前述の如く、明治六年太政官第六八号布告の主題は文書掲示の統一的実施であった。ではそれが明治五年・六年に実施された中央権力機構の改革に於いて、どのように位置付けられていたのであろうか。すなわち〔二〕では第六八号布告の制定経緯を法令伝達制度という狭い視点から検討した。その制定時期は中央政府の一連の機構改革期に位置する。従って、この支配体制の改革の中で第六八号布告及びその他の新たな法令伝達制度が果たした役割を大局的視点から検討することも必要と思われる。

(1) 地方行政の司法的統制の進捗

明治五年八月三日太政官無号達として「司法省職制並ニ事務章程」[36]（司法職務定制）が発令され、九月一日より施行されることとなった。これにより太政官制の枠内で行政庁である司法省が裁判事務を統合的に所掌することになった。そして、司法省は府県裁判所を設置し、従来より存在した地方官の裁判権の接収にのりだした。更に司法卿が「各裁判所一切ノ事務ヲ總判」することとなった。

司法職務定制（抄）

第二章　本省職制

第五条　卿

第一　本省及寮局各裁判所一切ノ事務ヲ總判シ諸官員ヲシテ各々其職ヲ尽サシム

第三章　　本省章程
第七条　　新法ノ議案及条例ヲ起ス
第八条　　地方ノ便宜ニ従ヒ裁判所ヲ設ケ権限ヲ定メ費用ヲ制ス
第十四条　　諸官省ヨリ布令スル所ノ條則苟モ裁判上ニ関渉スル者ハ必ス本省ニ移シテ照知ヲ経ヘシ
第十二章　司法省裁判所章程
各裁判所ノ上ニ位スルヲ司法省裁判所トス其章程左ノ如シ
第四十六条　別ニ所長ヲ置カス司法卿之ヲ兼掌ス
第四十七条　府縣裁判所ノ裁判ニ服セスシテ上告スル者ヲ覆審渙分ス

更に同年一一月二八日、地方行政への司法省の関与の端緒を開く重要な法令が発令された。

○（司法省）第四十六號（十一月二十八日）[37]（抄）
一地方官及ヒ其戸長等ニテ太政官ノ御布告及ヒ諸省ノ布達ニ悖リ規則ヲ立或ハ処置ヲ為ス時ハ各人民ヨリ其地方裁判所へ訴訟シ又ハ司法省裁判所へ訴訟苦シカラサル事
一太政官ノ御布告及ヒ諸省ノ布達ヲ地方官ニテ其隣縣ノ地方掲示ノ日ヨリ十日ヲ過クルモ猶延滞布達セサル時ハ各人民ヨリ其地方ノ裁判所へ訴訟シ亦ハ司法省裁判所エ訴訟苦シカラサル事
一太政官ノ御布告及ヒ諸省ノ布達ニ付地方官ニテ誤解等ノ故ヲ以テ右御布告布達ノ旨ニ悖ル説得書等ヲ頒布スル時ハ各人民ヨリ其地方裁判所亦ハ司法省裁判所エ訴訟苦シカラサル事

これによれば、地方官や戸長が太政官および諸省の法令に矛盾する行政行為を行った場合、及び人民の権利を侵害した場合、府県裁判所または司法省裁判所に裁判上の救済を求めることができるとされた。また地方官が、太政官及び諸省の法令の公示及び伝達を不当に遅滞した場合、及びそれら諸法令の解釈を誤った場合も同様であった。これは、中央集権化に抗する地方官の専横や怠慢を排除し中央権力の地方浸透を実現する方策として、裁判権を統合集中した司法省が、その裁判による統制を企図したものである。しかしここで忘れてならないことは、この司法省第四六号は、結果的に中央政府の法令の各地方への浸透度及び実施状況の確認機能をも有していたということである。すなわち中央政府が発令した法令が支配の末端に於いて如何に浸透しているか、如何に実施されているかを、裁判を通して中央政府にフィードバックさせる機能を果たしたのである。後述の如く、政府は六年太政官第二一三号布告により法令が各府県に到達し掲示期間を経過した後は法令を知り得たものと看做した。明治政府は、本書第三章で述べるように、種々の法令伝達方法を考案し実践してきた。しかし、法令伝達の遅滞、伝達内容の混乱、不到達等が生じているという現実を、司法省第四六号による行政裁判を通して知るに至ったのであろう。[38] そのため、迅速且正確な伝達方法を工夫する一方で、到達所要日数及び三十日間という具体的な周知期限を設けることで当該期間内に地方官に周知徹底せしめようとしたのであろう。それ故五年司法省第四六号施行後の現実は、六年太政官第二一三号布告制定の大きな契機となったものと思われる。

翌明治六年四月二三日、司法省は次に示す法令を発令した。

○（司法省）第六十二號（四月二十三日）[39]　　府縣

各府縣限リ布令スル所ノ條則ニ裁判上ニ関スル者必ス其地裁判所ニ移シテ照知ヲ経ヘク其ノ裁判所無之向ハ布令ノ上一ヶ月毎ニ取纏メ當省ヘ可伺出萬一各裁判所ノ照知ヲ経ス且當省ヘ不届出ヨリ相起ル犯罪於有之ハ當省一般違令等ノ罰ニ不被逸候條為心得此旨相達候事

地方法令のうち裁判に関係するものは、当該地方を管轄する地方裁判所の照知又は司法省への伺を経なければならないとされた。これにより司法省は裁判規範となり得る地方法令の制定に干渉できることとなり、同時にそのような地方法令を各地方より収集することが可能となった。

以上の諸法令により、司法省は太政官制の枠内で裁判事務を統合集中し、その裁判機構を通じて中央法令の浸透状況や施行状況を把握し、且つ地方法令の収集を行った。すなわち、前述の五年司法省第四六号と六年同第二一三号の組み合わせは、行政裁判の提起を通じて結果的に各地方に於いて中央政府の統治諸政策がどのように効果あげているかをフィードバックさせる機能を果たしたのである。

（2）法令伝達制度の確立

前述のように、第六八号布告は、文書掲示による法令伝達方法の全国統一的実施を命じた。そして六年三月二七日司法省二七号は、その掲示場所を地方裁判所門前及び戸長宅前と具体的に示した。また前述の如く、政府は行政裁判という方法を与えてまで法令の周知徹底をはかるため、五年司法省第四六号では

地方官ニテ其隣縣ノ地方掲示ノ日ヨリ十日ヲ過クルモ猶延滞布達セサル時ハ各人民ヨリ其地方ノ裁判所へ訴訟シ亦ハ司法省裁判所エ訴訟苦シカラサル事[40]

としていたのであるが、隣県掲示という基準では充分にそのねらいは実現できなかったのである。そこで、同六年六月一四日太政官第二一三号布告[41]により、法令が各府県庁へ到達するまでの所要日数を法定し、当該所要日数および第六八号布告による掲示期間である三十日の経過を以て法令が周知されたものとみなすという、看做規定が創設された。

○第二百十三號（六月十四日）（布）

各府縣ヘ諸布告到達ノ日限別紙表面ノ通被相定候條本年第六十八號ノ布告ニ因リ到達ノ上三十日間掲示ノ後ハ管下一般ニ之ヲ知リ得タル事ト看做候條此旨相達候事
　　但途中川支等ニテ停滞シタル時ハ其事由可届出事
《別紙表面略》

これにより、到達日数は、東京府が翌日、神奈川県が三日、長野県が六日、大阪府が八日、等と定められた。また、この法令によって初めて法令周知の擬制＝法令の施行という法技術が採用された。法令伝達を地方官に強制するだけでは不充分であることを痛感し、周知不徹底な現状への対策の必要性に迫られたのであろう。そこで、法令の実際的伝達の有無にかかわらずその地方に法令を施行するために、法令周知の擬制という新しい方法が導入されたのである。これにより、五年司法省第四六号による行政裁判の提起も容易になった。また、それは、近代的法制度の整備により法律関係が複雑化するにつれ、法的諸関係の安定化のために必須となった。従ってこの法令周知の擬制規定の創設は、法律制度の近代化に於けるひとつの重要な指標と位置付けて良いであろう。

かくして、法令伝達制度が文書掲示法により全国的に統一され、掲示場所も統一された。さらに各地方への法令到達所要日数及び掲示日数が法定されたため、中央政府では、法令の発令の時点で各地方での施行期日を予定することが可能になった。

(3) 地方行政への太政官の統制

以上の如く中央政府と各地方の間を結ぶふたつの制度が創設された。第一は、中央政府から法令を各地方へ合理的且つ統一的に伝達するためのものである。第二は、伝達された法令に基づいて各地方で中央政府の意図に合致した行政が行われているかをフィードバックするためのものであった。そして、第一の制度は各地方と太政官正院を接続していた。しかし第二のそれは、各地方と司法省を接続していた。司法省は、太政官制の枠組みの中で裁判事務を統合集中しており、地方からのフィードバックは裁判を通じて為されたためである。しかし明治六年五月二日太政官無号達(42)により、正院事務章程の潤飾がおこなわれ、フィードバックは正院にまで到達するようになった。

正院事務章程

《前略》

凡ソ立法ノ事務ハ本院ノ特権ニシテ總テ内閣議官ノ議判ニヨリテ其得失緩急ヲ審案シ行政實際ニ附スヘキモノハ奏書ニ允裁ノ批印ヲナシ然ル後主任ニ下達シテ之ヲ浼分セシム

《中略》

凡ソ裁判上重大ノ訟獄アレハ内閣議官其事ヲ審議シ或ハ臨時裁判所ニ出席シテ之ヲ監視スル事アルヘシ

《後略》

明治五年の司法職務定制及び同年司法省第四六号の時点では、司法卿が裁判事務を総括し裁判を通じて地方行政に関与した。一方、正院は司法省の伺に対し指令を与えるという裁制体制(43)を以て関与するのみであった。しかしこの新正院事務章程により、内閣議官は「裁判上重大ノ訟獄」を審議し、臨時裁判所に出席し直接監視する権限を有するようになった。その限りにおいて、従来司法省に対して裁制の権限を有すのみであった正院が、地方行政への司法の関与を直接統制することが可能となった。その意味において、前述の地方行政作用の中央政府へのフィードバックは正院まで到達するようになったと言えよう。こうして正院は前述の二制度の双方を掌握するに至ったのである。

（4）小結

このように、法令伝達制度の近代化という視点から明治五年六年の司法改革を概観すると、新たな二本の伝送路の創設が見えてきた。そのひとつは、中央政府から各地方へ合理的統一的に法令を伝達するためのものであった。もうひとつは、伝達された中央政府の法令に基づいてそれが意図する地方行政が実現されているかを確認するためのものであった。そして、後者は各地方と司法省を接続していたが、中央集権化の進捗に伴い正院にまで延長されたのである。このようにして、法令伝達および施行状況の確認の方途が確立されたのである。

（1）「法令全書」第六巻ノ一（原書房一九七四年）六四頁。法令形式が定まったのは明治六年年七・八月であるが、本号には「（布）」と法令形式が付与されている。本章四［一］で述べたように布告・布達・達という法令 形式は明治六年に確定され、法令全書はそれらの形式区分を明治七年一月より実施した。しかし、同書はそれ以前の法令についても遡及編纂の際に参照した諸資料に法令形式が示されている場合には（仰）（布）（沙）（達）という要領で、記載した。（「法令全書」第一巻編纂例参照）。そこで便宜上その表記方に従い明治六年以前の法令でも「法令全書」に斯かる形式表記のあるものについては、被仰出・布告・沙汰・達と表記することにする。

（2）東京都公文書館蔵「第一法令類纂」巻之二、官制諸書式部、掲示第四号。

（3）国立公文書館蔵「太政類典」第二編第二巻第二。

（4）穂積陳重『法律進化論』。

（5）小早川欣吾『明治法制史論』。

（6）同右、五七八頁。

（7）国立公文書館蔵「太政類典」第二編第二巻第五七。

(8) 石井良助『明治文化史法制篇』(原書房、一九八〇年) 三三頁。
(9) 同右、四〇頁。
(10) 但し東京府については、明治二年一一月には除却されていた。同右、四一頁参照。
(11) 本章三［六］参照。
(12) 本章四［二］(4) 参照。
(13) 本章四［二］九五頁以下も参照のこと。
(14) 国立公文書館蔵「公文録」明治六年六月外務省伺　第二十、高札場廃棄ニ付異宗禁制ノ御趣意伺。
(15) 国立公文書館蔵「太政類典」第二編第一巻第六十一。
(16) 早稲田大学図書館蔵「大隈文書」、A四一六二「西教蔓延防止困難ニ付取扱掛及諜者一同免職願書」。
(17) 「法令全書」第八巻ノ一 (原書房一九七五年) 八五頁。
(18) 「法令全書」第一巻 (原書房一九七四年) 一二頁。
(19) 同右、一三頁。
(20) 国立公文書館蔵「太政類典」第一編第一巻第百。
(21) 「法令全書」第二巻 (原書房一九七四年) 五八頁。
(22) 「法令全書」第四巻 (原書房一九七四年) 一一四頁。
(23) 同右、二八四頁。
(24) 国立公文書館蔵「公文録」明治五年壬申八月大蔵省伺一　第十六、高札廃止伺。
(25) 同右明治六年自一月至四月左院伺録　第七、高札掲示ヲ廃止スルノ建議。
(26) 「法令全書」第五巻ノ一 (原書房一九七四年) 六四七頁。

(27) 同右、七六四頁。
(28) 「法令全書」第六巻ノ二（原書房一九七五年）一七二一頁。
(29) 本章四（6）参照。
(30) 国立公文書館蔵「太政類典」第二編第一巻第六一。
(31) 同右、第二編第一巻第六二。
(32) 同右。
(33) 同右。
(34) 本章四［一］八三頁参照。
(35) 国立公文書館蔵「太政類典」第二編第一巻第五九。
(36) 「法令全書」第五巻ノ一（原書房一九七四年）四六五頁。
(37) 「法令全書」第五巻ノ二（原書房一九七四年）一三四六頁。
(38) 各地方への中央法令の伝達遅滞及び施行遅滞の例は史料にも散見される。例えば明治三年に京都府は、中央法令の発令系統に混乱があり、またその系統により同一法令でも内容が異なってしまい、混乱を来している旨を太政官に上申した（国立公文書館蔵「公文録」庚午自正月至七月京都府伺　第四十七、公布并御指令等各庁ヨリ御発令区々ニ付御一定ノ儀申立）。

御布告其外御下知弁官ヨリ出テ他省ヨリ出或ハ出張先ヨリ差図有之随分混雑小鮮ヲ煮テ屡ヒ箸ヲ下ス如ク甚敷ハ本官本省ト　御趣意違却之事モ有之方向ニ迷ヒ所置ニ困シミ（ママ）差障リ不一形候何卒一定ニ相成候様可然御評議御規則御示有之度候事

庚午　七月　　京都府

弁官御中

また、堺県では、明治二年九月に浦港札掲示が命じられたにもかかわらず、四年九月になっても掲示されていなかった（国立公文書館内閣文庫蔵「府県史料」大阪府史料二十一、元年起五年止旧堺県達令）。柏崎県では、掲示中の切支丹札の文面に誤りがあった（国立公文書館「公文録」辛未十二月諸県伺　第十四柏崎縣高札ノ儀ニ付伺）。群馬県では、明治五年四月現在、五榜の第四札（外国交際札）等が未掲示の地方があった（国立公文書館内閣文庫蔵「府県史料」群馬県三群馬県歴史制度之部旧群馬県禁令弐）。このように、法令の伝達又は施行の遅滞、内容の混乱はかなりの件数にのぼったと思われる。

(39)「法令全書」第六巻ノ二（原書房一九七五年）一七二八頁。

(40)「法令全書」第五巻ノ二（原書房一九七四年）一三四六頁。

(41)「法令全書」第六巻ノ一（原書房一九七四年）二九六頁。

(42)同右、七六二頁。

(43)浅古弘「司法省裁判所私考」（杉山晴康編『裁判と法の歴史的展開』敬文堂、一九九二年）四三頁以下。

六　おわりに

高札は、近世の遺制であった。それは、支配権力の象徴であり、神聖不可侵性を具有していた。明治の極く初年、未だ支配の方策に明るくなかった新政府は、旧幕府の支配方法のうち利用可能なものを継承した。高札もそのひとつであった。そして、外交上及び内政上、遵守の確保が緊要である諸法令は、高札の形態で公示し、重要性を強調した。しかし、その件数は極く僅かであり、それはあくまで法令伝達制度の例外にすぎなかった。そして、近代化の進展に伴い、高札はその古色の故に消滅の道を辿った。しかし、それらの除却を命じた法令は、同時に、支配機構の末端に於ける新たな法令伝達方法の統一的実施をも命じた。これを契機に、中央集権的統治機構の整備の過程の中で、法令伝達制度の近代化・合理化が進展したのである。

高札それ自体に対する敬意という近世的法意識は、明治の極く初年に薄れてしまい、高札場に神社守札や開帳札が貼付され、次第に顧みられなくなっていった。その意味では、高札がどの程度有効に機能したかについて疑問を禁じ得ない。しかし、それらの廃止が、法令伝達制度の近代化の端緒を開いたという点において、積極的評価がなされてしかるべきであろう。

ところで、近世に於いて人民に周知せられた「触」は行為規範であり、裁判規範は「法曹法」として部外には秘された。[1] 明治の諸高札は、かような近世法の伝統を少なからず受け継いだ。しかしながら、触と法曹法の二重構造は、近代西欧法のひとつの原則である罪刑法定主義と矛盾する。従って、明治期に於ける高札の除却および法令伝達方法の刷新が、罪刑法定主義の導入といかなる関係にあったかを検討することを今後の課題としたい。

（1）平松義郎「近世法」（『岩波講座日本歴史』近世3岩波書店、一九七六年、三三二頁以下）。

〔附記〕本章の執筆に際して、東京都公文書館、国立公文書館には、史料の閲覧や複写等につき種々のご高配に預かった。また浅古弘先生には、種々の有益なご教示をいただいた。記して感謝の意を表したい。なお、本章五は、一九九三年七月に法制史学会東京部会で行った研究報告「明治六年太政官第六八号と高札の除却」を補訂したものである。

別表1　明治期の高札一覧

高札名	根拠法令	廃止法令
①朝廷万機決裁札（列藩宛）	慶三、一二、二二第一七	慶四、六、二〇第四九七
②朝廷万機決裁札（京都市中宛）	慶三、一二、二五第三一	慶四、六、二〇第四九七
③慶喜追討札	慶四、一、一〇第二〇	慶四、六、二〇第四九七
④天朝御領復帰札（農商布告）	慶四、一、一〇第二一	慶四、六、二〇第四九七
⑤五倫札	慶四、三、一五第一五八	明六、二、二四第六八号
⑥徒党札	慶四、三、一五第一五八	明六、二、二四第六八号
⑦切支丹札	慶四、三、一五第一五八	明六、二、二四第六八号
⑧外国交際札	慶四、三、一五第一五八	明六、二、二四第六八号
⑨脱国札	慶四、三、一五第一五八	明四、一〇、四第五一六
⑩阿片札	慶四、閏四、一九第三一九	明三、八、九第五二一（販売鴉片烟律）
⑪外国人通行札	明二、三、二六（行政官）（『大日本外交文書二―一』）	明六、二、二四第六八号
⑫浦高札	明二、九、一八（『法規分類大全運輸門船舶』）	明八、四、二四太第六六号布告（内国船難破及漂流物取扱規則）
⑬火附盗賊人殺札	明三、一二、二四第九九一（諸県宛） 五、三、一二第八一（三府開港場宛）	明六、二、二四第六八号 明六、二、二四第六八号
⑭往来妨害札	明三、一二、二四第九九一（諸県宛） 五、三、一二第八一（三府開港場宛）	明六、二、二四第六八号 明六、二、二四第六八号
⑮徒党勧誘札	明三、一二、二六第一〇一一（諸県宛）	明六、二、二四第六八号
⑯神社制札	明六、三、二三　教部省第一三号	明一一、一〇、二三　内務省達乙第六六号
⑰違式詿違札	明六、八、一二司法省第一三〇号	明一三太政官布告第一三号（刑法）

（1）特に出典が記載されていないものは、「法令全書」による。
（2）⑤～⑨までを総称して、五榜と呼ぶ。

別表2　外国人を被害者とする主な事件一覧（慶應三年～明治五年）

被害者	国籍	発生日	場所	加害者	犯状	出典
英公使館附士官サトウ他一名	英	慶三、〇四、二五	掛川駅	林式部山田主殿等	刺殺未遂（負傷せず）	太一―二〇〇―七
英軍艦イカロス水夫二名	英	慶三、〇七、〇六	長崎	福岡藩士金子才吉	暗殺	太一―二〇〇―一一
英国人	英	慶四、〇一、一一	神戸	備前少将家来日置帯刀	切りつけ・発砲	太一―二〇〇―八
仏国士官・水夫	仏	慶四、〇二、一六	堺	土佐藩士二八名、供廻一七名	発砲により士官一名、水夫六名死亡	太一―二〇〇―九／日一―一、三六二頁
英国公使一行の護衛	英	慶四、〇二、三〇	知恩院門前縄手辻	三枝蓊（浪人）、朱雀操（浪人）	負傷	太一―二〇〇―一〇／日二―一、八頁
外国兵駐屯所建物	各国	慶四、〇六、〇六	横浜	デコネ（オランダ人）?或いは他の英国人?	建物倒壊	日一―一、八七五頁
プロシア代理公使一行	普	慶四、〇、〇八	横浜	東久世通禧行列護送の者二名	公使別当を威力で下馬車・刀に手をかけ威嚇	日一―二、二三頁
シュミットスパント会社社員	仏	明二、〇一、一五	大阪	同社日本人人足二〇名	負傷	日二―一、一七二頁
イタリア公使館	伊	明二、二、三以前	横浜?	小泉庄兵衛（狂人）	夜陰に乗じ伊公使館庭園侵入、建物侵入未遂	外、明二、暴行類
通弁官シーボルト	英	明二、〇二、〇九	二本榎付近	前橋藩河合政次郎、同藩松井政之助	悪口・抜刀	太一―二〇〇―一二
仏国通訳官	仏	明二、〇三、一七	三田	日本人兵隊	無礼	日二―一、五二三頁
ハチストピヘ	仏	明二、〇三、一九	弁天通（神奈川?）	萬吉（解雇された小仕）	背後より棒で殴打	日二―一、六八五頁
英副領事代理・英軍艦艦長	英	明二、〇三、二一	東海道東京横浜間	?　?	威力で下車せしめらる。	日二―一、五四二頁
ポルトガル領事	葡	明二、〇三、二一	東海道東京横浜間	?　?	威力で下車せしめらる（英副領事と同行）。	日二―一、六三七頁
公使館事務員ワンドルウヲー	仏	明二、〇三、二六	?	日本人三名	背後より暴行	日二―一、五七一頁
仏通弁官	仏	明二、〇三、?	?路上	?　?	殴打・負傷	日二―一、五七〇頁
仏人	仏	明二、〇三、?	同上付近	?　?	殴打・負傷	日二―一、五七〇頁
仏公使館建物	仏	明二、〇三、?	横浜?	?　?	放火の疑い	日二―一、五七一頁
英国ヲーシャン船将・英領事	英	明二、〇四、一三	横浜?	松田與三郎	凶暴ノ所業（取調で抜刀の有無を未確認）	太一―二〇〇―一四／外、明二、暴行類
仏人三件	仏	明二、〇五、一一	函館の各自宅	官軍兵卒	略奪	日二―一、九四四頁
伊公使館別当	伊	明二、〇六、二六	西ノ橋番所	西ノ橋番所の番士	殴打	外、明二、争闘類
英公使	英	明二、〇八、一七	芝口一、二丁目	熊本藩卒谷留熊彦	乱暴・抜刀	太一―二〇〇―一五／日二―二、六〇五頁
居留外国人襲撃計画	各国	明二、一〇、二一	新潟	水夫・人足等	質店襲撃（外国人に被害無し）	日二―三、二八二頁
ホーイ	英	明二、一一、二五	横浜居留地	浅草山ノ宿清吉・京橋金六町鉄五郎	殺害	公三五三庚午六月刑部省伺／外、明三、殺害死部
ジブスケ	仏	明二、?、?	?	與三郎	殴打	日二―二、一〇六頁
仏商人ガマン・仏人賄人	仏	明三、〇一、一九	横浜居留地	ガマン雇小遣春吉（居合せた外国人の反撃で死亡）	斧にて両名を切りつけ、数カ所負傷せしむ	外、明三、暴行類
リング&ダラス	英	明三、一一、二三	神田	加藤龍吉・肥後壮七・黒川友次郎	抜刀・負傷	太一―二〇〇―一九／日三、六三六頁
キング	英	明四、一一、五前	新潟	?　?	狙撃	日四、四九六頁
電信寮雇人モリス	英	明四、一二、二三	姫路加古川西手	鳥取県兵隊約二八〇〇人（東京鎮台へ赴任途中）	罵詈・雑言	太二―九三―一四
米領事館トルネール&サントル	米	明五、〇六、〇九	大津駅旅籠屋	滋賀県西ノ庄村音吉、音次郎、音松	殴打	太二―九三―一三
仏公使	仏	明五、〇八、二七	本所材木蔵脇	第六大区十三小区邏卒頭山口家教他	銃による威嚇・侮辱	太二―九三―一二
英商人ジョンソン	英	明五、〇九、二七	長崎居留地	安達下枝	傷害致死	太二―九三―一五

（凡例）太は太政類典　一―二〇〇―一一は第一編第二〇〇巻の一一の意
日は大日本外交文書　一―一、三六二頁は第一巻第一冊三六二頁の意
外は外交事類全誌　明二、暴行類は明治二年暴行類の意　外交事類全誌は横浜市史資料編第19巻・第20巻所載による。
公は公文録　公三五三は国立公文書館請求番号2A－9－公353の意

別表三　各高札と二重関係に立つ法令一覧

高札名	発令年月日	二重関係に立つ法令
朝廷万機決裁札	慶三、一二、二三・二五	
慶喜追討札	慶四、一、一〇	}×
天朝御領復帰札	慶四、一、一〇	
五倫札	慶四、三、一五	一・二条～× 三条～殺人の内暗殺のみ先規あり。慶四、一、二三第五一・慶四、三、一第一二八・慶四、六、一〇第四六一・仮刑律（慶四）で本条全体が二重関係。
徒党札	慶四、三、一五	明三、一二、二〇第九四四「新律綱領」兇徒聚衆条 それ以前は徒党取締法令はなく、実定法的機能を有す。
切支丹札	慶四、三、一五	×
外国交際札	慶四、三、一五	慶四、三、七第一四〇外国交際被仰出 慶四、八、二二第六五〇
脱国札	慶四、三、一五	明三、一二、二〇第九四四「新律綱領」人命賊盗雑犯律 明三、一二、二四第九八九「三府開港場取締心得」 慶四、三、四脱走者の召抱の禁止、慶四、八、一四旧地へ復籍等、多数。
阿片札	慶四、閏四、一九	明三、八、九第五二一「販売鴉片烟律」・明三、一二、二〇第九四四「新律綱領」販売鴉片烟条
外国人通行札	明二、三、二六	明二、三、二四第三〇一・明二、四、四第三三七 その他、外国交際札に同じ。
浦高札	明二、九、一八	×
火附盗賊人殺札	明三、一二、二四	明三、七、二第四三七偽造宝貨律 明三、一二、二〇第九四四「新律綱領」人命賊盗雑犯律 明三、一二、二四第九八九「三府開港場取締心得」
贋金規定	明三、一二、二四	明三、七、二第四三七「偽造宝貨律」 （贋金規定は火附盗賊人殺札の一部）
往来妨害札	明三、一二、二四	慶四「仮刑律」車馬馳驟傷人条 明二、四、四第三三七外国人への粗暴行為禁止 明三、一二、二〇第九四四「新律綱領」車馬殺傷人条 明三、一二、二四第九八九「三府開港場取締心得」等
徒党勧誘札	明三、一二、二六	徒党札に同じ。
神社制札	明六、三、二二	部分的に、明六、七、一九太政官第二五六号「地方違式詿違条例」第四二条社寺仏閣の器物破毀と対応。
違式詿違札	明六、八、一二	明五、一一、八東京府達「違式詿違条例」 明六、七、一九第二五六地方違式詿違条例

第二章　明治期の東京府における法令伝達制度について

一　はじめに

法令が制定されその本旨に則って機能するためには、その法令が周知されなければならない。近代法というものが公布を前提に制定されるのであるならば、法令の伝達制度の完備は必須条件となるはずである。しかし今日まで、この法令伝達制度に関する研究は管見の限りでは極めて僅かと言わざるを得ない[1]。中央政府が制定した法令が、第一に中央省庁間で、第二に府県へ、第三に府県内で人民に、いかに伝達されたかを系統的に明らかにしなければならない。

特に、この第二第三を考えるに当たっては、東京府の特殊な位置づけを明確にしておく必要があろう。東京府は、江戸幕府の町奉行所の管轄を引き継いだ市政裁判所をその前身とした[2]。それ故初期の東京府では、旧町奉行所管轄を超えた部分で中央政府との管轄境界が不明確であることが多かった。また、地理的に中央政庁に近接するなど種々の特殊性を有していた。これらが東京府による法令伝達制度にも独自性をもたらした。

本書第三章「官報創刊前の法令伝達について」において当時の法令伝達の全国的概観はある程度明らかにされ

た。本章では、前述のごとき事情を背景とした東京府における法令伝達制度の独自性を明らかにすることで、比較のための一座標を提示してみたいと思う。

（1）　中央政府の法令伝達制度を系統的に説明しているものでは穂積陳重『法律進化論』第二冊（岩波書店一九二七年）同『続法曹夜話』（岩波文庫第三刷一九九二年）等。各府県の法令伝達制度を論述したものとしては、岩鼻県の場合について詳述した木野主計「明治初期の地方行政と法令公布の様相」（『国史学』八三号一九七一年）等。法令伝達制度の全般に関する先行研究の紹介は本書第三章「一　はじめに」（1）を参照されたい。

（2）　市政裁判所の成立経緯については、『東京府の前身市政裁判所始末』（都市紀要六、東京都情報連絡室一九九一年）、『市中取締沿革』（都市紀要二、同前）等が詳しい。

二　近代的法令伝達制度の揺籃期

明治六年二月二四日太政官第六八号布告[1]により、中央政府は各府県に対し、掲示による法令伝達の実施を命じた。従来より各府県で行われてきた法令伝達方法との併存は認めた一方で、法令の掲示という全国共通の伝達方法の統一的実施を目指したものである。中央政府が各府県における法令伝達方法に干渉したのはこれが初めてであった。これ以前は近世在地機構の中で育まれた伝統的な触の伝達方法がそのまま用いられていた。すなわち回達・高札・掲示等である。ここでは、明治政府の草創から明治六年太政官第六八号布告発令以前の期間を近代的法令伝達制度の揺籃期と便宜的に位置づけたい。

〔二〕法令の回達

明治政府は、その草創の当初有効な支配の方策を持たず、それ故旧幕時代の伝統的な諸方策をそのまま受け入れざるを得なかった。また急激な変革の悪影響も懸念されるところであった。そこで「徳川祖先ノ制度美事良法ハ其儘被差置御變更無之候[2]」との基本方針が示された。法令伝達も回達を中心とした伝統的方法が継承されていた。慶応四年七月の「町年寄伺、諸御触配符差出方改正之儀に付奉伺候書付[3]」によると

諸御触被仰出候節ハ私共南方北方中通ハ三口ニ振訳配符数三拾通ニ相認町銘ヲ以テ順達可仕旨配符小口町々自身番屋へ向け町触差出夫ヨリ町々順達ニテ是迄達來候《後略》

とあり、対象地域を三地区に区分し、発令された法令を三十通に筆写して各地区内の町々を順達させたことがわかる。この対象地域は旧幕時代の御府内すなわち朱引内の一角と推測される。当時これらの地域には法令の回達が行われていたことがわかる。しかし、回達は必ずしも朱引内で全域的に実施されていたわけではない。明治四年一一月欠日「四大区六十一区中年寄夏目小兵衛見込[4]」によれば

《前略》一、御布告被仰出候度毎市井御布告場え張出し置候得共貧民ニ至り候而ハ無筆之者多就中日々活計ニ被追御布告場へイ披見致候者も無之御布令貫徹不仕候間以後壹町限り町用懸ニ而御觸帳え寫取其町地主地守之名前ヲ記順達為致候上銘々寫取置其借地借店之者共え能々申諭候ハヽ一統行届可申哉

とあり、当時法令の掲示のみを行っている地域があるが、文字を解し得ない人々のために写し取りのうえ回達を行うのが良いのではないかと伺い出たことがわかる。これは、大区小区の名称が見られる故に、明治四年一一月二八

日の大区小区制施行直後に出された伺であろうが、おそらくは第四大区内すなわち神田・本郷・小石川地区で、当時回達が行われていなかった地域のあったことは明かであろう。

このように、回達の実施については東京府内でも格差があった。それは東京府が回達の統一的実施を法令で命じることがなく、町年寄などが回達を実施したい旨伺い出た場合にそれを許す指令を発令するに止まったためであろう(5)。この時期の法令伝達が、基本的には各地域の便宜的方法に任されていたことの証左と言えよう。

〔二〕 高札

高札は法令の掲示板程度に考えられることがしばしばあるが、決してそのようなものではない。高札は法令伝達制度のうちでも極めて特殊なものと言わなければならない(6)。ところで明治一九年二月二四日勅令第一号により公文式が発令され、法律・勅令・閣令等の近代的法令形式が規定された。慶応三年一〇月よりその公文式発令までの間に発令された中央政府の法令の総件数は四万数千件にのぼる。このうち高札の形態がとられたものは僅か二十件程度にすぎない。ごく例外的に用いられた法令伝達方法と言える。

近世の遺制である高札は、支配権力の象徴であり、神聖不可侵性・峻厳性を有していた。人民はそれが高札である故に内容の如何を問わず遵守した。高札の持つこのような属性を、未だ支配の方策に明るくない草創期の明治政府が利用した。すなわち遵守の確保が緊要な諸法令を高札の形態で公示することで、その重要性を強調したのである(7)。

なお、各府県が独自に高札の形態で法令を発令することもあった。これを自分高札と呼ぶ。東京府では、明治二年一一月一二日現在、内願筋取扱公事訴訟賄賂取次禁止札、国事勤労浪士及家族扶助札、無産無頼之者復籍札、箱

訴居所姓名記入差出札という四札の自分高札が掲げられていた(8)

〔三〕法令の掲示

前出の明治四年一一月欠日「四大区六十一区中年寄夏目小兵衛見込」には、「御布告被仰出候度毎市井御布告場え張出し置候得共」とあり、当時法令伝達方法として掲示が行われていたことは明かである。

その後明治五年三月七日、東京府は布告張出場所規則を布達した(9)。

東京府布達　　　　　　　　　　區々正副戸長

一府下布告張出場所ノ儀近来猥ニ相成右ハ畢竟町役人共ノ心付不行届ニ付自今ハ其儀無之様屹度心得可申仍テ左ノ通更ニ相達候事

一張出所ノ前後左右へ立商人ハ勿論乞食等イ候儀決テ不相成候事

一張出觸ハ十日程相過候ハヽ先前ノ分ハ順ニ取除キ成丈新規ノ觸面判然ト見分ノ宜様可致事

この規則は「區々正副戸長」宛であるから、明治四年一一月二八日の大区小区制発令後に、各小区長である戸長及び副戸長を管理責任者として小区毎に「布告張出場所」を整備したことがわかる。前出の「中年寄夏目小兵衛見込」は、前述の通り明治四年一一月二八日の大区小区制発令の直後に出されたものと考えられるが、この段階ですでに「御布告場」なるものが存在したことがわかる。また同史料とこの「布告張出場所規則」発令の間は僅か三ヶ月余で、且つ後者には「布告張出場所ノ儀近来猥ニ相成」とあり、「布告張出場所」はその規則発令以前より存在していたことがわかる。おそらく各地域が便宜的に設置していた従来の掲示場である「御布告場」を、大区小区制の実施に伴い整備して「布告張出場所」の名称で運用規則を示達したものと考えるのが妥当であろう。

しかし上記伺書に見える通り、掲示のみでは文字を解し得ない人々への周知が難しい。そのため通常は各府県とも、回達や頒布を主たる方法としてそれと併用する従たる法令伝達方法として掲示を用いていた。この時期東京府においても回達等の各地域の便宜的方法が併存していたものと考えるべきであろう。

〔四〕触頭

触頭とはもともと江戸幕府において寺社奉行から触を配下の寺へ伝達し、それらからの願・伺・訴等を寺社奉行へ取り次ぐ役寺等の呼称であった。また管下の町・郷村に触を伝達する親町・親郷等も触頭と称されることがあった。

慶応四年二月八日、政府は諸藩触頭を設置した[10]。諸藩を二四藩ずつのグループに分け、各グループのとりまとめの任に当たる藩を触頭、グループ構成員である諸藩を触下とした。触頭は触下諸藩へ中央政府の制定した法令等を伝達し、また触下諸藩からの願・届・伺等を中央政府に取り次ぐのを任務とした。そして慶応四年四月一七日第二四四[11]により、諸藩触頭の内三藩ずつが月番で城詰することとされた。これにより月番触頭―触頭―触下諸藩という経路で法令等が伝達されることとなった。また同年五月二四日、政府は旧幕時代の高家・交代寄合・寄合両番席以下を中大夫・下大夫・上士に再編成し、それぞれにも触頭を設けた[12]。これらにならい東京府も数種の触頭を設けた。

（1）市中取締触頭

明治二年二月欠日達により東京府は田安中納言・一橋大納言・松平大和守・松平下総守を触頭に任じ、各触頭の下に数藩ずつを割り当て、東京府の市中取締にあてることとした。[13] これは府内の治安強化策として、従来の諸藩兵による警備体制を改組したものであり法令伝達の機能を有するものではなかった。市中取締触頭は、その後府兵の創設まで続いた。すなわち明治二年一二月二三日府兵規則[14]の制定により廃止されたと考えるべきであろう。

（2）士族卒触頭

明治二年一一月二日第一〇三六沙汰により中央政府は東京府に府下の武家地を管轄させた。東京府は旧幕時代の町奉行所の管轄を継承し創設されたため、武家地の所管が曖昧になっていたが、これにより明かとなった。当時の東京府では名主制に変わる年寄制が施行されていたが、各区を治める中年寄・添年寄の管轄下に士身分を編入するのは不都合なので、新たに士族卒触頭が創設された。「當府貫属士族卒触頭ノ儀旧幕小普請支配ノ振合ニテ百人以上支配ヲ分チ法度制令ノ布告ヲ取計又訴願伺届等取次[15]」を任務とした。上述の第一〇三六沙汰発令後、具体的に何時の段階で士族卒触頭が創設されたかを明らかにする史料は管見の限り見あたらない。しかし明治三年五月四日付で東京府が同触頭宛に発令した達[16]が残っているので遅くともこの時までには組織されていたことは明かである。そして明治四年一二月二七日太政官第六八二[17]による武家地の廃止に伴い廃止された。

（3）寺社触頭

明治新政府により寺社の管轄は、旧幕時代の寺社奉行から府県に移された。それに伴い次のような経緯で寺社触頭が創設された。[18]

一、旧幕ノ時天下ノ寺務一般寺社奉行ヨリ其本寺本山ヘ相達シ夫ヨリ一派ノ末寺院ヘ通達致候ニ付右本寺本山ノ類當府下出張所ヲ設ケ寺社奉行ノ布告ヲ承リ其本寺本山ヘ達シ又其末派寺院ヘ触示シ候者ヲ触頭ト相唱候処御一新後社寺トイヘトモ地方官ノ管轄ニ相成候ニ付従前ノ触頭ハ全ク難被行候得共差当リ庶民ト一様ノ処置モ出来兼候間府下限リ一派一宗ノ触頭ニ相用ヒ其名ハ旧ニ依リ其實ハ大ニ相変候《後略》

士族卒触頭同様、府下寺社へ法令等を伝達し、それらからの願・届・伺等を東京府に取り次ぐのを任務とした。寺社触頭においても具体的な創設日は不明であり、上述史料の伺日である明治四年七月一二日には既に存在していたと言い得るに止まる。そして明治四年一一月欠日東京府は寺社触頭宛に「觸頭相廃止候條自今諸布告并願伺等ノ儀ハ総テ戸長ニテ取扱候間手残有之分ハ其向ヘ引送リ可申事」と示達し、[19]それは廃止された。

（4）華族触頭

明治三年一二月十日太政官第九〇〇布告[20]により、華族元堂上等の禄制が定められ地方官貫属とされた。これに伴い太政官は「今般御改正ニ付華族元堂上ノ輩地方官貫属被仰付候ニ付テハ為取締觸頭被為置候間篤ト御趣意ヲ躰認致シ萬端觸頭ノ下知ニ随フヘシ」と沙汰し、[21]同月一二日東京府に対しこの華族触頭を創設する旨を申し入れ、野宮正二位と大原従二位をこれに任命した。[22]そしてこの触頭の職務管轄は以下のように定められた。[23]

觸頭心得

一戸籍ニ関候儀ハ地方官ノ取捌勿論ノ事

一組中家事不取締ノ聞有之節ハ能々其情實ヲ取糺公平ノ取計可致事

一諸願伺届等都テ地方官廰ヘ可指出事
　但在官ノ輩職務ニ関候儀ハ銘々辨官ヘ申出勿論ノ事
一位階ニ関候儀ハ辨官ヘ可申出事
　庚午十二月

この触頭の職務管轄で特筆すべきは、ことがらにより取次先が中央政府と東京府に分かれる点である。その意味で、両者の支配を受ける触頭であった点が、他の触頭とは異なる特徴である。ここでの問題は華族触頭がいつまで存続したかである。明治四年五月一九日に弁官は華族触頭に対して願伺等進達方を示達しているので[24]、この時点ではまだ存在していたことは明かである。一方、明治五年一〇月一八日に東京府は次のように示達した[25]。

　東京府達　　　　　　　　　　　　　　　　　　　　　世話掛　戸長
一諸布告ノ儀一般行届候様兼テ相達候趣モ有之候處皇族華族ノ向々ヘハ廻達無之趣相聞不都合ノ事ニ候以来右様ノ儀無之様小區限屹度布達可致旨更ニ通達方可取計事

これによれば、明治五年一〇月当時は、明治四年一一月に施行された大区小区制における各小区の戸長が華族触頭に代わり華族への法令等の伝達を担当していたことがわかる。華族触頭が廃止され華族が各小区の戸長の支配下に編入されることとなったが、各小区において管下の華族への伝達が円滑に行われていないため、このような達が発令されたと解すべきであろう。従って遅くとも明治五年一〇月一八日以前には廃止されたことがわかる。またこの史料の論理的前提として法令等の伝達が華族触頭の職務であったことが明かである。

（5）武家華族触頭

明治四年二月二〇日、太政官は第八六号布告により元武家である華族のうち東京府内に居住する者を東京府の貫属とすることを示達した。[26] 東京府は元公家の華族と区別する必要を感じたためであろうか、元武家の華族を既に存在する華族触頭の下に編入することはしなかった。明治四年四月二十日、東京府は当面中央政府が管轄する諸藩触頭に取り次ぎを行わせてはどうか弁官に伺い出た。[27] それに対し弁官は次のように指令した。[28]

元武家華族ノ輩觸頭ノ儀云々御申越右ハ當分ノ内伺ノ通ニテ可然候何レ早々觸頭可被居候且別紙朱墨ヲ以加筆候間此段申入候也

辛未四月廿二日　　　　　　　　　　　　辨官

東京府御中

これによると弁官は、当面は諸藩触頭がその任に当たる事でよいが、いずれ早々に武家華族触頭なるものを創設するように東京府に指令したことがわかる。しかしその後東京府がかような触頭を実際に創設したか否かは、管見の限りでは史料が見あたらず不明である。尚、諸藩触頭は明治四年七月一四日太政官第三五三布告[29]により廃藩置県が示達されるに伴い廃止された。

［五］法令の頒布

ここで言う頒布とは、中央政府ないし各府県が制定した法令を、各府県が何らかの方法で増刷し、法令伝達の媒体として配付することを指す。中央政府は明治六年一〇月一五日太政官第三四八号布告[30]により、府県毎にその本庁・支庁・大区それぞれへの法令謄本の割り当て部数を定め、その合計を頒布部数として各府県に逓送する制度を開始した。しかしこれは中央政府による頒布でありここで扱う頒布とは異なる。この明治六年太政官第三四八号布告以前に、府県が独自に法令等を増刷し伝達の円滑化をはかろうと太政官に願い出た事例は、全国に数例がみとめられる。例えば明治三年一一月の新潟県[31]、明治四年四月の福山藩[32]、同年五月の広島藩[33]、明治五年六月の神奈川県[34]、同年八月の岡山県[35]などである。それらに共通している実施理由は、第一に、府藩県内で例えば大区―小区―町村などどういう経路で法令伝達が行われる際、その必要上それぞれの箇所で写し取りを行うと誤写の可能性が増大すること。第二に写し取りに時間を要するため、どうしても伝達が渋滞しがちであったことによる。ただし注意を要するのは、これらの願い出による頒布は府県内の全戸に対して行われるのではなく、回達等による伝達を円滑に行うために必要な部数を大区・小区・町村の役場に配付するのが目的であったことである。

ところで、年代は前後するが明治二年三月欠日、東京府は次のような頒布を布達した[36]。

今般府内御改革事其外追々御達相成御旨趣直ニモ申渡候へ共年月ノ移ルニ随ヒイツトナク忘却致シ候様ニテハ相濟ヌ事ニ付猶又御布令書出版シテ府下毎戸ニ知ラシメ永年遺忘ナカラシムルモノ也

ここで特筆すべきは、第一にこれは法令の発令毎に増刷の上頒布するのではなく、「御布令書」すなわち既発の諸法令を編集した法令集を頒布しようとしたこと。第二に府下の全戸にこれを頒布しようとしたことである。これは当時他に例を見ない試みであった。しかし、残念ながらこの法令集頒布計画の詳細は不明である。

その後明治五年八月七日、東京府においても前出の諸藩県におけるのと同様の理由で各小区・各町・各郷村の役場での必要部数を活版にて摺り立て頒布することを定めた[37]。

（1）「法令全書」第六巻ノ一（原書房覆刻版一九八八年）六四頁。なお法令が布告・布達・達・告示の形式に区別されるのは明治六年七月一八日太政官第二五四号及び同年八月二八日達による。前者は太政官法令のうち一般に対するものを布告とし、各省庁官員に対するものを達とした。後者は各省使発令の法令の内一般に対するものを布達、各省庁官員に対するものを達とした。「法令全書」はこれらの形式区分を明治7年1月より実施した。しかし同書はそれ以前の法令についても編纂の際に参照した諸資料に法令形式が付されている場合には、（仰）（布）（沙）（達）という要領で記載した（「法令全書」第一巻編纂例参照）。そこで本章でも便宜上それに従い明治六年以前の法令でも同書にかような形式表記があるものについては、被仰出・布告・沙汰・達と表記することにする。

（2）慶応三年一二月二二日第二七号（「法令全書第一巻」（原書房一九七四年）一二頁）。

（3）東京都公文書館蔵「明治元年鎮台府一件ノ三」諸觸配符通達方改正伺（整理頁五七四）。

（4）東京都公文書館蔵「順立帳明治四年ノ三五」第四大区六十一区中年寄夏目小兵衛見込。

（5）東京都公文書館蔵「改正筋書留一」第三一、町年寄申付方之義中添年寄共伺　等。

（6）紙幅の制約もあり高札に関する詳論は本書第一章「明治期の高札と法令伝達」を参照されたい。

（7）本書第一章四参照。

（8）東京都公文書館蔵「順立帳明治二年ノ四十五」御高札掲示文言。

（9）国立公文書館蔵「太政類典」第二編第二巻第二東京府下布告張出場所規則。

（10）国立公文書館蔵「太政類典」第一編第一巻第九一・九二。

（11）「法令全書」第一巻（原書房覆刻版、一九七四年）九八頁。尚、各法令に法令番号が付与されるのは明治五年一月八日太政官達による。それ以前のものには法令番号はない。しかし「法令全書」はその編纂の過程でそれ以前　のものにも便宜的に整理番号を付与した。そこで本章では両者を区別するため整理番号の付与された法令には数字のみを用い「号」の表記は用いないものとする。
(12)　国立公文書館蔵「太政類典」第一編第九巻第一〇。
(13)　東京都公文書館蔵「第一法令類纂」巻之二四第十六章第一二号。
(14)　東京都公文書館蔵「第一法例類纂」巻之二三第一六章第一六号。
(15)　明治四年七月一二日弁官宛東京府伺（『区制沿革』七二頁、都史紀要五第二刷、東京都一九九〇年）。
(16)　国立公文書館内閣文庫蔵「府県史料」東京府史料戸籍巻之五第一章。
(17)　「法令全書」第四巻（原書房覆刻版、一九七四年）四五七頁。
(18)　明治四年七月一二日弁官宛東京府伺（『区制沿革』七二頁、都史紀要五第二刷、東京都一九九〇年）。
(19)　「明治四年東京府布達類」（『東京市史稿』市街編第五二巻六一九頁、一九六二年）。
(20)　「法令全書」第三巻（原書房覆刻版、一九七四年）五五九頁。
(21)　国立公文書館蔵「公文録庚午一二月東京府伺附録第一」第三。
(22)　同右。
(23)　同右。
(24)　国立公文書館蔵「太政類典第一編第六巻第四十四」。
(25)　東京都公文書館蔵「第一法例類纂」巻之二第七章第三六号。
(26)　「法令全書」第四巻（原書房覆刻版、一九七四年）九〇頁。
(27)　国立公文書館蔵「公文録辛未四月至五月東京府伺」第五。
(28)　同右。
(29)　「法令全書」第四巻（原書房覆刻版、一九七四年）二八四頁。

(30)「法令全書」第六巻ノ一（原書房覆刻版、一九七四年）五二三頁。
(31) 国立公文書館蔵「太政類典」第一編第一巻第一〇四。
(32) 同右第一編第一巻第一〇五。
(33) 同右第一編第一巻第一〇六。
(34) 同右第二編第二巻第三。
(35) 同右第二編第二巻第五。
(36) 同右第一編第一巻第一〇一。
(37) 東京都公文書館蔵「第一法例類纂」巻之二第七章第三五号。

三　地方伝達方法への中央政府の干渉期

［一］掲示の強制と各府県の便宜的方法の併存期

明治六年二月二四日太政官第六八号布告(1)により中央政府は各府県内において人民への法令伝達方法として掲示の実施を命じた。(2)

自今諸布告御発令毎ニ人民熟知ノ為メ凡三十日間便宜ノ地ニ於テ令掲示候事

但管下ヘ布達ノ儀ハ是迄ノ通可取計従来高札面ノ儀ハ一般熟知ノ事ニ付向後取除キ可申事

これによれば、法令は便宜の地において三十日間掲示することとされ、掲示による法令伝達が中央政府により全国統一的に実施された。中央政府が各府県による人民への法令伝達方法につき言及したのはこれが初めてであった。さらに同布告中の「便宜ノ地」を、同年三月五日司法省第二七号[3]により「地方裁判所門前並戸長宅前未タ裁判所置レサル地方ハ縣廳門前並戸長宅前」と具体的に示した。

一方、第六八号布告の但書により高札の除却も命じられた。これにより各地の高札場から中央政府の高札である天朝高札のうち当時残存していた数札が除却された。[4]このため空いた高札場を法令等の掲示場として用いたい旨の伺が各府県より内務省に相次いだ。そこで翌明治七年八月七日内務省は府県に無償で旧高札場を払い下げることを決定した。[5]

以上の諸点から、各府県は戸長宅前および地方裁判所又は県庁門前に掲示場を設置し、且つ旧高札場も掲示場として利用していたことがわかる。しかし東京府ではもう一種類の掲示場が存在した。それは前述の布告張出場所であった。前述の第六八号布告が発令された際、東京府は同布告に以下の添達を付して示達した。[6]

前書（著者注―第六八号布告）之通被仰出候ニ付而ハ市在ヘ掲置候高札面ノ儀ハ早々取除ケ可相納候且自今諸布告等市在共在来ノ制札場并張出所ヘ其都度無洩掲示可致此旨相達候事

ここで言う「張出所」が前述の布告張出場所を指すものと思われる。なおこの添達が発令されたのは明治六年三月四日であり前述の司法省第二七号が発令される以前であるため、戸長宅前掲示場等には言及していない点に注意を要する。

前述の明治六年第六八号布告の発令以降各府県では、従来から独自に行っている法令伝達方法と新たに命じられた掲示との併存の可否が問題となった。そのため太政官にはその旨を問い合わせる各府県からの伺が相次いだ。[7]これに対する太政官の一貫した方針は、各府県における従来からの便宜的伝達方法を否定はしないが、それとは別に掲示を全国統一的に実施するというものであった[8]。第六八号布告当時、東京府では前述した従来の法令伝達方法のうち高札と触頭はもはや存在していない一方、存続していた掲示が中央法令により法的根拠を与えられる形となった。また回達は、各小区・町・郷村の役場に必要な部数を摺り立て頒布し、それを各管轄内で回達するという形で存続した[9]。

その後明治六年六月一三日太政官第二〇四号布告[10]により、巻冊の形態をとる法令でも悉皆掲示することを命じた。さらに翌一四日太政官第二一三号布告[11]により、制定された中央法令が発令後何日で各府県に到達するかという法定到達日数が定められた。東京府の場合は発令の翌日とされた。さらに同布告は、法定到達日数の経過後三〇日間の「掲示ノ後ハ管下一般ニ之ヲ知リ得タル事ト看做候」と定めた。本書第三章で述べるごとく、この三十日間内で地方官は人民への法令周知に努めたのである。人民皆知が実現できなかった場合は知らしめられなかった人民に対しては、その後も法令の掲示や役場での閲覧の機会を確保する等の知りうる可能性の供与を為し続けた。従ってこれは周知努力期間と言えよう。

〔二〕周知期間のみ法定期

明治六年一〇月一五日太政官第三四八号布告[12]により各府県の本庁・支庁および行政上の区画である大区数に応じた法令の必要部数を中央政府が印刷し頒布することとされた。しかし実際に掲示を行うには、掲示箇所数に応じて更に各府県で独自に増刷しなければならなかった。そこでこの府県による増刷所要日数は太政官第二一三号布告に言う三〇日間に含まれるか否かという疑義が生じた。[13] これを受けて太政官は増刷期間と周知期間を明確に区別すべきであるという方針を決定した。そして明治七年四月一四日太政官第四八号達[14]により、明治六年太政官第六八号布告・同第二〇四号布告を取り消し、同第二一三号布告も法定到達日数の部分を残し他の部分を取り消した。そして法定到達日数経過後、二〇日間の府県による増刷期間を設け、その後更に三〇日間の周知期間を経過した後、法令を知り得たものと看做すこととした。尚、具体的な周知方法は各地方の便宜に任すことになった。

この時期、東京府で新しい法令伝達方法が採用されたことを示す史料は見あたらない。便宜的伝達方法として東京府では、従来の如く必要部数を増刷した上での回達と掲示が行われたものと考えられる。

(1) 「法令全書」第六巻ノ一（原書房覆刻版、一九七四年）六四頁。
(2) 他章との重複を避けるため、明治六年二月二四日太政官第六八号布告の意義についての詳論は本書第三章五に譲るのでそちらを参照されたい。
(3) 「法令全書」第六巻ノ二（原書房覆刻版、一九七四年）一七二一頁。
(4) この時除却された具体的な天朝高札についても右記を参照されたい。
(5) 明治七年八月七日内務省上申（国立公文書館蔵「太政類典」第二編第一巻第五九）。
(6) 明治六年三月四日東京府乾第五五号達（東京都公文書館蔵「第一法令類纂」巻之二第八章第三八）。
(7) 国立公文書館蔵「太政類典」第二編第一巻第六二、六三。
(8) 本書第三章五参照。
(9) 国立公文書館蔵「太政類典」第二編第一巻第六三。

（10）「法令全書」第六巻ノ一（原書房覆刻版、一九七四年）二二〇頁。
（11）同右、二九六頁。
（12）同右、五二二頁。
（13）国立公文書館蔵「太政類典」第二編第一巻第六六。
（14）「法令全書」第七巻ノ一（原書房覆刻版、一九七五年）二八五頁。

四　民間委託による法令増刷期

［一］新回達制度

東京府は、前述の諸触頭と「布告張出場所規則」以外には、次の史料に「各區適宜取計候迄ニテ」とあるように、管下に統一的な法令伝達方法策定するのではなく各地の便宜に任せていた。しかしそのため「到底遷延不達ノ憂ヲ免カレス」という状況に陥っていた。それを打開するため、明治九年三月十日東京府第四一号達[1]により朱引内各区に新たな回達方法を示達し、初めて管下での統一的実施を目指したのである。

布告類ノ儀ハ人民一般速ニ承知不致候テハ不相成儀ニ候ヘトモ従来各區適宜取計候迄ニテ到底遷延不達ノ憂ヲ免カレス候條今般各區内配達ノ地主ヲ極メ置キ諸達類一層速ニ貫徹為致度依テ各區内別紙割合書之通各其地元ニ於テ相當身元有

之一同依頼スヘキ地主ノ者相撰ヒ人名取極メ来ル十五日限可申出右ハ區内ノ儀務ニ付別段給料無之儀ト可相心得尤人名申出ノ上ハ布告類活字印刷ノ上其當撰地主ヘ向ケ直ニ可及頒布候尚取扱方心得等委詳ノ儀ハ追テ可申示此旨相達候事

明治九年三月十日（別紙大部ニ付署ス）　東京府権知事　楠本正隆

すなわち各小区内で配達を担当する地主を決め、布告類は増刷した上で当該地主へ頒布し、彼らが管轄地域内に回達するというものであった。具体的な回達方法は同年三月二二日東京府第五五号達[2]により示達された。それによれば、前述の「配達ノ地主」の所在地を「触出地」とし、その回達管轄地域を「受持地」として「布告觸出受持地心得」が定められた。回達には「通常凡五拾戸ニ一部其急ナルモノハ二十五戸ニ一部緩ナルモノハ觸出地ゴトニ一部ノ割合ヲ以テ」法令の謄本を使用する。そのため受持地を「五十戸ツヽ適宜ニ組ヲ分チ」「其急ナルモノハ五拾戸組ヲ折半シテ二十五戸毎ニ一通ツヽ順達」させた。更に順達所要時間についても「一戸讀了ノ時間凡三十分間ト定メ若シ延滞スルモノアラハ厳ニ督責シ尚後来ヲ戒メ置クヘシ」と定められた。また順達されてきた法令の謄写を希望する戸がある場合には「三十分間以内ニ辨スルハ不苦若規則類等ニテ即時難寫取モノハ他日觸出シ地カ又ハ區務所ニ就テ寫取ラスヘシ」とされた。以上の他にも回達要領が詳細に規定されていた。

このように回達方法が刷新されたことに伴い、明治九年三月三〇日各大区総代が布告張出場所の削減を府庁に伺い出た[3]。当時布告張出場所は二八八ヶ所にのぼり、その多くは老朽化が進んでいた。そこで在来のものは取り壊し八〇ヶ所に削減し小区区費で新築したいという内容であった。回達方法の刷新により掲示への依存度が相対的に減少したためである。府庁はこれを許可する旨指令した。

［二］新聞社による法令の増刷

上述の新回達制度の実施には、回達所要部数の増刷が必要であった。東京府は明治九年三月二二日東京府第五四号達(4)により各区長が東京日々新聞の日報社にこの増刷を委託することを許可した。増刷委託に関し日報社が提出した約定書である「證」(5)によれば、布告布達の原書が午後3時までに下付されれば翌日正午までに増刷分を納品すること、但し紙員五枚以上の大部にわたる法令の場合は多少余分に時間を必要とすること、増刷一部あたりの対価を一厘三毛五絲とすることが取り決められた。そして前述の新回達制度の実施に必要な増刷部数を日報社へ発注することとなった。

法令伝達には迅速性が必要である故に、このような民間委託による法令の増刷は迅速な印刷が可能な民間業者が各府県管下に所在することが大前提となる。このような大きな制約があるため、実施できる府県は極く限られていた。特に新聞社へ委託する例は稀であった。

ところで、新聞諸紙と中央政府の関わりは古い。新聞による情報の迅速な伝播力を中央政府は積極的に利用した。すなわち、明治五年三月二七日大蔵省第四七により(6)中央政府は、「新聞雑誌」「日報社新聞（東京日々新聞）」「横浜毎日新聞」の三紙を内外の「智識進歩ノ一端」とするために、毎日又は二日毎に各府県に配付した。さらに「日新真事誌」も加えられた(7)。その後この新聞配付事業を大蔵省から移管された内務省は、明治七年三月二三日内務省丙第十一号達(8)により新聞の買い上げ配付をやめ、その対価を各府県に支給することとした。しかし同年一一月一二日には内務省乙第六七号達(9)により東京日々新聞一紙のみを買い上げ各府県への配付が再開された。これはその直前の一〇月二四日に同紙が太政官記事印行御用を許可され[10]、いわゆる御用新聞となったことによる。しかし翌八年五月一七日内務省乙第六二号達[11]により再び新聞費の支給に改められた。

一方、年代は前後するが、明治六年に日報社は大蔵省の布達書類の増刷を請け負うことになり、明治六年二月二四日大蔵省第二二号[12]により各府県へ大蔵布達書類の謄本十部の頒布と、それ以上の部数が必要な府県は民費を以て日報社に直接注文すべきことが示達された。さらに翌三月三日、日報社は中央政府及び東京府の法令に傍訓を付し印刷の上販売したい旨を願い出て許可された[13]。このように新聞諸紙のなかでも特に日報社との関係が強かった。また上述の中央政府による増刷委託が、東京府による委託の淵源であろう。

[三]　朱引外地域の追従

東京府の区制において朱引外各大区という名称は明治四年八月に一旦廃止された。しかしその後、小菅県をはじめとする隣接諸県から管轄地の移管を受け区画改正の必要が生じた。そのため明治六年三月には朱引内六大区七五小区、朱引外五大区三三小区への改正が行われ、この区制は明治一一年の郡区町村編制法発令まで存続した。かような区制のもと、上記の新回達制度は朱引内地域に限定して行われたことは前述の通りである。

しかしながら朱引外各区においてもこの新回達制度の導入が望まれた。そこで明治九年四月二五日朱引外大区区長より「朱引外区長ヨリ布告配達ノ義朱引内同様極行度」[14]旨の伺が提出された。その中で、朱引外各小区の掲示場および小区役所にあたる扱所で必要な法令謄本の部数、朱引内と同じ要領で回達する際に必要な謄本部数、および触出受持人氏名等の調査結果が東京府に報告された。さらに同年五月二二日に、日報社と朱引内各区で締結されたのと同一の約定に基づき増刷委託契約を為すことを願い出た[15]。指令日は不明であるが東京府はこれを許可し、ここに朱引内地域と同様の新回達制度が実施された。

(1) 東京都公文書館蔵「第一法例類纂」巻之二第七章第三九号。
(2) 東京都公文書館蔵「第一法例類纂」巻之二第七章第四二号。
(3) 東京都公文書館蔵「明治九年区戸長ヨリ区費ニ係ル伺」第三号。
(4) 東京都公文書館蔵「第一法例類纂」巻之五七第一二章第三号。
(5) 東京都公文書館蔵「明治九年区戸長ヨリ区費ニ係ル伺」第一号。
(6) 「法令全書」第五巻ノ一（原書房覆刻版、一九七四年）五五四頁。
(7) 明治五年七月八日大蔵省番外達（「法令全書」第五巻ノ一（原書房覆刻版、一九七四年）七六一頁）。
(8) 「法令全書」第七巻ノ一（原書房覆刻版、一九七五年）五三四頁。
(9) 同右、五一一頁。
(10) 国立公文書館蔵「公文録明治七年一〇月各課局伺」第七。
(11) 「法令全書」第八巻ノ一（原書房覆刻版、一九七五年）九一五頁。
(12) 「法令全書」第六巻ノ一（原書房覆刻版、一九七四年）八三六頁。
(13) 明治六年三月三日東京府番外達「日報社於テ官省府庁布告達類翻刻頒売ノ件」（東京都公文書館蔵「第一法例類纂」巻之二第七章第三七号）。
(14) 東京都公文書館蔵「明治九年区務改正調、庶務課」第一三号。
(15) 東京都公文書館蔵「明治九年区戸長ヨリ区費ニ係ル伺」第二一号。

五　郡区町村独自方法の実施期

明治一一年七月二二日太政官第十七号布告「郡区町村編制法」[1]が発令された。これにともない、同年一一月東京府では従来の大区小区制が抜本的に改正され、朱引内十五区、朱引外六郡が置かれた。朱引内各区には区長が置かれたが、郡区町村編制法第六条に基づき町村には戸長を置かず区長が兼任した。朱引外各郡には郡長が置かれ、その中の各町村あるいは二ないし三町村毎に戸長が置かれた。これに伴い同年一一月二日東京府甲第五一号布達[2]により「区長郡長掌管ノ条件及ヒ戸長職務概目」が発令された。その中に戸長の第一の職務として「布告布達ヲ町村ニ示ス事」が規定されていた。かような区制の変革により、従来の大区小区制に立脚した回達制度にも変革の余地が生じた。そのため同年一二月二八日東京府丁四八七号達[3]が次のように示達された。

本年十一月甲第五十一号ヲ以郡區長掌管ノ條件及ヒ戸長職務概目布達候ニ付テハ明治九年第四十一号及ヒ五十五号ヲ以テ相達候布告布達配達受持ノ儀ハ癈止候儀ト可相心得此旨相達候事

これにより従来の回達制度は一旦廃止され、前述の「戸長職務概目」に従い各戸長が法令伝達を管掌することになった。すなわち従来の伝達方法を継続するか否かは戸長の裁量によるところとなった。そのことは翌一二年一一月五日東京府丙一二七号達[4]により、次のように明言された。「従来之手続ヲ変更スルト否ラサルトハ郡町村之便宜ニ任」せるので実施すべき方法を「取調更ニ本庁ノ認可ヲ請ケ其区内町村内エ報告之上実際ニ施行」すべしとされた。ただし「毎号印刷物下ヶ渡方之義ハ當分是迄之通リタルヘシ」とあることから、民間委託による増刷は継続されたものと思われる。後述の明治一三年九月一三日の内務省宛東京府伺[5]に「布告布達ノ儀是迄掲示又ハ回覧等ヲ以テ官民ニ告示シ来リ候」とあることから明らかなように、この時期の法令伝達方法も、実質的には大区小区制当時と同様に、掲示と民間委託により増刷した謄本の回達が大勢を占めていた。

（1）「法令全書」第一一巻（原書房覆刻版、一九七五年）一一頁。
（2）東京都公文書館蔵「第二法例類纂」巻之七第二二章第二号。
（3）国立公文書館蔵「太政類典」第三編第一巻第一五上。
（4）東京都公文書館蔵「第二法例類纂」巻之二第二章第一号。
（5）東京都公文書館蔵「第二法例類纂」巻之二第二章第二号附。

六　法令の新聞掲載期

［一］法令の新聞掲載

明治一三年九月十三日、東京府は新たな法令伝達方法の実施につき内務省に伺い出た[1]。

布告布達ノ儀是迄掲示又ハ回覧等ヲ以テ官民ニ告示シ来リ候処回覧之儀ハ数千部之印刷ヲ要スル迄ニテ回送ヲ受クルモ解読スル能ハサルモノ不少或ハ稽緩数日周知ノ期ヲ過キ或ハ紛乱散逸所在ヲ知ラサル等徒ニ経費ヲ要スル迄ニテ其効益

無之候間自今之ヲ改メ日々刊行スル数種ノ新聞紙ニ登載スルト郡区町村内ニアル掲示場ニ掲示セシムルトヲ以テ布告式ト相定度如斯改正スルトキハ回覧ニ係ル一切ノ経費ヲ省キ新聞紙ヲ閲覧シ得ルモノハ之ヲ閲シテ速知ノ便益ヲ得其之ヲ閲シ得サルモノモ掲示場ニ就キ知了スルヲ得ル儀ニ有之然ルニ布告布達ヲ新聞紙ニ記スルヲ以テ一ヶノ公布式トスルハ未タ其例規無之儀ニ付一應此旨相伺候至急何分之御指揮有之度候也

明治十三年九月十三日　　東京府知事　松田道之

内務卿　松方正義殿

この伺によれば、新聞社への委託増刷による掲示及び回達という伝達の統一的実施が、明治一一年東京府丁第四八七号達により廃止された以降も、実質的には同様の掲示及び回達が実施されていたことがわかる。しかし一方で増刷に多大の費用を要し、他方で文字を理解し得ない人々が少なからずいたこと及び回達が途中でしばしば停滞してしまったため、増刷による回達は経費の割に実効性の少ない方法であったこともわかる。

そこで東京府は、新聞の持つ迅速な情報伝達力に注目した。東京府の発案によれば、新聞中にいわば東京府公報欄の如き一欄を設けさせ、府が発令した法令を掲載させる。同時に郡区町村内の掲示場にも法令を掲示しようというものであった。こうすれば新聞購読者は紙上で東京府の法令等を知ることができ、非購読者も掲示を見ることで、新しい法令を知ることができることになる。さらに従来各区が負担していた回達のための増刷等の諸費用が節約でき、新聞社の利益にもかなうものであった。新聞紙中にかような公報欄を設ければ市場拡大が見込まれたためである。後述のごとく、明治一四年以降各新聞社が相次いでかような公報欄の創設を願い出た事実からも、新聞社側がこの東京府の案を歓迎していたことは明かである。

この東京府の伺に対し、明治一三年九月二九日内務省は「書面伺之趣聞届候事、但登載スル新聞紙ノ種類ヲ定メ豫メ管下ヘ相達置ヘキ事」[2]と指令した。当時は、新聞による情報の伝播速度は中央政府による法令の伝達速度をはるかに上回っており、中央政府は両者の伝達速度の懸隔を次のように憂慮していた。[3]

今日ニ方テ夫ノ布告到達期限ト新聞紙雑誌雑報等ニ就キ人民ガ實際ニ布告布達ヲ聞知スルノ日トハ大ニ懸隔アリ其弊タルヤ事實法律ヲ知リタルノ日ト法律上ニ於テ知リタル日トノ中間ニ於テ動モスレバ法ノ際ニ立チ其検束ヲ遁レ以テ法律ノ力ヲ薄フス

すなわち、新聞により事実上新しい法令を知り得る時点の方が、正規の法令伝達方法により公式に伝達され施行される時点より早いため、その懸隔がしばしば悪用されたのである。このことが中央政府による官報創刊のひとつの理由であった。

さて、前述の明治一三年九月二九日内務省指令を承けて東京府は、同年一〇月八日に東京日々新聞社と読売新聞社に次のように示達した。[4]

當府ニ於テ公布スル布告布達来ル十一月十五日ヨリ其社新聞紙ニ掲載申付候条左ノ通リ相心得掲載スヘシ此旨相達候事

一新聞紙中ニ東京府公布ノ一欄ヲ設ケ官省使ノ布告布達及本府ノ布達ヲ記入スヘシ

一記入ノ順次ハ官省使府ノ列次ニ依ルヲ例トスト雖トモ其原本ヲ得ルノ遅速ニ依リテハ必シモ之ニ拘ルヲ得ス

一記入日ハ官省使ニアリテハ原本ヲ付シタル翌日本庁ニアリテハ原本ニ記シタル日ヲ以テ記入スヘシ但シ官省使ヨリ直ニ其原本ヲ得タルトキハ本庁ヨリ之ヲ付セサル以前ト雖トモ記入スルヲ得

一布告布達ノ数十條アリテ一日ニ記入シ得サルモノハ数日分記スルヲ得ルト雖モ一週日ヲ踰ルヲ得ス

但シ官省使ノ布告布達ニシテ巻冊ヲナシタルモノノ類ハ臨時本庁ノ指揮ヲ俟テ記入スヘシ

明治十三年十月八日　東京府知事　松田道之

さらに同年一〇月一一日に東京府は府下人民に宛てて甲第一一九号布達を以下の如く発令した。(5)

布告布達ヲ管内ニ示ス従前ノ手続ヲ廃シ更ニ区町村掲示ト新聞紙掲載トヲ以テ公布式ト相定メ来ル十一月十五日ヨリ施行候條此旨相達候事

但区町村内掲示ノ箇所ハ其区戸長ニヨリ公告スヘク新聞紙ハ東京日々新聞読売新聞ノ二種中ニ各東京府公布ノ一欄ヲ設ク

ここに新聞紙掲載による法令伝達が開始された。さて、東京日々新聞および読売新聞に設けられた東京府公布欄は、明治一四年一月四日東京府甲第一号布達により官令欄と改称された。(6)それ以後、東京府は各新聞に官令欄の創設を相次いで許可した。すなわち同年九月一五日東京府甲第一三九号布達(7)により朝野新聞・曙新聞・明治日報の三紙に、同年一〇月四日東京府甲第一四四号布達(8)により郵便報知新聞に、明治一五年四月八日東京府甲第三六号布達(9)により時事新報に、同年六月二八日東京府第七八号布達(10)により自由新聞にそれぞれ創設された。なお、東京警視本署も東京府に呼応して新聞掲載と区町村内掲示よる伝達の採用を決定し、東京府と同じ一一月一五日から施行した。但しこちらは初めから東京日々・朝野・郵便報知・読売・東京絵入・いろはの六紙に公布欄を設けた。(11)

他方、掲示の実施は次のように展開した。明治一三年一〇月八日、すなわち新聞紙掲載による法令伝達が示達されたのと同日、東京府は乙第三八号達(12)を発令し、法令謄本の掲示に伴う具体的な執務要領を示達した。

本年當庁甲第百拾九号ヲ以布告布達公布式相定候ニ付テハ右配賦ノ部数其他取扱方左之通可相心得此旨相達候事

一布告布達ハ左ノ数ヲ以配賦ス

布告布達

郡区役所　各二部

各区掲示　各五部
特別ノ告知ヲ要スル者ハ各三部ヲ増ス
戸長役場　各壹部
町村掲示　各二部
特別ノ告知ヲ要スル者ハ各壹部ヲ増ス
本府乙号達ニシテ郡区役所戸長役場ヲ前行ニ書シタルモノ
郡区役所　各二部
戸長役場　各壹部
浦役場ヲ併セ記スルモ猶本文ノ数ニ仍ル其学務委員若クハ衛生委員ヲ併セ記スルトキハ本文ノ数ニ壹部ヲ加フ
同上郡区役所而己ヲ前行ニ書シタルモノハ一役所二部戸長役場而己ヲ書シタルモノハ一役場壹部学務委員若クハ衛生委員而己ヲ書シタルモノハ猶其区役所戸長役場ニ各壹部浦役場ノミヲ書シタルモノハ其役場ノ数ニ従テ配賦ス
一掲示ノ箇所ハ地方税ヲ以テ建設シタルモノ丶外ハ別ニ之ヲ定メ併テ各区町村内ニ公告スヘシ
一布告布達ノ中周知日限（法律ニ定マル所ノ日限）ヲ俟ツヲ得サル至急ヲ要スル事件若クハ特ニ告示ヲ要スル事件ハ其時々本庁之ヲ指示スルニ仍リ掲示ノ外其事件ニ関係アルモノニ限リ特ニ告示スヘシ（其方法例ヘハ営業ニ関スル布告布達ニシテ関係ノモノ数人ニ止ルトキハ指名シテ之ニ達シ若シ数十人ニ亘ルトキハ其頭取締若クハ行事肝煎等アルモノハ之ニ達シテ同業者ニ通知セシメ頭取締若クハ行事肝煎等ナキモノハ其区町村内幾部ニモ之ヲ分チ時限配達等ノ手続ヲ行フヘシ）

一各区町村ニ於テ猶普及ヲ要スルカ為メ更ニ印刷シテ各戸ニ回達シ又ハ掲示場ヲ増設シテ掲示スル等便宜方法ヲ設クルハ勝手タルヘキ儀ニテ第百拾九号布達ノ関スル所ニアラス

明治十三年十月十一日　東京府知事　松田道之

すなわち、府内郡区役所および各戸長役場への布告・布達の配布部数と、区町村の掲示部数が決定され、掲示は布告布達についてのみ行われることとなった。布告布達は人民一般に周知させることが必要であったが、達は官員限りに示達すべきものなので掲示の対象外とされた。また「掲示ノ箇所ハ地方税ヲ以テ建設シタルモノヽ外ハ別ニ之ヲ定メ併テ各区町村内ニ公告スヘシ」と命じられた。「地方税ヲ以テ建設シタルモノ」とあるのは、明治一一年七月二二日太政官第十九号布告[13]により民費が地方税と改称されたことに伴い、従前に民費を以て建設された八十箇所の掲示場をそのように称したものである。従って乙第三八号達は、従前の掲示場の他に適宜掲示場を設けて、各町村内にその場所を知らしめることを命じたのである。すなわち、当時は朱引内十五区と朱引外六郡が置かれており、前述の達によればそれら郡区内の各町村に二部ずつ掲示されたことになる。前述の八十箇所の掲示場以外に掲示箇所が一挙に増加したことがわかる。

ところで、郡区内の各町村へ掲示のために配布される法令謄本はどのように作成されたのであろうか。従前の如く特定の新聞社に委託したのであろうか。それを示す史料は管見の限り見あたらない。

［二］郡区町村独自方法の併存

以上のように、新聞掲載と区町村内掲示の併用という新たな法令伝達制度が実施されることになった。その具体的実施方法を示達した前述の明治一三年東京府乙第三八号達は、その末尾において「一各区町村ニ於テ猶普及ヲ要スルカ為メ更ニ印刷シテ各戸ニ回達シ又ハ掲示場ヲ増設シテ掲示スル等便宜方法ヲ設クルハ勝手タルヘキ儀ニテ第百拾九号布達ノ関スル所ニアラス」とも規定していた(14)。すなわち、各郡区内で便宜的に用いている法令等の伝達方法があれば、それの併存も認めたのである。本章「五郡区町村独自方法の実施期」において述べたように、東京府内の各所において伝統的に実施されてきた伝達方法は、回達と掲示であった。このうち掲示については、この東京府乙三八号達により町村内掲示に法的根拠が与えられたが、同達はさらにそれ以外の場所にも適宜に掲示場を増設することを認めたという意味に解するべきであろう。また回達も便宜的方法として存続が認められたことになる。また、回達および掲示には、明治九年三月二二日東京府第五四号達以来、民間委託による増刷が利用されてきたのであるから、この民間委託による増刷も否定されたわけではなく、各郡区の裁量で継続し得たと解すべきであろう。

(1)　東京都公文書館蔵「第二法令類纂」巻之二第二章第二号。
(2)　同右。
(3)　明治一三年三月二二日大隈重信参議上申「法令公布ノ日誌ヲ創定スルノ議」(「法令公布ノ日誌ヲ創定スルノ事」(国立公文書館蔵「諸雑公文書」))。尚、「法令公布日誌」の詳細に関しては第二編を参照されたい。
(4)　東京府戊第97号達(東京日々新聞社宛)同戊第九八号(読売新聞社宛)(東京都公文書館蔵「第二法令類纂巻　之二第二章第二号附」)。
(5)　東京都公文書館蔵「第二法令類纂」巻之二第二章本府第二号。
(6)　東京都公文書館蔵「第二法令類纂」巻之二第二章第四号。

（7）東京都公文書館蔵「第二法令類纂」巻之二第二章第五号。
（8）東京都公文書館蔵「第二法令類纂」巻之二第二章第六号。
（9）東京都公文書館蔵「第二法令類纂」巻之二第二章第八号。
（10）東京都公文書館蔵「第二法令類纂」巻之二第二章第九号。
（11）国立国会図書館蔵「自明治十三年一月至同一二月東京警視本署布達全書」（明治一四年二月出版）。
（12）東京都公文書館蔵「第二法令類纂」巻之二第二章第三号。
（13）「法令全書」第一一巻（原書房覆刻版、一九七五年）十六頁。
（14）東京都公文書館蔵「第二法令類纂」巻之二第二章第三号。

七　官報と掲示の併用期

［一］官報の創刊

明治一六年五月十日太政官第二二号達[1]により、「官報発行条件」が示達された。これに基づき同年七月二日より官報[2]が発行されることになった。「官報発行条件」によればその概要は以下の如きものであった。すなわち、太政官中に文書局を置き、官報の編輯事務を担当させる。詔勅・叙任・布告布達、公示を妨げない官省院庁東京府の達、及び官省院庁東京府の告示、さらに官庁広告・外報等を掲載する。販売は駅逓局が担当する。そして院省庁府県・裁判所・参謀本部等の軍部諸機関・官立学校・上長官以上の武官・奏任官以上の文官・郡区長に官報購読義務が課せられた。

そして同日すなわち明治一六年五月十日太政官第二三号達[3]により、法令を官報に掲載することの法効果が規定された。

今般官報發行候ニ付従前官省院廳ノ達竝告示ノ儀ハ官報ニ登載スルヲ以テ公式トシ別ニ達書又ハ告示書ヲ發付スルニ不及候

但内達ノ類ハ従前ノ通可相心得此旨相達候事

これによれば、官報掲載を正式な法令伝達手段としてそれ以外の伝達方法が不要とされたのは達・告示のみであった。従って布告・布達は官報に掲載されるが、それはいわば便宜的掲載であり、それとは別に従来の伝達方法の併用が必要とされた。すなわち中央政府による布告・布達の謄本頒布、府県による増刷および人民への周知という一連の方法が存続したのである。

それでは官報に掲載された諸法令の施行期限はどのように定められたのであろうか。前述の明治一六年五月十日太政官第二二号達「官報發行條件」は、施行期限を規定していなかった。そこで同年五月二六日太政官第十七号布告[4]が、布告・布達の施行期限を次のように規定した。

布告布達ノ施行期限左ノ通制定ス

第一條　布告布達ハ各府縣廳到達日數ノ後七日ヲ以テ施行ノ期限トナス但到達日數ハ布達ヲ以テ之ヲ定ム

天災事變ニ因リ到達日數内ニ到達セサルトキハ其到達ノ翌日ヨリ起算ス《後略》

第二條　布告布達ノ特ニ急施ヲ要シ即日ヨリ施行セシムル者及特ニ施行ノ日ヲ掲ケタル者ハ總テ前條ノ例ニ在ラス

すなわち原則として、中央政府から逓送された布告・布達は、各府県への到達所要日数を経過した後七日目から施行された。また施行日に関し特段の定めのある場合はそれに従うこととされた。そして到達所要日数は同日太政官第十四号布達[5]により定められた。それは本章三［一］で述べた明治六年六月一四日太政官第二一三号の規定する法定到達日数を、交通手段の発展に伴い概ね半分に短縮したものであった。

前述の如く、布告・布達は便宜的に官報に登載されたに過ぎず、その登載を以て正式な伝達手段とされたわけではない。従ってそれらの施行は、従来から行われていた如く布告・布達の謄本が中央政府より逓送され、各府県への法定到達日数経過後七日目からということであった。人民間の権利義務の変動をもたらす内容が含まれる故に、周知の徹底がはかられたためであろう。他方、達・告示の施行期限は明示されなかった。その理由は、後述[6]のごとく、官報に掲載することで、達に関しては名宛人となる官吏に、告示に関しては人民に、それぞれの内容を知り得る可能性を供与すれば足りると考えたためであろう。

［二］　法令形式

上述の如く達・告示は官報掲載を正規の法令伝達手段とし、布告・布達は便宜上掲載されたに過ぎない。そこで布告・布達・達・告示という四種類の法令形式の意味が次に問題となる。本章二注（1）で述べたように、明治六年七月一八日太政官第二五四号は、太政官が発令する法令のうち一般人民に宛てたものを布告、各省庁官員に宛てたものを達とした。また同年八月二八日太政官達は、各省使が発令した法令のうち一般に宛てたものを布達、各省庁官員に宛てたものを達としていた。しかしかような法令形式の種別は、明治一四年一二月三日太政官第一〇一号達[7]により変更された。

本年十一月第九拾四號ヲ以テ諸省事務章程通則相達候ニ付テハ法律規則ハ布告ヲ以テ發行シ従前諸省限リ布達セル條規ノ類ハ自今總テ太政官ヨリ布達ヲ以テ發行候條此旨相達候事

但太政官及ヒ諸省ヨリ一時公布スルニ止ルモノハ告示ヲ以テ發行シ諸省卿ヨリ府縣長官ヘ達ノ儀ハ従前ノ通リ

同年太政官第九四号達[8]「諸省事務章程通則」第三・四条により各省所管事務に関する法律規則の制定改廃に際しては上奏裁可が必要となり、各省卿が副書の上執行の責に任ぜられることとなった。そのため従来各省が所管事務に関し自らが発令機関となって発令していた布達は、各省卿が副書の上太政官が発令することになったのである。

従って官報創刊当時、それに掲載された法令は、太政官が人民一般に向け発令した布告、太政官が各省庁所管事務に関し人民一般に向け発令した布達、太政官をはじめとする各中央官庁及び東京府の発令する達のうち公示に親しむもの、及び中央官庁と東京府の発令する告示であった。

〔三〕東京府法令の官報掲載

上述のごとく、明治一六年五月十日太政官第二二号達により東京府が発令する達・告示は官報に掲載されることとなった。これによって東京府の法令伝達は官報掲載という新しい局面を迎えることになった。東京府は、明治一六年五月一七日東京府丙第六八号達[9]により、官報が創刊され、東京府の達・告示もそれに掲載されることを、郡区役所・戸長役場・および島嶼部諸機関に示達した。そこで以下では東京府法令の官報掲載の法効果及び他の伝達手段との関係について検討する。

（1）新聞掲載の終了

官版である官報に法令を掲載することになれば、従来東京府が実施していた各新聞への法令の掲載はその必要性を失うこととなる。そこで明治一六年六月二七日東京府第七一八号達[10]により東京府は日報社に対して新聞への東京府法令の掲載を終了する旨を示達した。

其社新聞紙ニ当庁ノ公布掲載セシメ候処本月三十日限リ相解候條此旨相達候事

同様の内容を日就社・朝野新聞社・忠愛社・報知社・忠愛社・報知社・自由新聞社・慶應義塾出板会の各社に対しても示達した。ここに法令を新聞紙に掲載することで伝達するという東京府の独創的な伝達制度は終わりを告げた。

（2）官報掲載を正式な伝達方法と法定

法令の新聞掲載の終了を各新聞社に示達した翌日、すなわち明治一六年六月二八日、東京府は甲第三四号達[11]により管下へ新しい布告布達告示公布式を示達した。

甲第三十四号

布告布達告示ハ區町村掲示ト新聞紙掲載トヲ以テ管内ニ公布セシ處本年七月一日ヨリ布告布達ハ官報ニ登載シ區町村ニ掲示シ告示ハ官報ニ登載スルヲ以テ管内公布式ト改定ス

右布達候事　十六年六月廿八日

これによれば、従来は区町村内での掲示と新聞掲載により法令伝達を行っていたが、今後は、布告布達は官報登載と区町村内での掲示、告示は官報登載によることとされた[12]。

この甲第三四号達では、本文中の「布達」「告示」が中央政府の布達・告示を指すのか、東京府発令のものも含まれるのかが明らかでない。また達の伝達方法も不明である。そこでこれらの諸点を検討しておく必要があろう。

布達・告示

明治一六年五月十日太政官第二二号達は官報に掲載する達・告示には東京府の発令するものも含まれる旨を明記している。東京府甲第34号達は官報に掲載された諸法令の伝達方を規定しているのであるから、同達に言う告示には東京府告示が含まれると解すべきであろう。

一方、明治一六年太政官第二二号達は言及していなかったが、東京府布達も官報に掲載されたことは、次の史料(13)から明かである。

東京府ヨリ太政官書記官へ照會

當廳ニ於テ發行スル布達及達ハ官報ニ登載候ニ付別ニ該書ヲ送付セサル事ニ致度此段及御照會候也

十六年七月三日

これは、従来東京府は布達・達の発令の際に謄本を作成し太政官に提出していたが、官報が創刊され同府の布達・達も官報に掲載されるため、今後は謄本の作成提出を行わないで良いか否かを太政官に照会したものである。この史料から、明治一六年太政官第二二号達は言及していなかったが、東京府布達も官報に掲載されていたことが明かとなる。前述のように東京府甲第三四号達は官報に掲載された諸法令の伝達方を規定しているのであるから、官報に掲載された以上、甲第三四号布達本文に言う「布達」に東京府布達も含まれると解すべきである。

以上のことから、東京府甲第三四号布達及び同甲第五十号布達により、中央政府の布告・布達・告示、及び東京府の布達・告示は、東京府管下では官報掲載と区町村掲示を正式な伝達手段とされたことが明かである。

達

前述の明治一六年六月二八日東京府甲第三四号布達は、官報に掲載された達を東京府がどのように扱うかについては規定していなかった。そこで達の取り扱い方は同年七月四日東京府丙第九七号達[14]により明らかにされた。

本庁達ハ自今官報ニ登載スルト其役所役場ニ配布スルトヲ以テ公式ト改定候條此旨相達候事

但内達ノ類ハ従前之通リ

これによれば、東京府が発令する達は官報掲載と役場への配布を以て正式な伝達手段とされた。ここで言う「其役所役場」とは、この第九七号達の宛先とされた郡区役所・戸長役場・小笠原出張所・伊豆七島役所・伊豆七島村役場・浦役場等を指した。ここで注意すべきことは、この丙第九七号達は中央政府の達の取り扱いには言及していないことである。思うに達は各省庁府県の諸機関及び官員限りに示達するものであるから、名宛人である諸機関及び官員が官報を購読すれば足りると考えたためであろうか。一方東京府の発令する達の場合は、東京府が発令機関であるため、府独自の伝達系統を用意すべきとの判断から役場への配布を行い、中央政府の達との間に格差を設けたのであろう。

以上の内容をまとめると、法令形式別の東京府における伝達方法の差異は別表一のようになる。

（1）「法令全書」第一六巻ノ一（原書房覆刻版、一九七六年）三一六頁。
（2）官報創刊の経緯に関しては本書第四章を参照されたい。
（3）「法令全書」第一六巻ノ一（原書房覆刻版、一九七六年）三一九頁。
（4）同右、二七頁。

（5）同右、一二四頁。
（6）本章八［一］参照。
（7）『法令全書』第一四巻（原書房一九七六年）三四〇頁。
（8）同右、三三八頁。
（9）東京都公文書館蔵「第三法令類纂」巻之二第三章本府達第一号。
（10）東京都公文書館蔵「第三法令類纂」巻之二第二章布告達本府達第五号。
（11）国立公文書館蔵「公文類聚」第七編第一巻第一〇。
（12）告示についても同年九月四日東京府甲第五〇号達（国立公文書館蔵「公文類聚」第七第一巻第一〇）により「官報ニ登載シ区町村ニ掲示スルヲ以テ管内公布式」と定められ、布告布達との格差が解消された。
（13）国立公文書館蔵「公文類聚」第七編第一巻第一五。
（14）東京都公文書館蔵「第三法令類纂」巻之二第二章本府達第六号。

八　官報掲載のみによる伝達期

［一］中央政府による布告・布達伝達方法の変更

前述の如く、中央政府は達・告示に限り官報掲載を正式な法令伝達手段と位置づけていた。それは、第一に、達は各省庁の諸機関及び官員に対する事務処理上の指示事項の示達を内容とする故に、該当する諸機関及び官員が知り得れば良い。そのために明治一六年太政官第二二号達により、中央および地方の諸機関のうち必要な範囲に対して官報購読義務を課した。これにより中央政府および府県の諸機関への伝達は充分に行いうると考えたためであろう。第二に、告示は一般人民に対し発令されるものであるが「太政官及ヒ諸省ヨリ一時公布スルニ止ルモノ」[1]であった。具体的には、各種免許証や金禄公債証書の盗難・紛失及び発見に関する公告あるいは特定の裁判所における具体的事件に関する手続公告等であった。それらは一時的内容であり人民一般の権利義務に変動をもたらすものではない故に、官報に掲載することで人民が知り得る可能性を供与するのみでよく、それ以上の周知手続きを策定する必要はないと考えらたためであろう。

一方、布告・布達は人民一般に対して発せられ、その内容は人民の権利義務の変動に及ぶものが少なくなかった。それ故周知徹底が必要とされた。官報購読義務者以外の人々がどの程度官報を購読するかはわからないし、全人民が残らず官報を購読するなどということは到底期待できない。それ故、中央政府による布告・布達の謄本頒布、府県による増刷および各地で行われていた人民への周知方法へなお依存しなければならなかった。明治一六年太政官第二二号達が、官報登載を布告・布達の公式伝達方法と位置づけなかったのはこのためであろう。

しかし、約二年半後、上記の法令伝達の基本方針は変更されるに至った。すなわち明治一八年一二月二八日内閣第二三号布達[2]は「布告布達ノ儀自今官報ニ登載スルヲ以テ公式トシ別ニ配布セス」として、布告・布達も官報登載のみを公式の伝達方法とすることを命じた。明治一六年七月二日の官報創刊以来、その発行部数は増加傾向にあり、明治一八年末には「目下官報ノ儀ハ追々改良ヲ加ヘ益々其普及方法ヲ計畫致居候折柄近時其發行部數著シク増加[3]」するに至った。そして翌一九年にはさらに飛躍的に発行部数が増大した[4]。このように顕著な官報の普及を背景に、政府は人民への周知方法を官報のみに一本化することを決断したのである。この変更により、官報に登載することでその閲読の可能性を人民に供与することのみにより人民周知が擬制された。官報の普及により人民一般の閲読機会が大幅に増大したことがかような決断の主たる根拠であろう。

〔二〕東京府による布告・布達伝達方法の変更

中央政府における上記のような伝達方法の一本化を承けて、東京府も自らの発令する法令の伝達方法を官報登載に一本化した。すなわち明治一九年一月四日東京府甲第一号布達[5]により「東京府布達告示ハ官報ニ登載スルヲ以テ公布式ト」することを命じた。これにより従来官報登載と併用された区町村への掲示が廃止された。また同日東京府丙第四号達[6]により、「本府ノ達ハ官報ニ登載シ別ニ配布」しないことを示達した。これにより従来官報登載と併用された東京府達の各役場への配布が廃止された。しかしこれだけでは、前出の別表一の内、太政官の布告・布達および中央政府の告示については従来通り官報登載と区町村掲示を併用しなければならないことになる。そこで改めて明治一九年一月九日東京府甲第七号布達[7]により「布告布達告示自今官報ヲ以テ之ヲ示シ区町村ニ掲示セス」と示達し、太政官布告・中央政府および東京府の布達・告示の区町村掲示を廃止することを明かにした。

このような官報登載のみによる法令伝達の実効性を高めるためには、人民の官報閲覧の機会を拡大供与することが有効である。そこで東京府甲第八号布達[8]により「本年東京府甲第一号同甲第七号布達ニ付テハ官報ハ郡区役所戸長役場ニ備置ク」ことを命じ、人民の閲覧の便宜をはかった。

前述の明治一八年内閣第二三号布達は、中央政府から各府県に向けた布告・布達の謄本頒布を取りやめ、官報のみにより伝達する旨を明らかにしたものである。それは各府県が法令の周知のために独自の伝達方法を実施することを否定するものではなかった。それは次に示す明治一九年一月一二日東京府宛内務省通牒[9]から明かである。

昨年第二十三号布達ノ義ハ自今御庁へ布告布達ノ配布ヲ被廃候マテニテ従前地方限リ施行スル一般人民周知ノ手続ニハ関係無之候條為御心得此段及御通牒候也

十九年一月十二日　総務局長　内務大輔　芳川顕正

東京府知事　渡辺洪基殿

従ってこの史料を基に考えると、東京府が法令伝達方法を官報へ一本化する試みは、中央政府の命令により強制されたものではなく、東京府が、官報の急速な普及を目の当たりにして独自に決断し実行したものであることがわかる。

〔三〕公文式施行後の変化

明治一九年二月二四日勅令第一号[10]を以て公文式が発令された。これにより法律・勅令・閣令・省令という新たな法令形式が定められた。またその第十条では次のように官報掲載法令の施行期限が定められた。

第十条　凡ソ法律命令ハ官報ヲ以テ布告シ官報各府縣廳到達日數ノ後七日ヲ以テ施行ノ期限トナス但官報到達日數ハ明治十六年五月二十六日第十四號布達ニ依ル

これによれば、官報は駅逓局から各府県に発送され、当該官報掲載の諸法令は到達所要日数経過後七日目から施行されることが明かとなった。なお官報の各府県への到達日数は、明治一六年太政官第十四号布達により定められた法令の法定到達日数が適用された。以上のことから明らかなように、新たな法令形式による諸法令の施行期限は、明治一六年五月二六日太政官第十七号布告および同日太政官第十四号布達が定めた布告・布達の施行期限を踏襲したものである。

このように、公文式が定めた新たな法令形式の諸法令も従前の布告・布達等と同様に官報のみにより伝達されることが明かとなった。また官報に掲載されたそれら新法令の施行期限も明確に定められた。それに伴い各府県が管内でそれら新法令を如何に伝達するかについて、内務省は明治一九年四月一日東京府知事宛訓令第一〇五号により次のように命じた。(11)

本年二月勅令第一号ヲ以公文式発布ニ付テハ嗣後法律命令等一般人民周知之儀ハ同令第十條ニ依リ官報ニテ布告スルヲ以テ地方庁ニ於テ更ニ人民周知ノ手続ヲ為スニ及ハス

但地方ノ便宜ニ依リ為念掲示等ノ取扱ヲ為スハ妨ケナシト雖モ一般周知期限ニハ関係セザルモノトス

明治十九年四月一日　内務大臣伯爵山縣有朋

東京府知事高崎五六殿

これによれば、新たな法令形式の諸法令も布告・布達等と同様に官報により伝達するので各府県が管内への伝達のために特に方法を講じる必要はないとされた。ただし、各地方が便宜的に何らかの伝達方法を独自に行うことは妨げないが、その場合も便宜的方法の実施を理由に施行期限を遅らせることはできないとされた。これ以降、東京府が独自の伝達方法を策定することはなかった。

（1）　明治一四年一二月三日太政官第一〇一号達（「法令全書第一四巻」（原書房一九七六年）三四〇頁）。

（2）「法令全書」第一八巻ノ一（原書房覆刻版、一九七七年）五〇頁。
（3）国立公文書館蔵「明治十八年公文録内閣一二月」一五「法令全書ヲ官報附録トシテ配付ノ件」。
（4）国立公文書館蔵「自明治十九年内閣官報局年報」。
（5）東京都公文書館蔵「第四法令類纂」巻之一第五章第一一号。
（6）同右、巻之一第五章第一二号。
（7）同右、巻之一第五章第一三号。
（8）同右、巻之一第五章第一四号。
（9）同右、巻之一第五章第一号。
（10）「法令全書」第一九巻ノ一（原書房覆刻版、一九七七年）勅令一頁。
（11）明治一九年四月一日内務省訓令第一〇五号（東京都公文書館蔵「第四法令類纂」巻之一第五章第五号）。

九　おわりに

中央政府は、明治六年二月二四日太政官第六八号布告以来、中央法令の伝達方法を全国統一的に策定すべく努める一方、各地域が便宜的に行ってきた伝達方法を併存させることを一貫して容認してきた。官報創刊後も前述の明治一九年内務省訓令第一〇五号によりその姿勢は貫かれた。かような中央政府の方針の下、東京府も独自の便宜的伝達方法を策定し実施してきた。それらは、各府県で一般的に行われている回達や頒布以外に、各種触頭制度、新聞社への委託による法令増刷、法令の新聞紙上への掲載、官報による伝達と、極めて独自性の強いものであった。

ところで、人民への法令伝達は第一義的には各府県が担当していた。従来それは印刷頒布や回達などの方法を用いて人民皆知を目標に進められた。しかし、東京府では、法令の新聞掲載という伝達方法を採用した段階で、法令伝達の基本方針に変化が生じたと考えるべきであろう。すなわち人民皆知という方針から、知りうる機会の供与と周知の擬制という方針へと徐々に移行し始めたことを意味する。かような新方針は、その後法令伝達方法を官報のみに一本化することで加速された。

しかし新聞掲載という新法令伝達方式の採用を内務省に伺い出た前述の明治一三年九月一三日の東京府伺を見る限り、東京府はかような新伝達方法の採用が、法令伝達の基本方針を人民皆知から単に知りうる機会の供与という方向に移行せしめる契機となるということをほとんど認識していなかったようである。むしろ経費および方法の合理化という側面にのみ意識が向いていた。その理由は、第一に従来より掲示という法令伝達方法を実施してきたことが挙げられよう。すなわち明治維新当初より広く行われていた掲示という法令伝達方法は、知りうる機会の供与に他ならない。その意味では新聞掲載という新制度の採用は、従来に比して異質な法令伝達方法というより、従来より存在した知りうる機会の供与への依存度が量的に増大しただけのものと意識されていたのであろう。第二に従来行われてきた回達の実効性の低さが考えられる。すなわち前述の東京府伺にもある通り、当時の文字を読めない人々の対人口比を考えると、皆戸回達を行っても周知とはほど遠い効果しか実際には確保できなかった。そうであるとすれば、法令を知り得る機会と能力を有する人々のみが知り、他者には知りうる機会を供与するのみでも、現実に回達がもたらす周知効果と実質的にはほとんど変わらなかったのではなかろうか。

ところで、明治六年六月一四日太政官第二一三号布告(1)による同布告は、各府県へ逓送された法令の到達所要日数を定め、当該到達日数と同年太政官第六八号布告が定める三十日間の掲示期間の経過を以て、法令を「知リ得タル事ト看做」すと規定した。しかし第三章で明らかにされるように、これは単に知りうる可能性を供与したのみで一定期間が経過したことをもって周知を擬制するというものではなく、三十日間という期間を地方官による周知努力期間と位置づけ種々の周知方法の実践を要請し且つ期間経過後も知りうる機会の供与を求めるものであった。地方官においてかような周知努力の重要性は実に官報創刊に至るまで意識せられていたのである。

かように中央政府や多くの府県が法令伝達において人民皆知の実現を重視していた時期に、東京府においては前述の二つの理由を背景に皆知の実現から単なる知りうる機会の供与へと法令伝達の本旨が移行し始めていた点が注目される。

このように東京府による法令伝達制度は、独特の方法によって展開されてきた。それは、各府県の法令伝達制度を研究する際に、好対照となる比較座標を提供してくれることであろう。しかしそれのみならず、近代法令伝達制度における人民皆知の実現と周知の擬制の相関関係という今後解明すべき重要な課題に対しても、その糸口を与えてくれるものである。

（1）「法令全書」第六巻ノ一（原書房覆刻版、一九七四年）二九六頁。

〔附記〕本章の執筆に際して、東京都公文書館の水野保氏には、史料の検索に関して種々の有益なご教示をいただいた。記して感謝の意を表したい。

別表1　東京府における法令形式別伝達方法一覧

法令の種別	官報掲載は公式伝達手段か	東京府の付加的伝達手段
太政官布告	×（5/10太22達の反対解釈）	区町村掲示（6/28甲34布達）
太政官布達	×（5/10太22達の反対解釈）	区町村掲示（6/28甲34布達）
中央政府の達	○（5/10太22達）	－
中央政府の告示	○（5/10太22達）	区町村掲示（9/4甲50布達）
東京府の布達	○（6/28甲34布達）	区町村掲示（6/28甲34布達）
東京府の達	○（7/4丙97達）	役場へ配布（7/4丙97達）
東京府の告示	○（6/28甲34布達）	区町村掲示（9/4甲50布達）

第三章　官報創刊前の法令伝達について

一　はじめに

日本近代法史学において、実定法の制定過程の研究は大いに進捗し、多大な成果をあげてきた。さらに近時は、訴訟記録をもとに、それら諸法令の実際的運用の研究という新たな領域が開拓され始めた。これにより法の制定から運用までを動的に把握できるようになろう。しかし、法史学において法の消長を的確に把握するためには、それらの研究以外にもうひとつの基礎的研究が必要であると著者は考えている。それは、いわば法令論とでも呼ぶべき研究である。すなわち、第一に、法の伝達媒体となった法令集の史料学的研究、これは法令集の収録漏れや法のテキストの正確性を把握するのに必要である。第二に「布告」「達」等という法の存在形態すなわち法令形式の研究、これは法の名宛人等を知るのに必要である。第三に法の改正形態の研究、これは「改ム」「消滅」等の改正形態の意味を確定し、法の現行性・非現行性を確認するために必要である。そして第四に法の伝達方法の研究である。すなわち制定された法を名宛人に知らしめた方法の研究である。しかし、残念ながらこれら諸研究は、ようやく緒についたばかりであり、今後大きく進捗せしめねばならない分野である(1)。

本章で著者は、明治期の法令伝達方法の全体像の把握を試みたい。前述の諸研究のうち、第四番目に分類されるべき研究である。従来、法令伝達方法に言及した論考の中には種々の法令伝達方法を編年的に整理するのみで、それらを中央政府内での、中央政府から府県へ、府県から町村へ、町村内での伝達と段階的に分類することなく混同したままで論じる傾向がしばしば見られた。しかし、例えば中央政府内での伝達方法と町村内でのそれではおのずとその性格が異なる。従ってそれぞれを別の次元で論じなければならないはずである。それにもかかわらず、従来かような混同が行われた主要な原因は、史料的制約のために少数の史料の分析のみに基づいて強引に全体像を帰納しようとした点に求められよう。

そこで著者は本章において、これまでに収集した六百点余の法令伝達に関する諸史料を基に、次の方法で明治期の法令伝達の全体像の把握を試みる。すなわち、第一に、中央政府内での法令の伝達、中央政府から府藩県への伝達、府藩県から町村への伝達、町村内での人民への伝達という、四つの場面に分割して、それぞれの場面における法令伝達のあり方、その変遷、相互連関を整理する。第二に、その整理は、法令伝達に関する中央政府の公文書をはじめとする諸史料および関連諸法令の分析に基づいて行う。第三に、中央の支配権力機構と法令伝達方法の連関の分析を行う。すなわち、法令伝達方法は、支配権力側が人民に対してどの程度の法理解を求めるかという支配権力側が必要とする人民の法理解の程度に応じて策定されるはずである。そうであるなら法令伝達方法の分析検討により、権力側が期待する人民像を特定することが可能となろう。かような期待される人民像をなぜ支配権力機構側が求めたかを検討することは支配権力そのものの特質を分析評価することへの一助となろう。本書では、特にかような分析検討を第六章において試みたいと思う。

以上に述べた作業を通じて、初めて法令伝達方法の変遷を明治国家という権力機構全体との連関において体系的に把握することがて可能となると考えるのである。

(1) 各分野の先行研究には次の如きものがある。伝達媒体たる法令集等の研究は、内閣官房編「官報」(『内閣制度七十年史』一九五五年)、藤沢衛彦「日本官報紀元」(「官報資料(官報創刊七十五周年記念特集)」一九五八年七月二日号二七頁)、石井五郎「日本の法令集・おぼえ書」(一)~(八完)(「国立国会図書館月報」四四号~五二号、一九六四・六五年)、西村捨也『明治時代法律書解題』(酒井書店、一九六八年)、近藤金広『官報創刊前後』(原書房、一九七八年)、那智上泰八「官報の歴史」(「時の法令」一〇〇~一一二)、大蔵省印刷局編『官報百年のあゆみ』(大蔵省印刷局、一九八三年)、佐々木隆「官報創刊と政府系新聞強化問題」(「新聞学評論」三三号、日本新聞学会、一九八四年)、木野主計「官報創刊と福沢諭吉の官報新聞発行の挫折」(「出版研究」二〇号、日本出版学会、一九八九年)、拙稿「法令公布日誌考」(「東京医科大学紀要」第二一号、一九九五年)(本書第四章所収)、拙稿『『法令全書』創刊考』(「法制史研究」四八号、一九九九年)(本書第五章所収)等。
法令形式の研究は、山内一夫「法令形式」(内閣官房編『内閣制度七十年史』一九五五年)、井上政文「法令引用に当たっての留意すべき事項」(「北の丸」九、国立公文書館、一九七七年)、堀内節「布告達の謬った番号表記について」(「法学新報」九一巻五・六・七合併号、中央大学法学会、一九八四年)等。

法令伝達方法の研究には、石橋信「五榜と太政官日誌」(「警察研究」二九巻一号、一九五八年)、大久保利謙「文書から見た幕末明治期の政治」(「史苑」二一巻二号、一九六〇年)、石井良助「法の公示方法の沿革」(別冊ジュリスト二号「法学教室」一九六一年)、服藤弘司「明治初年の高札」(『明治法制史政治史の諸問題』慶應通信、一九七七年、二七頁以下)、拙稿「明治高札考」(一)~(四完)(「法研論集」早大六七号~七〇号、一九九三・九四年)(本書第一章所収)等。

各地方における法令伝達方法の各論的研究には、岩鼻県の場合を扱った木野主計「明治初期の地方行政と法令公布の様相」(「国史学」八三号、一九七一年)、神奈川県の法令伝達に言及した伊藤好一「神奈川県に於ける大小区制の施行過程」(「駿河史学」一七号、一九六五年）、東京府の場合を扱った拙稿「明治期の東京府における法令伝達制度について」（一）・（二）（「東京医科大学紀要」二四・二五号、一九九八・九九年）（本書第二章所収）等。

また、体系書で法令伝達に言及しているものとして、穂積陳重『法典論』（哲学書院、一八九〇年）、同『法律進化論』第二冊（岩波書店、一九二九年）、同『続法窓夜話』（岩波文庫、一九九二年）、小早川欣吾『明治法制史論』公法之部下（巌松堂、一九四〇年）、石井良助『明治文化史』第二巻法制（原書房、一九八〇年）等。

二　中央政府内での伝達方法

［一］法令の回達

草草創期の明治政府は、有効な統治の方策を持たなかった。従って「新法而已之御政務ニ相成候テハ甚不宜候間可成儀者舊儀ニ基キ候様被　思食候事」[1]と、あるいは「徳川祖先ノ制度美事良法ハ其儘被差置御變更無之候間」[2]と宣言したことから明かなように、旧幕時代の統治策を継承することから始めざるを得なかったのである。それ故、この時期に、法令伝達のための独自の方法も策定されようはずもなかった。

他方、明治政府による安定的統治が実現されるまでは、中央政府に提出される府藩県からの願・伺および人民からの上書建白等は膨大な件数に上った。慶応三年以来、中央政府はこれらの提出手続きやその体裁等について規定を設け、その後幾度となく改正を重ねた。しかし、これらを受理した機関から当該事務処理担当機関へ如何なる方法で送致あるいは回達するのか、すなわち政府機関内での処理手続は、明治二年四月八日第三四六[3]（布）[4]および同日第三四七（沙）[5]により初めて規定された。

第三百四十六　四月八日（布）（行政官）

今度太政官中民部官ヲ被置神祇官以下六官ニ被定候旨被　仰出候事

但従來諸願伺等總テ辨事ヘ差出來候處向後六官ニ關係致シ候事件其官々ヘ向ケ可差出候事

第三百四十七　四月八日（沙）

神祇官外五官

別紙之通於東京被　仰出候ニ付尋常普通ノ事件ハ其官ノ見込ヲ以取捌キ他管他方ニ関係之儀ハ其向ヘ商量所置可致候重大ノ事件及ヒ其官ニ於テ難決儀ハ輔相ヘ可伺出府藩縣ヘ布告シ候分ハ辨事ヘ差出可申事（別紙ハ第三百四十六ニ同シ）

この第三四六により、従来会計官が管掌していた地方行政事務を同官から独立させるために民部官が創設された。中央政府機構が六官制に改められたのである。それに伴い、府藩県からの伺・願等の提出は、従来弁事が窓口となっていたが、担当各官へ直接提出するように改められた。そして、第三四七により、伺・願等を受け取った担当各官が当該伺・願に関する事務処理にあたった。但し他官と管轄が競合しているものについては、互いに協議することが必要とされた。また、担当各官が当該願・伺の処理にあたり疑義を有する場合は弁事に伺出ることとされた。また各機関がその執務の必要のため府藩県に宛て法令を発令した場合、それらは弁官に報告されなければならなかった。以上のことから、当初、法令の伝達は、願・伺などの送致ないし回達と同様に行われていたと推測される。

さて、法令の伝達を、願・伺等の送致ないし回達から分離して、独自の伝達方法を初めて定めたのは、明治四年二月十日太政官第六七であった。

第六十七　二月十日（達）（辨官）[6]

諸官省廻シ御布告以後界紙ニ認冊子ニ綴リ廻達候間諸官省ニ於テ拜承之上別紙雛形之如ク宛所ノ上ヘ官省之小印ヲ押シ下ニ請取候大少史録之印ヲ押月日時ヲ記シ無遅々廻達止ヨリ太政官ヘ返上可致事《後略》

これによれば、制定された法令は罫紙に起草し回達されることになった。官省がその回達を受領する際は、法令本文末尾に記載された宛先のうち、自己の官省名の上に受領印としてその官省名の小印を捺し、その宛先の下方に受領した官吏名を捺印し、受領日時を記載することとされた。回達の先々でこのような手続きが行われ、回達末尾の機関から太政官へ返付されることになった。更に同年五月二九日第二六四[7]により、受領日時のみならず、いずれの機関から到来し、いずれの機関へ順達したかをも記載することになった。

このように、新たに法令が制定された場合、諸官省間で回達し、回達を受けた諸官省ではその内容を謄写し、謄写が完了した後に、次の官省へ回達されるという方法で、法令は伝達された。そして回達を受けた諸官省内でも謄写した法令謄本を回達し、その周知をはかった。各官省が謄写の担当官を設置していたことは、時間は多少前後するが、海軍省及び元老院の例を史料的に確認することができる。すなわち、明治一二年三月一〇日海軍省事務課届往入第七一二号[8]では、従来、海軍省内ではいかなる要領で謄写が行われたかを次のように示している。

《前略》本省諸御達書類ノ義従来一般人民ヘ係ル御布達及府縣御達（編者注以下割注：即甲乙號御達書ヲ云）ノ分ハ其時々活版御印刷ノ上御達相成而シテ御所轄内ニ止ルモノハ後来ノ規則ト可相成類又ハ枚數巨多ナルモノ等ニ限リ御印刷相成其他ハ總テ主務掛ニ於テ數通謄寫ノ上御回達方取計来候処《後略》

また明治八年九月一三日元老院官房回達[9]によれば、元老院では謄写掛が議長官房に置かれていたことが明かである。

本院謄写掛ノ儀爾来各課局流用ノ為メ議長官房ニ設置候條各課局ニ於テ至急謄写或ハ部数ヲ要スル書類ハ総テ右掛ヘ御附托可有之此段及回達候也

さて、このような官省間での法令の回達がいつまで存続したかは、現在までのところ明かではない。後述の如く、太政官印書局が設置され、その印刷業務が軌道に乗るに従って、徐々に回達から印刷頒布へと移行していったと推測される。一方、各官省内での法令の回達がいつまで実施されたかは官省によって異なる。太政官は、明治六年五月一二日、早々に回達を廃止し、各課に印刷物を頒布するという新しい伝達方法を開始した。(10) それに伴い、同年六月一四日、「日誌布告摺物等渡方定則」が制定され、印刷された法令を太政官内の各課へ頒布する部数及び頒布方法等が規定された。これに比して、かなり長期間にわたり法令の省内回達を存続せしめた省庁もある。例えば海軍省では、明治一二年三月になっても、効力が海軍省の外には及ばない法令でその効力が一時的なもの又は分量が大部に及ばないものは、謄写により謄本を数通作成して回達していた。(11)

各官省間を回達されてきた法令を、当該官省内で謄写し回達することには、克服し得ない問題点が存在した。それらは、謄写という行為自体に必然的に内包された短所であった。すなわち、第一に、謄写には時間を要する。伝達される法令が即時性を要する場合に、回達された先々の官省がそれぞれの必要部数を一枚一枚謄写し時間を徒過していたのでは、当該法令の本旨を実現し得ない恐れがある。第二に、誤写の可能性が不可避であること。すなわち必要部数が増えればそれだけ誤写の可能性も増大する。第三に、謄写の要領を官省間で統一できない点である。すなわち、謄写担当官には、回達法令の謄写を行う際に用いるべき漢字や仮名の送り方などを、各官省間で統一しようという意識はなかったようである。そのため、同一の法令でも、各官省が作成した謄本ごとに法令テキストが若干異なってしまうという問題が生じた。例えば「法令全書」に掲載されたある法令が、他の法令集や日誌などにも掲載されている場合、当該法令のテキストが典拠ごとに若干異なっていることがよく見受けられる。かような事態は、法令の謄写が広く行われていたこの時期の法令に多く見られる。各法令集の編纂や日誌の作成に際し典拠とした法令謄本が異なったことがその主たる原因であろう。

［二］中央政府による法令の印刷頒布

⑴ 総説

中央政府内の各官省が、自ら制定した法令を印刷し他の官省に頒布するという、いわゆる中央政府による法令の印刷頒布は、［一］で述べた中央政府内での法令の回達と同時期に既に行われていた。しかし、後述の印書局設置以前の段階では、これは必要に応じて適宜行われたに過ぎなかった。例えば、明治四年四月一二日、大学は弁官に対して次のように依頼した。(12)

大學申立　辨官宛

一諸國社寺由緒云々

一近來粗暴ノ徒云々

一兵學寮規則

當學ノ儀ハ東南両校並大坂開成所等ヘモ布告致シ候儀ニ付此分共爾來御布告摺本ハ八部ツヽ御附與有之度此段申上候也

四年四月一二日　大學

また明治四年四月一三日、兵部省は次のように弁官に伺い出た。(13)

御布告ノ内上梓板形ノ分御回シ落手ノ上當省分局寮司並出張所等ヘ及布告候節短文ハ直ニ寫取分配致シ候ヘトモ長文ノ義ハ繁事折柄達ニ寫取譯ニ至兼且當省ノ義ハ他官省トハ管轄モ多夥ニ有之候ニ付是迄其度々相願數通受取来候ヘ共甚手數ノ儀ニ付以来ハ他官省ノ別格ヲ以テ板形ノ分ハ十通ツヽ御回相成候様致度此段更ニ相伺候也

いずれの史料からも、既に明治四年には既に印刷頒布が実施されていたことがわかる。また大学および兵部省は、部局が多いため頒布部数を増やしてくれというのがそれぞれの史料の趣旨である。但し、大学申立および兵部省伺のそれぞれに対する指令は「太政類典」には掲載されておらず不明である。また兵部省伺には「御布告ノ内上梓板形ノ分」あるいは「板形ノ分ハ十通ツヽ御回相成候様致度」との文言があり、法令の回達と印刷頒布という二種類の伝達方法が併存し、個別の法令毎にどちらかが用いられていたことを窺い知ることができる。

このように、当初法令の印刷頒布と回達が併存し、各法令毎にどちらかが便宜的に選択されたのである。しかし、前述の如く明治六年五月一二日、太政官は太政官内部への法令伝達方法を印刷頒布に統一した。その背景には印刷物の安定的供給能力の向上が存在した。すなわち太政官印書局の設置である。

(2)　印書局の創設

①創設前の状況

明治五年九月二〇日太政官第二八〇号[14]が次のように発令され、太政官印書局が創設された。

○第二百八十號（九月二十日）（布）

辰ノ口元分析所ヘ印書局ヲ被置候事

但正院管轄ノ事

その創設に至る経緯は、明治七年五月一四日印書局申牒に端的に述べられている。これは、初代細川潤次郎、二代川本清一に次いで第三代印書局長に就任した中村弘毅が、印書局の長期的な運営方針について伺い出たものである。この中で中村は印書局の創設経緯に言及している。

印書局長申牒[15]

印書局御創建ノ大旨ハ辛未以降左院大蔵海軍文部工部等ノ各省ニ活版ヲ設ク事業同一ニシテ其費用ハ政府各部ニ散出スル處ヨリシテ寧ロ之ヲ一局ニ纏メ正院直管ノ印書局ヲ置キ布告ヲ始メ本院ヨリ発スル處ノ文書ヲ印刷シ機密ノ漏洩ヲ防キ急速各地ニ頒布スルノ便ヲ開キ而シテ各省ノ依頼ニ應シ其文章ヲ印刷シ傍ラ人民ノ需メヲモ辨シ事業ヲ専ラニシ費用ヲ約ニシ上下ノ公益ヲ興スニ如カサルトノ御評議ニテ過ル壬申九月各省ニ設置ノ器械ヲ集合シ二等議官細川潤次郎ニ局長ヲ命ラレ創業相成《後略》

これによれば、印書局創設前は、各官省が個別に印刷設備を所有し、法令等の発令に際し必要に応じて適宜印刷頒布を実施していたことが明かである。また大蔵省が「東京日々新聞」の日報社へ法令の増刷を委託したように[16]、民間会社へ印刷を委託することもあった。印書局の創設は、諸官省の印刷設備を正院の管理下に統合し、太政官はもとより諸省から人民に至るまで印刷の求めがあればそれに応じようというものであった。これにより、中央政府内での印刷業務を正院に一括統合することで、機密保持・迅速性の確保・経費節減・運用の合理化等を目指したものであった。

②印書局の創設および事業展開

以上の経緯により、明治五年九月二〇日太政官第二八〇号をもって印書局の創設が示達された。新設された印書局が最初に着手したのは、各省庁に散在する印刷機械及び活字の接収であった[17]。太政官は、印書局の上申に基づき同年九月二八日には大蔵省・海軍省・文部省に鉛字の引き渡しを命じ、同年一〇月三日には工部省へも器械及び活字の移管を命じた。更に印書局は、太政官に対し諸寮司や府県へも移管を示達して欲しい旨を上申した。一方、諸省側にとっては、印刷機械及び活字の移管は、既存の印刷権限の移譲を意味するものであり、それには少なからず抵抗した。特に工部省のそれは根強く、同省からの移管が実現したのは明治七年九月以降のことであった(18)。また、明治五年一〇月四日に定められた「正院分課」(19)により、印書局は正院中では外史の所管とされた。

このようにして開業への準備が進められ、明治五年一〇月一三日、未だ機械や活字の移管手続きは完了してはいないものの、印書局より太政官宛に開業が稟申された(20)。

兼テ各省ヘ散在ノ刷印器具當局ヘ取集開業取計可申トノ御沙汰モ御座候ニ付目的相立差向文部省備用ノ壓印器具引請本院ノ諸御布告刷印仕度見込ヲ以申上候處已ニ同省ヘ御達ニ相成候處即今取調中ノ趣ニテ未差廻無之候得共最早雇工等モ増加取計候間局中ノ準用品ハ全備不仕候得共日誌ノ分従前ノ器具相用明十四日ヨリ刷印開業仕候間己来日誌稿本御差廻相成度追テ御布告書刷印ノ御準備相整次第猶又日限等可申上候此段申上候也

これによれば、印書局の最初の業務は「太政官日誌」の印刷であったことがわかる。これ以降、印書局の業務は次のごとき過程を経て拡大していった。すなわち、同年一一月一三日太政官指令(21)により、諸省及び地方からの注文を受けることが可能となり、翌明治六年二月二五日太政官指令(22)により人民よりの注文に応じることができるようになった。更に同年三月一〇日太政官指令(23)により各課局用の界紙の印刷を開始した。

なかでも注目すべきは、明治六年三月一五日史官指揮(24)であろう。前日、印書局は太政官に対して次のごとく伺い出ていた。

印書局伺

刷印ノ御布告日誌等成刷進達相濟候ハヽ發賣無妨分ハ頒賣取計候テハ不苦候哉又ハ御布達後ニ無之候ハテハ頒賣致シ候儀御指障ノ廉モ可有御座哉為心得何レカ御指令被下度尤日誌掛リヨリ兼テ打合モ有之総テ發賣無妨分ハ別段通達無之事ニ相成居候儀ニ御座候此段奉伺候也　三月十四日

すなわち、布告等の諸法令や日誌を印刷し該当官省へ納入した後、それらを一般へも販売して差し支えないかを伺い出たものである。これに対して史官は、

同局へ指揮　史官

別紙御布告日誌発賣時宜心得方御伺出致承知候右ハ御布達後頒賣候様御取計可有之候此段及御答候也

三月十五日

との判断を示した。すなわち「御布達後」の販売が許されたのである。ところで、明治六年七月一八日太政官第二五四号（布）[25]及び同年八月二八日太政官（達）[26]により、法令の結文例が示され、布告・布達・達という法令形式が定められた。それ以前には布達という語は、伝達という動作を表すためにしばしば用いられていたのであるから[27]、この「御布達後」とは、伝達により公にされて以降という意味に解すべきである。ここに至り法令を印刷媒体により不特定多数者へ頒布するという法令伝達方法が本格的に開始されたのである。さらに同年六月二八日太政官達[28]により、印書局に「布告全書」の印刷開始が示達された。

しかしながら、中央政府内部の印刷業務を一局に集中し、業務の合理化及び機密保持をはかるという印書局の設置目的の実現は、必ずしも容易ではなかった。そこのとは、次の明治七年九月三日印書局上申[29]から明かである。

印書局御創建ノ儀ハ本院及各省ノ布令報告書籍其外総テノ出板物ヲ一同ニ擔當シ費用ヲ一途ニ帰セシムルノ御主意ニテ

過ル壬申九月左院大蔵海軍文部等ニ設置スル所ノ諸器械ヲ御引移シ御開局相成爾来文部省ヨリハ布令報告ヲ初メ教科書ノ類ニ至ルマテ陸続相廻シ候ヘトモ各省ニ於テハ多クハ新聞社又ハ人民私立ノ活版所ニ依托スルヨシ躰裁ニ於テ甚不可然第一御開局ノ御主意モ不相立《後略》

すなわち、印書局が開業して約二年が経過しようとしているのに、諸省の中には、今だに新聞社や民間会社に印刷を発注する例が目立ち、これでは印書局の設立趣旨が没却されてしまうというのである。原因の第一には各省からの機器の移管がはかばかしく進捗せず、暫定的開業との評価を否めない状況であったことがあげられよう。第二は、民間会社特に新聞社の有する印刷能力及び情報伝播速度が、政府のそれを大きく上回っていたことである。特に中央政府が各地方および人民へ法令を伝達する速度と、人民が新聞により新たに制定された法令の内容を事実上知り得るのとを比べると、後者の方が格段に早かった。人民の間ではこの時間的懸隔を悪用する例が後を絶たず、それが深刻な問題となっていたようである。明治一三年、大隈重信は、山縣有朋の「官報」構想の原型である「法令公布日誌」構想を建議するが、その動機のひとつは、かような伝達時間の懸隔を埋め得る合理的な法令伝達方法の確立であった[30]。このように、新聞社の印刷能力及び情報伝播力が政府のそれを上回っているという状況は明治一四年に至っても続いていたのである。まして民間に於ける印刷経費の方が低廉であれば、そちらに発注することになったのは自然であろう。

前述の明治七年九月三日印書局上申の目的は、各省より新聞社および民間会社に流れる印刷注文を、印書局に集中すべく、太政官より各省に対し印書局以外への注文を禁じる旨の示達を引き出すことであった[31]。

《前略》先般以来追々諸器械ヲ購入シ工場ノ営繕モ落成シ不遠シテ兼テ伺濟ノ蒸気器械モ到著スヘクマタ近来銅版所モ相開且此程御議定ニ依リ工部省設置ノ活板器械及活字鋳造ノ器械貯蔵ノ活字トモ一切近日受取ノ運ヒニ相成加フルニ職

工モ追々習熟諸般ノ工業局中ノ規模往時ノ比ニ無之今日ニ至リテハ各省ノ刷印物ヲ引受候トモ聊差支不申尤郵便切手證券印紙及署紙ノ類トイヘドモ彫刻製造スル事ニ於テハ容易ノ事ニ有之候ヘドモ是等ハ紙幣ノ一部類ニ属スル物ニ付大蔵省ニ於テ製造相成候方事理至當ニ可有之其他ハ活板銅板鉛板石板ノ刷印物トモ苟政府各部ヨリ出ル所ノ官板物ハ総テ印書局ニテ擔當イタシ度然ル時ハ御創建ノ御主意モ相立躰裁ニ於テモ可然ト奉存候間以後各省トモ布令報告ノ類ハ不及申総テノ出板物ハ印書局ヘ相廻シ候様此際夫々ヘ御達被下度候抑官板ノ書籍ヲ印行シ其製ヲ美ニシテ其價ヲ廉ニシ人民ノ購求ニ便ナラシメ就中教科書ノ如キハ最廉價ニ製作シ寒郷僻邑ノ児童ニイタルマテ容易ク購讀スル事ヲ得セシメ教育ヲ相助ケ候ハ印書局ノ本務ニシテ決シテ利益ヲ以テ眼目トナス尋常商業ノ訳ニ無之文運隆盛ノ今日最以緊要ノ事務ト奉存候間諸般ノ事追々上申可仕候ヘトモ差向前條ノ趣速ニ各省ヘ御達被下度御達按相添此段上申仕候也　九月三日

これによれば、諸機械の購入により設備が充実の域に達し、また工部省からの機器の受け入れを以て一連の移管手続きがようやく完了したことが分かる。また職工達の技術水準も上昇してきたので、紙幣、証券、印紙類等大蔵省にて製造するのが妥当なものを除いた総ての印刷物を印書局に注文するよう諸省へ示達することを太政官に対し求めたのである。この上申は太政官に容れられ、同年九月一二日太政官第一二一号達が諸省宛に次のように示達された[32]。

○第百二十一號（九月十二日　輪廓附）　諸省

印書局器械追々整備候ニ付自今布達報告ノ類ハ勿論諸出版物モ総テ同局ヘ差回印刷可致此旨相達候事

但書籍ノ類ハ刷印入用品準備ノ都合モ有之ニ付前以同局ヘ打合ノ上差回様可致事

これにより、印書局による中央政府内部の印刷業務の統合集中が制度的にも確立したかに見えた。しかし、次に述べるように、この太政官第一二一号達は、諸省の抵抗に遭いその本旨を実現できなかった。

③印書局への印刷業務の統合集中に対する諸省の抵抗

中央政府内の印刷業務を印書局に統合集中させることには、同局の開業前、印刷機器を同局へ移管する段階から既に諸省は抵抗していた。例えば印刷機器移管の示達を受けた工部省は、明治五年一〇月一三日、同一一月四日と二度にわたり太政官に対して移管を不服とする旨を上申した[33]。その主たる理由は、諸般の工業を勧奨するのは工部省の責務であり、勧工寮に於いて既に活字を鋳造し、諸省の求めに応じて印書の業務を行い得るよう準備中であるということであった。印書局と勧工寮の間で、いわば印書業務の管轄権の競合が生じた形であった。かような確執が一応の決着を見て、工部省からの機器移管問題が落着したのは明治七年九月に至ってからであった[34]。

前述の明治七年太政官第一二一号達が示達された後も、太政官に対して印刷業務の印書局への統合集中に異議を唱える省があった。その主な理由は民間の低廉な印刷経費であった。明治七年一〇月九日、大蔵省は次のように太政官に上申した[35]。

当省出板物ノ儀ハ最モ數多ニ有之一部ニ瑣少ノ價ヲ加フルモ之レヲ數百ニ追算スレハ幾多ノ失費ヲ增ニ至ルハ必然ノ儀ニ付豫メ價格比較ノ方法ヲ取設撰テ其廉ナルモノヘ申付来候處先般第百廿一号御達ノ趣モ有之候ヘトモ右ハ全ク價ノ高低ニ不拘此後悉皆印書局ヘ相廻シ刷印可致ノ御趣意ニハ無之儀ト存候就テハ是マテノ通活版社及ヒ書肆等ヘモ廣ク代價為見積夫々比較ヲ遂ケ廉價ノ方ヘ申付候様イタシ度尤印書局廉價ニ候ハヽ無論同局ヘ相廻シ候積リニ有之候此段上申候也　十月九日

すなわち、大蔵省はその職務上多くの印刷物を発行せねばならず、その経費は相当な額に上る。そこで経費節減のため、印書局および民間会社のそれぞれに印刷費用を見積もらせ、安いところに発注して良いかという内容であった。同年一一月二二日、これに対する太政官の指令は、「上申ノ趣事機密ニ不渉モノハ便宜ニヨリ他ヘ刷印申付不苦候事」というものであった。[36] これでは、太政官が自らの手で、印刷業務の統合集中構想を破綻せしめたとの評価を否めない。同様の理由から、明治八年二月二二日、文部省も民間業者の見積もりと印書局のそれを比較し安い方へ発注しても良いかを伺い出た。[37] それに対する太政官の指令は、言うまでもなく大蔵省へ対するものと同旨であった。[38]

また、大蔵省には、他にも印書局へ印刷業務を委託したくない理由があった。すなわち、当時はまだ紙幣は外国へ印刷を発注していたが、自国の紙幣製造をいつまでも他国へ依存していられようはずはなかった。そこで大蔵省では海外より紙幣印刷のための機械を購入し、外国人技術者を雇い入れ、工場の建築にも着手し、紙幣寮の創設の準備を始めていたのである。そのため落成後には、紙幣寮の印刷技術の向上のため「先ツ當省布達其他諸界紙ノ如キ粗雑品ヨリ著手為致工業追々精巧ノ域ニ漸進候様可致ハ肝要[39]」であるので、自省内で必要な印刷物を印刷する事で研鑽したい旨を伺出た。これに対し太政官は、紙幣印刷事業の必要性の故に「伺之通」と指令し、印書局もそれを承服せざるを得なかったのである。[40]

以上のように、紙幣及び有価証券類を除いて印刷業務を一局に統合集中するという印書局構想は、中央政府内部の事情により、すなわち印刷業務の管轄権が競合したことによる官省間の確執が原因で、その開業後も実現は困難であった。そして早くも翌明治八年九月四日太政官第一五六号達[41]により、印書局は正院から大蔵省へ移管され、活版局と改称の上、紙幣寮の下部組織に組み入れられた。[42]「太政官沿革志」の編纂担当者は、この短命な印書局を次のように評価している。「幾クモ無ク明年（著者注…明治八年）九月ニ至リ局ヲ廃ス故ニ本文（著者注…明治七年太政官第一二一号達の趣旨を指す。）ハ十分ノ實施ニ至ラスシテ罷ム[43]」。当初目論まれた機能を果たさぬまま、管轄権闘争で大蔵省が勝利したかの如き移管であった。

大蔵省紙幣寮の一部局である活版局へと改組された後も、政府部内の印刷業務の統合集中は実現されなかった。

むしろ大蔵省の方針は逆であった。すなわち、機密に属さない書類等、民間に印刷を発注しても差し支えないものは、積極的に発注することで、民間工業の育成に努めようというものであった。(44)

《前略》先般印書局ノ儀當省ヘ被属紙幣寮ニ於テ所轄活版局ト改稱イタシ候然ル處同局擔當ノ事業ハ本寮ト自ラ軽重ノ別有之候ヘトモ諸公告書等ノ類ニイタリテハ機密ニ関スル未發ノ令ナルニ付軽易ニ難取扱ハ勿論其他普通ノ印刷物ニ至リテハ強ク同局ニ於テ擔當候程ノ事業ニ無之殊ニ方今人民ニ於テモ亦各自憤發此事業ヲ振興可致時勢ニ立至候間同局於テ従前ノ如ク世間普通ノ製造悉皆専修候テハ此業ヲ營ムモノ障碍ヲナスノミニテ人民更ニ振興自立ノ期無之工業ヲ盛ンニシ國益ヲ興スノ御趣意ニ不相叶且其利ヲ爭フノ姿ニ陥リ一般ノ苦情ヲ招キ旁御不都合不少儀ト存候間同局ニ於テ従来擔當イタシ候品種ノ内院省使廳并東京府等ノ諸公告書類ノ如キ機密ニ関スル未發ノ刷物其他必要ノ罫引鋳字刷印製本等不得止必需品ヲ除クノ外一切人民ニ附托イタシ候積決定致シ各院省使廳并東京府等ヘ申入置候間此段上申候也

このように、活版局以降も、政府の印刷物は各官省が適宜の箇所へ発注し、印刷頒布するという方法が相変わらず続くことになった。確かに、民間工業育成という見地からは評価できよう。しかしながら、法令伝達の見地からは、中央政府内部の一局に、法令を始めとする諸情報を集中せしめ、一括印刷の上、各官省に頒布するという機構の確立が望まれた。かような機構が確立されていないために、たとえば、海軍省は大蔵省活版局に、(45)陸軍省は内外兵事新聞社に、(46)東京府は東京日々新聞社に(47)というように、各官省が適宜に政府機関又は民間に依頼してできあがった印刷物を入手しなければ、その官省が発令した法令を知ることができなかったのである。

このような錯雑した印刷頒布システムが一本化され、それを見れば発令された総ての法令を知ることができるという合理的な印刷頒布による伝達システムの実現は、結局、明治一六年の官報の創刊を待たなければならなかった。

(3) 小結

以上のように、中央政府内における法令伝達は、当初は回達が主流であり、次第に印刷頒布が併存的に用いられるようになった。しかし、ある時期に回達が廃止され、印刷頒布がそれにとって代わるという明確な移行が為された訳ではなかった。前述のように、太政官は明治六年五月一二日に太政官内での回達を廃止し印刷頒布方式を採用した。それを受けて同年六月一四日には「日誌布告摺物等渡方定則」を制定した。印書局の業務が軌道に乗ってきたことに応じた早々の転換であった。他方、海軍省は明治一二年三月一〇日に至り漸く印刷頒布に転換した。このように印刷頒布方式の採用は各官省の適宜の判断によったのである。

本来、法令伝達の視点からは、政府内の一局に法令を始めとする諸資料を集積し、一括して印刷頒布するのが合理的であった。印書局の創設の目的はまさにこの点にあった。しかしながら、太政官正院、大蔵省、工部省などの諸官省では、それぞれの所管業務の性質上印刷業務の管轄権をたやすく他官省に委譲することが困難であった。そのため、印書局開業後も、結局、同局一局に政府内の印刷業務の総てを集中せしめることは不可能であった。かような事情は、印書局が改組され大蔵省の管轄下へ移行した後も存続した。そのため、太政官は、諸省が自省内で印刷を実施すること、民間会社へ印刷を発注することを認めざるを得なかったのである。

こうして印刷頒布は、中央政府内の法令伝達方法として統一的に実施されることなく、各官省が独自の判断で適宜利用するという域を出ることはなかったのである。政府内の一局に法令や諸資料を集中せしめ、一誌にまとめて印刷して各方面に頒布するという合理的な法令伝達方法の実現は、明治一六年七月の官報の創刊を待たなければならなかった。

〔三〕 新聞の利用

(1) 総説

明治一三年、大隈重信は「法令公布日誌」構想を打ち出し裁可を得た。ところで「官報」は、山縣有朋の発案・建議により創設されたと考えられがちである。確かに「官報」創刊の建議は山縣によるが、山縣の発案という点には大いに疑義がある。なぜなら、山縣の「官報」構想は大隈の「法令公布日誌」の殆ど引き写しとしか言いようのない内容だったからである。[48] さて大隈が、その「法令公布日誌」を発案した主たる動機は、新聞による情報伝達速度と政府の持つそれとの懸隔が大き過ぎたためであったことは前述した。すなわち、ある法令が発令されて政府による正式な方法で地方に伝達される以前に、人民には新聞により伝えられていたのである。そのため、近く新法が制定され、あるいは法改正が行われることを新聞により事実上知った人民の中に、政府による正式な伝達が為されるまでの間隙を悪用する者が目立ったのである。「官報」の発行が軌道に乗る明治一六年末頃には、それによって政府の情報伝達速度は漸く新聞に比肩することができた。但し、外報の迅速性という点では、明治一九年に横浜ルーテル電信社と配信契約を締結し、ようやく諸紙に追い付いたのであった。[49]

従って「官報」創刊以前、政府にとり新聞各紙の情報伝達速度は大いに利用価値を有していた。すなわち、各官省内での記事を新聞に掲載することで、中央政府諸機関内から府県などの地方機関に至るまで周知せしめようとしたのである。それは、「太政官日誌」や諸省の「日誌」の頒布により得られる伝達の効果に類似するものを、新聞を利用してより迅速に実現しようというものであった。ここで注意すべきことは、各紙に掲載されたのは法令のみではなく、その日一日の当該官省の官庁記事全般であった点である。すなわち、官庁記事の一部として事実上法令が掲載されたに過ぎない。しかし、府県の管内への法令周知方法は当該地方の便宜によると中央法令で定められていた時期[50]に、例えば東京府のように、極く稀な例外として、法令を管轄区域内に伝達する正式な伝達方法として、新聞掲載を採用していたところもあった[51]。

一方、新聞各紙側も政府のかような需要に早くから目を付けていた。すなわち、官庁記事を掲載することで、販路拡張・販売拡大を目論んだのである。他方、中央政府は諸紙の内から数紙を選んで買い上げた上、直接新聞社から各官庁および地方へ頒布せしめた。これにより新聞は「太政官日誌」や諸省の「日誌」に類似の機能を果たすに至ったのである。このように、新聞による官庁事項伝達の特徴は、各官省記事の印行許可と政府による買上頒布という二点に見られる。

各官省記事の新聞掲載は、中央政府部内で各官省が相互に動静を知る上で有益であったのみならず、中央政府の動静を府県等の地方機関が知るための重要な伝達媒体としても極めて有効に機能した。このような地方への伝達機能については後述することとして、［三］では中央政府内での新聞の伝達機能について分析したい。

（2）官省記事の印行許可（印行御用）

①左院記事の独占掲載

明治五年三月一七日、ジョン・R・ブラック（公文書上では「貎刺屈」と漢字をあてている）により、「日新真事誌」という新聞が創刊された。創刊に際しブラックは、各省や府下の大区役所等に取材のため代理人を派遣する許可を求め、これを許された[52]。創刊当初から官庁記事を重視していたブラックは、同年一〇月、左院の記事印行御用を願

い出た[53]。同年一〇月三〇日、ブラックの願は許可され、左院との間で「定約ノ條例」[54]が締結された。それによれば

《前略》（パレメント則チ）左院ノ命令及ヒ布告律令法度建白書等總テ日新真事誌而已ニ記載シ刊行出版致ス事ヲ得ルニ於テハ他ノ新聞紙ニ於テ決シテ同様出版ハ許ス可カラサル事此ノ日新真事誌ニ出版スル處ノ各々之箇条ハ皆ナ人民之信用ヲ要シ後日ノ證據ト確定シテ可ナラン事

とあり、左院関係記事は、「日新真事誌」が独占的に掲載することが取り決められると共に、唯一の左院記事掲載紙であることを根拠に、その掲載を以て当該事項の存在を証明するという公証力に準じた機能が付与された。一方、正院側も「日新真事誌」側より便宜を受けることが定められていた。もともと左院が同紙に印行御用を下命しようとした理由には、社主ブラックが英国人である故、「旁ラ英國法律等ノ儀モ同人ヘ尋問致シ無給料ニテ御用辨ニモ相成」るという目論見があった。ブラック側にすれば印行御用の看板を掲げることで市場拡大をねらい、左院側は無給にて英国人の知識を利用するという相互の利害の一致の所産であった。前述の「定約ノ條例」の付則には「左院御用ノ命ヲ蒙リ候ニ付テハ無給ニテ御用相勤申ヘキ事」と定められた。こうして、初の中央政府機関の御用新聞が誕生した。

②正院記事の掲載

一方正院は、いずれかの新聞社に独占的に印行御用を下命することはなかった。正院の場合、明治六年三月頃には、出版の官許を得た新聞社が願い出た場合、正院へ登院して布告類を謄写することを許可するという方針が固まったようである[55]。当初、「内外日誌」「郵便報知新聞」等がこの方式での取材を始め、同年七月八日にはブラックの「日新真事誌」も許可を願い出、翌日には許可された。その願書を見ると、この段階では前述の二紙の他「新聞雑誌」「東京日々」「横浜毎日」等の諸紙も、同様の取材を行っていたことがわかる[56]。

③大蔵省用達新聞

また、大蔵省は、明治六年五月二五日、横浜在留の「ジャパンメール」紙に大蔵省新聞誌用達を命じたい旨太政官に伺出て、同年六月四日に許可を得た。(57) これには、同紙を国内の経済情勢等の情報を海外に知らしめる媒体とする意味があった。すなわち同省は、各官省が外国へ伝達すべき情報を有する場合、それを大蔵省に回達させ、同省から「ジャパンメール」紙に回付し、同紙上に掲載せしめるという伝達経路を考えたのである。そのため同紙には大蔵省より毎月二五〇円が手数料として支払われた。また同年一〇月一三日太政官は、同紙を出版の毎次五百部づつ買上げ欧米各国へ頒布するという方針を固め、大蔵省に費用の支払いを示達した。(58)

④太政官記事印行御用

さて前述の如く正院は、官許を得た各紙には登院の上布告類の謄写を許していたが、明治七年一〇月七日、「東京日々新聞」の日報社が太政官記事印行御用を願い出た。その理由は次のように述べられている。(59)

日本全州ノ人民ハ概子皆政府ノ方向如何ヲ知リエサルヨリ新聞ノ論説ヲ信シ之ヲ証トスル者十ノ八九ニ居ルヘシ而シテ其論説タルヤ或ハ其實ヲ失ヒ或ハ其理ヲ謬リ甚シキハ人民ヲシテ政府ヲ怨望セシムルニ至ル故ニ政府ニ於テモ亦此害ヲ防禦スル為ニ一新聞ヲ以テ其趣意ヲ明示シ其方向ヲ辨説セサル可ラス

前述の如く、各院省には諸紙の記者が出入りし官庁記事を取材していたにもかかわらず、多くの新聞紙上では官庁事項に関する誤説誤報がしばしば掲載されていたようである。一方、一般人民にとっては政府の方向を知る唯一の手段は新聞であった。従って、この新聞を見れば官庁事項を正確に知ることのできるという信頼の置ける新聞を確保しておくことが必要であると言うのである。

当時の政府側も新聞報道を問題視し始めていた。すなわち、明治七年一月一八日、「日新真事誌」がその前日に提出された「民撰議院設立建白書」を紙上に掲載した。これは、後藤象二郎が左院議長であった際に「日新真事誌」社主のブラックと左院記事印行御用の約定を結んだという経緯によるものであった。これが自由民権運動の火種に油を注ぐ結果になった。この事件をきっかけに、各新聞では自由民権運動に関して、例えば漸進主義の立場をとる「東京日々新聞」、急進主義の「新聞雑誌」「郵便報知」というように、論調の相違が顕在化しつつあった。また後述の如く、この当時、府県は、明治七年三月二三日内務省丙第十一号達により大蔵省から新聞購求費の支給を受け、自主的に新聞を選び購入していた。以上の事情により、中央政府にとって好ましくない論調の新聞を府県庁の官吏が閲読し、あるいはそれらを人民が購読し教化されるという極めて不都合な事態が惹起されつつあったのである。それ故、その新聞を見れば官庁事項を正確に知ることのでき、且つ中央政府の意図に則った論説を展開しているという信頼の置ける新聞を確保しておくことが、中央政府側としても必要であった。それには、自由民権論において漸進主義の立場標榜する「東京日々新聞」は好都合であった。

このような経緯で中央政府側と日報社の利害が一致し、同年一〇月二四日、日報社の願いは聞き届けられ、太政官記事印行御用を下命された。日報社の福地源一郎は、御用新聞という立場を得た上は他紙に比べて多くの権限を獲得すべく、大蔵卿の大隈重信に史官への口添えを依頼した。(60) 福地のねらいは、第一に、発令する布告類の草稿を印書局へ渡すのと同日に下付を受けること。第二に、官員の黜陟は、辞令交付日に草稿の下付を受けること。第三に、諸省府県宛の指令は即日草稿の下渡しを受けることであった。しかし太政官側の許可の範囲は、従来の取材方式の域を殆ど超えることのない失望を禁じ得ないものであった。(61) すなわち第一点については「草稿謄寫ノ儀難聞届」く、取材方式は従来通りと指令された。また、第二点についても、黜陟の請書が提出された段階で謄写をするものとされ、第三点は、事柄により草稿の謄写を許すこともあり得るというものであった。従って、太政官記事印行御用とは言うものの、布告類を始めとする太政官記事の取材上の特権は殆ど認められることなく、太政官の諸政務の本旨に則った論説を展開せねばならないという点にのみ、その独自性が認められるに過ぎなかった。しかし、「太政官記事印行御用」の看板を掲げるだけでも読者獲得の説得力になったのであろう。

⑤その他諸官庁と新聞諸社

上記のほか、新聞社に記事印行を許可していた史料が残っている官庁には、元老院と陸軍省がある。元老院は、明治八年に「曙新聞」「伝真雑誌」に印行を許可したことを皮切りに、翌九年には「報知新聞」「勧工新聞」、同一〇年には「東京魁新聞」「絵入日曜新聞」「開知新聞」というごとく、多くの新聞社に印行を許可した。「元老院日誌」に現れた印行許可件数は、明治八年が二件、同九年が三件、同一〇年が四件、同一一年が七件となっており、他官省と比べてかなり多い。しかしながら、この数字のみから、他官省に比較して元老院に印行許可を求めた新聞社数が多かったとは即断できない。なぜなら、他官省の印行許可記録の史料的制約が原因となり、前記の数字は許可件数が多かったことを意味するのか、あるいは印行許可に関する史料が他官省の場合に比して多く現存しているだけなのかを判断できないからである。

陸軍省は明治九年三月七日に内外兵事新聞社に陸軍省記事印行御用を申し付けた[62]。陸軍省と内外兵事新聞社の関わりは、記事印行御用のみならずかなり緊密であったようである。例えば明治一六年三月二七日の陸軍省通第三二号通牒[63]は、「今般達乙第三十四號ヲ以テ書籍要求手續書被廢候就テハ自今布達例數外ノ條例規則書並摺物等御入用ノ節ハ直ニ内外兵事新聞局ニテ御購求相成」るよう通牒している。陸軍にて発令された法令の増刷にも深く関わっていたことが推測される。

⑥まとめ

以上の如く、多くの新聞は法令に限らず官庁記事の掲載を、あるいは印行御用というその肩書を、購読者数拡大に利用した。印行許可を得た諸新聞は、多くの場合、第一面に官庁記事の専用欄を設け、その新聞の権威付けとしていた。注意すべきは、「日新真事誌」のように一社が複数の官省の印行御用を受け官省情報の総合紙となった場合と、例えば陸軍省記事は内外兵事新聞という如く、特定分野の印行御用を独占的に獲得し、専門紙の性格を持つことを営業戦略とした場合とがあった点である。これら諸紙のいくつかは、後述の如く、中央官庁のみならず府県においても買い上げられ、情報収集のため官吏の閲読に供された。この中央官庁や府県の買い上げ購読の対象となった諸紙の官庁記事欄は、事実上太政官や各省の「日誌」と類似の機能を果たしたと言えよう。これら「日誌」は法令のみならず当該官庁の記事全般を収録した。すなわち日毎の当該官庁の動静を記録し、知らしめるのが主たる目的であり、法令の公知を第一義とする媒体ではない。しかし、いずれの日誌を見ても、発令された法令の掲載が相当程度の比重を占めており、結果的には法令の主要な伝達媒体のひとつと評価できよう。これと同様に、新聞の官庁記事欄の主たる目的も法令の公知であると限定的に述べることはできないが、結果的に法令の公知に果たした役割は相当程度に大きいと言わねばならないであろう。

（3）新聞諸紙の官費買上頒布

①中央官庁での新聞購入のはじまり

前述の如く、新聞諸紙には官庁記事欄が設けられ、諸官省のその日の動静が報じられた。しかし、この官庁記事欄が「太政官日誌」や各省「日誌」等に類似した機能を果たすためには、中央の官省等の諸機関を始めとして府県等の地方機関に至るまでそれらが購読されねばならなかった。中央政府はこのような購読機会を確保するため、新聞数紙を買い上げ頒布するという方法を採用した。すなわち明治五年三月二七日、大蔵省第四七号は次のように示達された。[64]

○第四十七號（三月二十七日）

新聞雑誌　日報社新聞　横濱毎日新聞

右三種内外ノ事蹟新聞ヲ暢達智識進歩ノ一端トモ相成候付毎日或ハ二日ヲ一率トシ各府縣へ相渡候條此段相達候也

更に同年七月八日大蔵省番外により、「日新真事誌」もこの三紙に加えられた。[65] これらの購求費は、大蔵省定額金の内から捻出された。[66] 但し、これらはあくまで各府県に対する頒布を定めたものであり、中央政府内での頒布には言及していない。しかし、次に示す明治七年一〇月二日内務省伺[67]を見ると、中央政府内でも新聞の買い上げ購読が行われていたことは明かである。

是迄院省使及府縣ニ於テ官費ヲ以諸社新聞買上取計候儀者畢竟人智誘發開化進歩之補助ヲ計リ候趣意ニ候處漸次文運相開殊ニ此度第百六號御達之御旨趣モ有之候ニ付旁此際院省使府縣共一般官費購求之儀廃止相成可然存候間右御允歳之上者其趣一般へ御達有之度依テ此段上陳仕候也

明治七年十月二日　　内務卿　伊藤博文

太政大臣三條實美　殿

明治六年一一月一〇日の内務省設置を受け、翌明治七年一月二二日大蔵省無号達、[68] 同年同月二八日内務省丙第三号達[69]により、府県への新聞諸紙の買い上げ頒布は内務省の管掌事務となった。また明治七年三月二三日内務省丙第十一号達[70]により府県への買い上げ頒布は代金の支給に変更され、代金の交付を受けた府県側が適宜に購入するという方法がとられるようになった。また、史料中の「第百六號御達」とは、明治七年八月一二日太政官第一〇六号達のことであり、その内容は、院省使府県に宛て「非常ノ倹節ヲ行フニ付不急ノ費途ヲ止メ昨年常額ノ残金ヲ返納セシム」という経費節減返納の示達であった。以上の諸事情を前提に、前掲の史料を読むと、西欧に開かれた文化・学問の発達がその緒につき軌道に乗り始めた一方、経費節減が示達された折りでもあり「此際院省使府縣」の新聞購入を廃止してはどうか伺い出たものであることがわかる。前掲の史料では、購入の対象が「院省使府縣」とある。従って、史料的制約により院省使への新聞頒布又は新聞購入費支給がいつから開始されたかを特定することはできないが、遅くともこの伺が提出された明治七月一〇月二日以前であることは明かである。また、院省使の新聞購入費は、それぞれの定額金から捻出された[71]。

さて、この内務省伺に対して同年一〇月二九日、太政官は次のように指令した[72]。

伺之趣府縣江諸社新聞紙相渡来候義ハ相改自今太政官記事印行申付候日報社新聞紙一葉宛其省費ヲ以購求之上渡方可取計事

但院省使ハ従前之通候事

明治七年十月廿九日

これによれば、府県の新聞購入費支給については、ある程度内務省の意向を汲み、「東京日々新聞」一紙分に削減したが、院省使に対しては従前の通りとしてその変更を認めなかった。前述の通り太政官は同年第一〇六号達により院省使府県に対し経費の節減を示達していたが、院省使の負担する新聞購入費は節減の対象外の事業として重要視していたことを示すものであろう。後述のごとく[73]、諸省を始めとする中央官庁の多くは、それぞれの執務上、新聞諸紙の購読がもはや不可欠であった。一方、府県に対し「東京日々新聞」一紙を現物頒布する方式へ変更したのは、［二］で述べたごとく同紙が御用新聞の地位を得た事による。すなわち、地方機関は、中央政府の動勢を知る手段として新聞への依存度が高い。一方当時新聞各紙の論調は、特に自由民権に関して相違が生じ始めていた。そのため、地方機関が中央政府にとって好ましくない論調の諸紙を購読するという不都合を太政官としては回避しておきたかったのであろう。そこでこの太政官指令の数日前に御用新聞を下命された「東京日々新聞」一紙に限定したのである。この指令を受け、内務省は、明治七年一一月一二日同省乙第六七号達[74]により、各府県に対し、日報社新聞のみを一部ずつ同社より直接配達させる旨を示達した。

②中央官庁での新聞購入制度の廃止

しかし、前掲明治七年一〇月二九日の太政官指令の内容は、内務省を満足させるものではなかった。その理由は、第一に、経費節減の折りにも関わらず、府県等の地方機関の新聞購入費は内務省定額金から捻出しなければならなかったこと。第二に、中央諸官省の動静について情報の得にくい地方の購読紙種を削減して、中央諸官省の分はそのまま温存するというのは本末転倒であり妥当性を欠くということであった。以上の二点を理由に明治八年一月三一日、内務省は同省費による新聞購入頒布を廃止して、今後は府県常費から年額八十円を新聞代金と設定して各種新聞を適宜購入させたい旨を伺出た[75]。これに対し太政官は、以後府県常費にて日報社新聞を適宜購入するという点のみ許可する旨指令した[76]。院省使等の中央官庁による新聞購入閲読を相変わらず重視していたのである。

内務省の再度の提案にも関わらず、太政官は中央官庁における新聞の官費購入を堅持した。中央官庁における新聞購読の必要性に関するこのような太政官の評価は実は正しかった。皮肉にも、それは官費購入制度を廃止して初めて思い知ることになるのである。明治八年二月二七日、今度は太政官庶務課が「素ヨリ新聞紙ノ儀ハ官庁ニオイテ必ス通読不致候テ差支候筋モ無之ニ付以来院省使ハ悉皆廃止府県ハ是迄ノ通リ日報社新聞ニ限リ買入」れてはどうかと伺出た(77)。内部からのかような提案を受け、太政官は漸く重い腰を上げ、明治八年三月一二日、太政官第三五号達を院省使宛に次のように示達した(78)。

○第三十五號（三月十二日）　院省廳

諸新聞紙官費ヲ以テ買入候儀自今可廢止此旨相達候事

但既ニ前金相拂置候分右限リ買上ケ候儀ハ不苦事

これを受け、内務省は同年五月一七日、同省乙第六二号達(79)により各府県の定額金より年間八十円を新聞代金と定めて適宜購入することを示達した。これは明治八年一月三一日内務省伺の中で提案したことの実現であった。ここに院省使等の中央官庁による新聞の官費購入制度は廃止された。しかし多くの中央官庁で、執務上もはや新聞は必要不可欠な存在となっていた。そのため太政官第三五号達の示達直後から、外務省、左院、文部省、大蔵省、陸軍省、元老院等、多くの中央官庁から新聞購入許可を求めて伺が殺到した。更には、廃止を推進した内務省管下の警視庁や、正院内部の財務課等までが願い出てきたのである(80)。このように、各官庁が執務上の必要性を理由に新聞の官費購入を伺出た場合、太政官は例外として個別に許可を出した。しかし結果的には、例外が原則を遙かに上回ったため、明治八年太政官第三五号達の妥当性そのものが問題となった。こうして新聞の官費購入をめぐる太政官の方針は変更を余儀なくされた。

③新聞購入制度の再開

このような経緯で、明治九年一一月一三日太政官第一〇九号達(81)により院省使庁に対して、「各廳事務上ニ於テ必要ノ分ハ自今定額内ヲ以テ購求」してよい旨が示達された。これにより中央官庁ではその定額金を以て適宜に新聞を購入できるようになった。このような各官庁における新聞の需要は官報創刊まで続いた。例えば陸軍省は、官報創刊直前の明治一六年六月一六日に同省達乙第六七号達(82)により、また海軍省は同月二五日に同省内第五六号達(83)により新聞の官費購入を廃止した。いずれの場合も理由は、官報が創刊され、そこに政府関係記事から外報に至るまでが網羅されるため、新聞購入の必要がなくなったことによるものである。

④まとめ

以上のごとく、明治六ないし七年頃に至ると、中央の諸官庁にとって他官庁の動静を知るために新聞は必須の媒体となっていた。その伝達される諸情報の内主要な部分のひとつを法令が占めていたことは明かである。ただ、前述のごとく、新聞への掲載は正式な法令伝達手段ではなく、事実上の掲載に過ぎない点に留意しなければならない。明治政府は、明治六年二月二四日太政官第六八号（布）(84)以来、人民を名宛人として伝達された法令が如何なる手続きを経て発効するかについて明確に規定を設けた。その一環として人民への伝達方法として、各地方が伝統的に用いてきた便宜的方法を用いることが許された時期もあった。その時期に、東京府等の少数の地域では、法令の新聞掲載を正式な伝達方法と採用したところもあった(85)。しかしこれはあくまでも例外であった。

他方、中央官庁間で示達された達が発効するまでの手続きを定めた規定は、管見の限り見あたらない。それは達は各官庁に宛てた執務上の指示事項を内容とするという性質上、発令機関から宛先の官庁へ直接送達されその到達により直ちにその内容が執行されたためであろう。その意味では実際到達主義が採用されていたと言っても良い。従って新聞紙上である達の存在を初めて知ることになったのは宛先以外の諸官庁であると考えられる。すなわち中央官庁内での法令伝達においても、新聞はあくまで事実上の補助的伝達媒体に過ぎなかった。

〔四〕 政府刊行物による伝達

(1) 総説

以上のほかにも、中央政府諸機関が発行した印刷物により、当該機関が発令した法令および示達を受けた法令を知ることができる。これらは、「達全書」のごとく特定の官庁が自ら発令した法令を編集した法令集と、日誌等のように当該官庁の執務動勢を逐日的に記録し公報の機能を果たすものに大別できよう。注意すべき事は、これらに掲載された法令は、たとえば「公文録」等の公文書にも掲載されていることがよくある。かような場合は、文書学的・書誌学的にそれら史料間の優劣を判断しなければならない。本章二〔二〕「法令の回達」で述べた如く、日誌や法令集は法令原本から数次にわたる謄写を経て作成される場合が多いので、その間にテキストが変容してしまうことがしばしばあるからである。従って、諸史料・諸法令集の書誌学的評価ということも、近代法史学研究には必須ではあるが、本章と趣旨が異なるので、後述することとして、(86)ここでは二種類に大別した政府印刷物の概略を示すにとどめたい。

(2) 各官省の法令集

多くの省庁は、自らが発令した達や布達等を類集して法令集として刊行していた。例えば、太政官の「布告全書」(87)「達全書」(88)、諸省によるものでは「内務省布達全書」(89)「大蔵省布達全書」(90)「陸軍省達全書」(91)「海軍省布達全書」(92)「文部省布達全書」(93)「教部省布達全書」(94)「司法省布達全書」(95)「工部省布達全書」(96)等がある。これらは、毎月から毎年という一定の間隔で定期的に刊行された。但し、同一書でも時期によって発行間隔がことなるものが多かった。

これらの全書は、頒布を前提に刊行され、入手した諸機関の執務の便に供された。それらはどの程度の範囲に頒布されたのであろうか。例えば、国立公文書館に現存する太政官「達全書」[97]は、太政官用度課が入手して数号を合綴し、その実務に用いていたものである。これを根拠に太政官の下部部局に頒布されていたことは想像がつくが、他省へも頒布されたかは確証がない。また「公文録」によれば[98]「陸軍省達全書」は明治一四年二月以来太政官に上程されているが、各省にどの程度頒布されたかは明かではない。また、最高裁判所明治文庫に所蔵されている「明治六年大蔵省布達全書」[99]には「山縣地方裁判所酒田支庁」の印があり、司法省管下の地方裁判所まで頒布されていたことがわかる。

一方、「文部省布達全書」「工部省布達全書」には定価が記載されており、また「司法省布達全書」には「売弘所」という名称で販売所が記載されている。従ってこれらは不特定多数者への有償頒布を前提に刊行されていたことは明かである。

以上のように、各官省の法令集は、一定の範囲への頒布を前提として定期的に刊行された。これらにより、官省の法令は、他の諸省や人民へも伝達された。ただし、これらの法令集は定期刊行物であり、各法令の発令毎に刊行されたものではない。従って法令の発令と刊行との間には、必然的に時間的懸隔が存在した。そのため、発令された法令を周知せしめる事実上の媒体とはなり得ても、公布の要件とはなり得なかった。

（3）日誌・日報・月報等

太政官および諸省その他の機関の中には、その日々の執務動静を記録し外部へ知らしめるために、日誌・日報・

月報等を刊行するものが多かった。各機関の公報と言い得るであろう。代表的なものには「太政官日誌[100]」「内務省日誌[101]」「民部省日誌[102]」「陸軍省日誌[103]」「海軍省日誌[104]」「司法省日誌[105]」「文部省日誌[106]」「地方官会議日誌[107]」「元老院日誌[108]」などがある。明治政府創設当初の「太政官日誌」は、戊申戦争の戦局を報じ且つ新政府の威信を発揚するために、多い月で三十一回、平均で月十回程度刊行された[109]。しかしその後に創刊された多くの日誌は概ね一ヶ月分を纏めて一冊として刊行されたものが多い。また「太政官日誌」をはじめとする多くの日誌類は民間書肆の手によって印刷された。

これらは各機関の公報として、執務全般にわたる事項が逐日的に記載されており、その一環として当該機関が発令した法令および上級官庁より示達を受けた法令が記載されている。その限りにおいて法令伝達の媒体としての機能を有した。しかし前述の「達全書」などと同様に、法令の発令と日誌等の刊行の間に時間的懸隔が存在したため、公布方法とはなり得ず、事実上の伝達媒体であるにとどまった。

（1）慶応三年第七（「法令全書」第一巻（原書房覆刻版、一九七四年）慶応三年四頁。）。

（2）慶応三年第二七（「法令全書」第一巻（原書房覆刻版、一九七四年）慶応三年一二頁。）。

（3）「法令全書」第二巻（原書房覆刻版、一九七四年）一四三頁。ところで、各法令に法令番号が付与されるようになったのは、明治五年一月八日太政官達による。それ以前に発令された法令には法令番号はついていない。しかし「法令全書」は編纂の便宜上、それ以前に発令された法令に整理番号を付与した。そして両者を区別するために、整理番号には「號」の文字を付与せず番号のみで表記した。本章もこの区別方法に従うものとする。「法令全書」第一巻（原書房覆刻版、一九七四年）編纂例二頁参照。

（4）法令が布告・布達・達の形式に区別されるようになるのは、明治六年七月一八日太政官第二五四号及び同年八月二八日太政官（達）による。すなわち太政官法令の内、一般に対するものを布告とし、各庁官員に対するものを達とした。また各省使の発令する法令の内、一般に対するものを布達とし、各庁官員に対するものを達とした。尚、法令全書は、それらの形式区分を、明治七年一月より実施した。しかし、同書はそれ以前の法令についても、遡及編纂の際に参照した諸資料に法令形式が示されている場合には（仰）（布）（沙）（達）という要領で記載した。「法令全書」第一巻（原書房覆刻版、一九七四年）編纂例三頁参照。そこで本章も、便宜上この表記方法に従い、明治六年以前の法令でも、法令全書にかような形式表記のあるものについては、（仰）（布）（沙）（達）と表記することにする。

（5）「法令全書」第二巻（原書房覆刻版、一九七四年）一四三頁。

（6）「法令全書」第四巻（原書房覆刻版、一九七四年）七二頁。

（7）「法令全書」第四巻（原書房覆刻版、一九七四年）二二四頁。

（8）明治一二年三月一〇日海軍省事務課届往入第七一二号（国立公文書館蔵「海軍省日誌」明治一二年第七号一五頁）。

（9）明治八年九月一三日元老院官房回達（国立公文書館蔵「元老院日誌」明治八年五巻五一〇号）。

（10）「布告摺物一部宛各課へ渡候ニ付順達廃止ノ通達」（国立公文書館蔵「公文録明治六年各課伺」第九）。

（11）明治一二年三月一〇日海軍省事務課届往入第七一二号（国立公文書館蔵「海軍省日誌」明治一二年第七号一五頁）。

（12）「大學ニ配付スル布告類ノ員數ヲ定ム」国立公文書館蔵「太政類典」第一編第一巻第百十一。

（13）「兵部省ニ配付スル布告類ノ員数ヲ定ム」国立公文書館蔵「太政類典」第一編第一巻第百十二。

（14）「法令全書第五巻ノ一」（原書房覆刻版一九七四年）一九六頁。

（15）明治七年五月一四日印書局申牒「印書局事務将来ノ目途心得方ヲ申請ス」（国立公文書館蔵「太政類典」第二編第五巻第八四）。

(16) 明治六年二月二四日大蔵省第二二号（「法令全書第六巻ノ一」（原書房覆刻版一九七四年）八三六頁）。
(17) 国立公文書館蔵「太政官沿革志三十三印書局沿革」明治五年九月二七日、及び同「太政類典」第二編第五巻第六一。
(18) 国立公文書館蔵「太政類典」第二編第五巻第六二。
(19) 「法令全書第五巻ノ一」（原書房覆刻版一九七四年）五〇六頁。
(20) 国立公文書館蔵「太政官沿革志三十三印書局沿革」明治五年一〇月一三日。
(21) 国立公文書館蔵「太政類典」第二編第五巻第八二。
(22) 国立公文書館蔵「太政類典」第二編第五巻第八三。
(23) 国立公文書館蔵「太政類典」第二編第五巻第八一。
(24) 国立公文書館蔵「太政類典」第二編第五巻第七七。
(25) 「法令全書第六巻ノ一」（原書房覆刻版一九七四年）三六四頁。
(26) 「法令全書第六巻ノ一」（原書房覆刻版一九七四年）七九七頁。
(27) 本書第一章「明治期の高札と法令伝達」五［二］（4）参照。
(28) 国立公文書館蔵「太政類典」第二編第五巻第七八。
(29) 国立公文書館蔵「太政類典」第二編第五巻第八五。
(30) 本書第四章「『法令公布日誌』構想と『官報』の創刊」参照。
(31) 同右。
(32) 「法令全書第七巻ノ一」（原書房覆刻版一九七五年）三五二頁。
(33) 国立公文書館蔵「太政類典」第二編第五巻第六二。
(34) 国立公文書館蔵「太政類典」第二編第五巻第八五。

(35) 国立公文書館蔵「太政類典」第二編第五巻第八六。
(36) 同右。
(37) 国立公文書館蔵「太政類典」第二編第五巻第八八。
(38) 同右。
(39) 国立公文書館蔵「太政類典」第二編第五巻第八七。
(40) 同右。
(41) 「法令全書第八巻ノ一」(原書房覆刻版一九七五年) 七三四頁。
(42) 国立公文書館蔵「太政類典」第二編第五巻第九〇。
(43) 国立公文書館蔵「太政官沿革志三十三印書局沿革」明治七年九月三日。
(44) 国立公文書館蔵「太政類典」第二編第五巻第九〇。
(45) 国立公文書館蔵「海軍省日誌」明治一二年第七号一五頁。
(46) 国立公文書館蔵「明治十六年陸軍省達全書第四十號」附録第一葉。
(47) 東京都公文書館蔵「第一法令類纂」巻之五十七第十二章第三号。なお、本書第二章「明治期の東京府における法令伝達制度について」四［二］参照。
(48) 本書第四章「『法令公布日誌』構想と『官報』の創刊」参照。
(49) 国立公文書館蔵「公文類聚」第十編第十巻第六。
(50) 本章五［四］及び［五］参照。
(51) 本書第二章「明治期の東京府における法令伝達制度について」参照。
(52) 「日新真事誌」の創刊経緯については、浅岡邦雄「『日新真事誌』の創刊者ジョン・レディ・ブラック」(国立国会図書館「参

考書誌研究」三七号、一九九〇年三月、三八頁以下）参照。
(53) 国立公文書館蔵「公文録壬申左院伺下」第二十八「左院中議事貎刺屈新聞紙載出ノ儀伺」。
(54) 同右。
(55) 国立公文書館蔵「太政類典」第二編第六巻第十四上「諸新聞發行人へ布告類謄寫又ハ毎號一部下付ヲ許ス」。
(56) 同右。
(57) 国立公文書館蔵「太政類典」第二編第六巻第二十。
(58) 同右。
(59) 国立公文書館蔵「太政類典」第二編第六巻第二一。
(60)「福地源一郎発大隈宛書翰（年欠一〇月三日）」早稲田大学蔵「大隈文書」B19。
(61) 国立公文書館蔵「太政類典」第二編第六巻第二一。
(62)「陸軍省日誌」明治九年第一二号五頁。
(63) 国立公文書館蔵「明治十六年陸軍省達全書第四十号」附録第一葉。
(64)「法令全書第五巻ノ一」（原書房覆刻版一九七四年）五五四頁。
(65)「法令全書第五巻ノ一」（原書房覆刻版一九七四年）七六二頁。
(66) 明治八年一月三一日内務省伺参照（国立公文書館蔵「太政類典」第二編第六巻第二八）。
(67) 国立公文書館蔵「公文録明治七年内務省伺五」第八二「院省使府縣ニ於テ官費ヲ以新聞紙買上廃止之儀伺」。
(68)「法令全書第七巻ノ一」（原書房覆刻版一九七五年）六六八頁。
(69)「法令全書第七巻ノ一」（原書房覆刻版一九七五年）五二四頁。
(70)「法令全書第七巻ノ一」（原書房覆刻版一九七五年）五三四頁。

(71) 明治八年三月一二日太政官第三五号達に対する各省伺参照（国立公文書館蔵「太政類典」第二編第六巻第二九）。
(72) 国立公文書館蔵「公文録明治七年内務省伺五」第八二「院省使府縣ニ於テ官費ヲ以新聞紙買上廃止之儀伺」。
(73) 次頁参照。
(74) 「法令全書第七巻ノ一」（原書房覆刻版一九七五年）五一一頁。
(75) 国立公文書館蔵「太政類典」第二編第六巻第二八。
(76) 同右。
(77) 同右。
(78) 「法令全書第八巻ノ一」（原書房覆刻版一九七五年）五四六頁。
(79) 「法令全書第八巻ノ二」（原書房覆刻版一九七五年）九一五頁。
(80) 国立公文書館蔵「太政類典」第二編第六巻第二九。
(81) 「法令全書第九巻ノ一」（原書房覆刻版一九七五年）三八〇頁。
(82) 「法令全書第一六巻ノ二」（原書房覆刻版一九七六年）一〇二八頁。
(83) 「法令全書第一六巻ノ二」（原書房覆刻版一九七六年）一一九七頁。
(84) 「法令全書第六巻ノ一」（原書房覆刻版一九七四年）六四頁。
(85) 本書第二章「明治期の東京府における法令伝達制度について」参照。
(86) 本書結言［三］（三六八頁）参照。
(87) 国立公文書館内閣文庫蔵。
(88) 国立公文書館内閣文庫蔵。
(89) 国立公文書館内閣文庫蔵。

(90) 最高裁判所明治文庫蔵。
(91) 国立公文書館内閣文庫蔵。
(92) 国立公文書館内閣文庫蔵。
(93) 法務図書館蔵。
(94) 最高裁判所明治文庫蔵。
(95) 国立公文書館内閣文庫蔵。
(96) 法務図書館蔵。
(97) 国立公文書館蔵、請求番号ヨ320-357B。
(98) 「達全書第五号進達ノ件」(国立公文書館蔵「明治十四年公文録陸軍省一月二月」第三十三)。
(99) 最高裁判所明治文庫蔵、請求番号0207。
(100) 復刻版『太政官日誌』(石井良助編、東京堂出版、一九八一年)。
(101) 復刻版『明治初期内務省日誌』(内務省編、国書刊行会、一九七五年)。
(102) 国立公文書館内閣文庫蔵。
(103) 国立公文書館内閣文庫蔵。復刻版『陸軍省日誌』(朝倉治彦編、東京堂書店、一九八八年)。
(104) 国立公文書館内閣文庫蔵。復刻版『海軍省日誌』(龍渓書舎、一九八九年)。
(105) 国立公文書館内閣文庫蔵。復刻版『司法省日誌』(東大出版会、一九八三年)。
(106) 国立公文書館内閣文庫蔵。復刻版『文部省日誌』(東大出版会、一九八五年)。
(107) 国立公文書館蔵。
(108) 国立公文書館蔵。復刻版『元老院日誌』(国立公文書館、一九八一年)。

(109)　石井五郎「日本の法令集おぼえ書（三）」（「国立国会図書館月報」四六号、一九六四年、二三頁）。

三　中央政府から府県への伝達方法

[一]　触頭

触頭とはもともと江戸幕府において支配機構の発令する触を配下へ伝達し、配下からの願・届・伺などをその支配機構へ取り次ぐ取次役の総称であった。具体的には、寺社奉行の触を配下の寺社へ伝達し、それらからの上申類を取り次いだ触頭がその代表と言えよう。また、在地の支配機構において、管下の町・郷村などに触を伝達した親町・親郷なども触頭と称された。

草創期の明治政府は支配の方策に乏しく、「徳川祖先ノ制度美事良法ハ其儘被差置御變更無之候間」[1]という名目で旧幕時代の諸制度を継承した。触頭もそのひとつであった。すなわち慶應四年二月八日、新政府は加賀藩・薩摩藩・仙台藩以下の二四藩に命じて諸藩への政令伝達の任にあたらせた。[2]これら二四藩を触頭としてその下に数藩ずつを配置し触下とした。これにより二四組の触頭—触下グループが結成されたわけである。そして触頭は、新政府からの法令等を触下諸藩に伝達すると共に、触下諸藩からの願・伺・届等の諸上申を新政府に取り次ぐ任にあたった。明治政府の草創当初、中央政府の法令は、この触頭—触下機構を通じて各地方へ伝達されたのである。その後、慶應四年四月一七日第二四四[3]により、二四藩の触頭の内三藩ずつが月番を勤めることとなった。中央政府によって法令等が発令された場合は、この月番触頭が召喚され謄本二通を手交され、そこから他の触頭諸藩に伝達され、それら各触頭から各触下へと伝達されるよう制度が改められた。その後、明治元年一一月二〇日第九八四[4]により、月番触頭は発令の度に召還されるのではなく、日々三名が城詰めすることに改められたものの、この触頭による法令等の地方への伝達は、廃藩置県まで存続した。

触頭制は中央法令を地方へ伝達することを目的とした制度のみではなく、他の種々の目的のためにも同名の制度が創設された。たとえば明治政府は、旧幕時代の高家・交代寄合・寄合両番席以下を中大夫・下大夫・上士に再編し、それぞれに触頭を設け、上意下達および上申の取次を行わせた。[5]あるいは軍務官（後には兵部省）は、明治二年正月一七日第五〇[6]により軍務に関する諸命令を府藩県に伝達するため軍務官附触頭を設けた。これらから明らかなように、中央政府からの指示命令を下位の諸機関に伝達し、それらからの上申を中央政府に取り次ぐ役割を総称して触頭と呼んだのである。これら中央政府により創設された触頭は、明治四年七月一四日に廃藩置県が断行されるまで[7]存続した。

ところで、触頭制は中央政府に限られるものではなかった。府藩県においても法令をはじめとする上意の下達と上申取次、あるいは治安維持の目的のために種々の触頭が創設されたのである。たとえば東京府の例では、前述の軍務官附触頭は明治二年一二月一一日第一一五〇[8]により東京府の貫属に編入されるが、それを含めて管見のかぎり六種類の触頭が設けられていた。[9]

〔二〕東京出張所

各府藩県は、当然の事ながら、前述の触頭及び触下の任にあたる官員を東京府に常駐させておく必要があった。明治政府は明治元年九月二三日第七八三[10]により各藩に対し東京に邸宅を下賜する旨を発令した。従って、触頭制が採用された当初各藩は、東京の各藩邸等に詰めていた官員がその任にあたったものと思われる。一方各府県に対しては、明治二年一月一七日第四六[11]により馬喰町元郡代屋敷を知県事屋敷とし、各知県事の東京滞在中はここに止宿するよう、また「附属ノ役人平常相詰居候様取計」うよう沙汰された。従ってここに常駐していた各府県の官員が触頭ないし触下の任にあたったのであろう。当時、各府県は既に東京出張所を設けており、そこから官員を馬喰町知県事屋敷に派遣していたようである。[12]しかし、府内に各府県の東京出張所が散在する状況では不便をきたすため、明治二年一二月二七日第一二〇二[13]により馬喰町屋敷内に各府県の東京出張所を「一纏ニ」設置するよう示達した。これにより知県事屋敷は、いわば各府県の東京出張所合同庁舎という位置づけに変更されたのである。

中央政府による触頭制は、前述の如く廃藩置県により消滅した。それに伴い中央政府の法令等は、城詰めの月番触頭ではなく、後述のごとく各県組合へ伝達された。そのため廃藩置県により新たに生まれた諸県も同組合に編入される必要上東京出張所を設けなければならず、これを機にその数は一挙に増大することとなった。そのため馬喰町元郡代屋敷が手狭になったためであろうか、明治四年一一月二〇日大蔵省第一〇〇[14]により、各府県の東京出張所は常磐橋内松平正邸へと移転するよう命ぜられた。

東京出張所は、明治八年一月二〇日太政官第十一号達[15]により、同年二月一日を期して廃止する旨が示達され、それに伴い各府県の官員の一名は内務省詰めが命じられた。この東京出張所廃止の背景には、中央政府と地方庁の間を郵便により直接結ぼうという新たな伝達構想があった。後述のごとく同年一月三一日太政官第一六号達[16]により、翌日からの東京出張所廃止を期して、新たに郵便による往復を実現すべく「府県往復規程」が示達されたのである。

〔三〕 廃藩置県後の法令伝達方法

(1) 大蔵省による内政支配から太政官の統制力強化へ

①大蔵省による統合的伝達

廃藩置県から約五ヶ月を経て、明治四年一二月二七日大蔵省第一三七により法令等の新たな伝達方法が次のように各県に命じられた[17]。

従來一般公告ノ廻達淹滞ノ弊少カラス随テ公事誤謬ノ害ヲ生シ不都合ノ至ニ付今般更ニ別紙ノ通組合ヲ定メ來申正月ヨリ一組毎ニ一縣ツヽ輪番ニテ月番相立一般公布ノ文書ヲ始其他諸達物等總テ右月番ヘ相達候條月番ヨリ各其組合中ヘ無遅延頒布可致事

但相渡候上ハ一々受取書可差出候事

追テ本文組合中ヘ早々廻達可致事

これによれば、諸県が概ね十県程度ずつに分かれ各県組合を組織し、毎月一県ずつ月番を決め、その月番県が下付された法令等の謄本を組合内に頒布するという伝達制度であった。基本的には月番触頭制と大差はないが、それの場合には触頭―触下の一グループあたり二部しか頒布されなかったのに対し、組合に属する各県へ頒布とされたところは注目される。すなわち頒布を受けた各組合内で謄写する必要が無くなり、その分だけ誤写の可能性が減ったことになる。

明治三年七月に民部・大蔵両省が分離して約一年後の四年七月、両者が再び合併し、府県は大蔵省の下に組織され同省は実質的に内政を掌握する形となった。そして同年八月一九日太政官第四二三により大蔵省職制事務章程が発令され[18]、往復課が諸布告等の公文を取り扱い、受附課が諸願伺届等を受け付け指令を伝達することとされた。かような職制を前提としているのであるから、大蔵省が発令する法令等に限ってかような伝達系統が利用されたのではなく、各官省が府県に宛てて発令する法令等はすべて大蔵省を経由して各県組合へ伝達されたと考えるべきであろう。大蔵省は、各官省の発令する府県宛ての法令等を自省に統合集中し発令することで、府県の掌握を一層強固にしたと言えよう。

②府県往復規程による府県への直接郵送

前述のように、大蔵省は、民蔵合併により財政から内政全般にわたる強大な権力を掌握するに至った。しかし明治五年に至ると、翌六年の諸省予算を巡りいわゆる明治六年定額問題が惹起された。司法卿江藤新平・文部卿大木高壬らが大蔵省攻撃の急先鋒となり諸改革のための予算を要求したのである。当時条約改正交渉に必要な全権委任状の用意のために一時帰国した大蔵卿大久保利通も、太政官強化のため大蔵省の権限を縮小することが不可避であると考えるに至った。かような状況の下、明治六年五月大久保の帰国後、内務省設立準備が進んだ。そして、同年一〇月、征韓論を主張して容れられなかった征韓派参議が下野するいわゆる明治六年政変が起こったが、その直後の一一月一〇日、太政官第三七五号（布）[19]により内務省が設置された。これにより同省は大蔵省が掌握していた内政全般に関する諸権限を獲得した。また同省の設置は、征韓よりも内治を優先するという政綱を具体化し内外に示す方策としても意義があった。

このような経緯で、大蔵省から内政諸権限が新設の内務省に移管された。他方、この時期以降、後述のごとく参議省卿兼任制の実施、その後明治八年大阪会議後の太政官改革に至る過程で、太政官の有す諸省への統制力が強まっていった。その結果、太政官の下部行政組織としての諸省が共通して実施する法令等の伝達方法の創設が必要となった。すなわち、大蔵省が掌握していた内政権を、内務省を経由して太政官が掌握した結果、かかる権力移行に応じた新たな伝達制度の策定が必要とあった。そこで、まず太政官は明治八年一月二〇日太政官第十一号達[20]により各府県の東京出張所を当月いっぱいで廃止する旨を示達した。

府縣東京出張所ノ儀來ル二月一日ヨリ相廢シ候條是迄在勤官員ノ内毎府縣壹人ツヽ内務省ヘ相詰其餘ハ從前ノ事務取纏メ次第引拂候樣可致此旨相達候事

但文書往復等ノ手續ハ追テ可相達事

さらにこれを受けて、明治八年一月三一日太政官第十六号達[21]により府県往復規程が示達され、東京出張所の消滅した二月一日より施行されたのである。その制定趣旨は「府縣東京出張所ノ儀來ル二月一日ヨリ相廢止候ニ付諸事左ノ府縣往復規定ニ照準可取計」とあるように、従来行われてきた東京出張所経由での府県への伝達にとって代わるべき新たな手段と位置づけられていたことは明かである。これにより、各院省が各府県へ宛てた達類、および各府県側からそれらに宛てた願伺届等は、両者の間で直接郵便により往復されるようになった。かつて明治四年の大蔵省職制事務章程では、府県と各官省の往復は大蔵省が取りまとめて実施していたが、この府県往復規定では、中央政府の関係機関と各府県とで郵便を用いて直接往復することとされた。太政官が府県と各官省との往復宇をとりまとめるのではなく両者間で直接往復せしめることが可能となった背景として、太政官の諸省統制力が強化されたことが挙げられよう。しかしながらかつての大蔵省のごとく、実質的には、内政を掌握した内務省との往復が最も多かったであろうことは容易に推測されよう。

中央政府と地方庁を郵便で直接結ぶという新しい試みが軌道に乗るにはある程度の時間が必要であろう事は、当時の中央政府でも認識していたのであろう。そのため、東京出張所を廃止しても府県官員を暫定的に内務省に待機させたと考えるのが自然である。従って、同年六月四日太政官第九五号達[22]により、各府県官員の内務省待機が廃止されたということは、この時期に至り、郵便による伝達がようやく起動に乗り始めたということであろう。前述の如く触頭制は旧幕制度の流用であり、廃藩置県後の東京出張所を介した府県への伝達制度も、基本的には触頭制の踏襲と言えよう。それに対して「府県往復規程」の実施は、東京出張所詰めの府県官員を介することなく、発展しつつある郵便制度を利用して直接各府県への伝達を実現しようというものであり、これによりようやく明治新政府は法令等の独自の伝達制度を実現したと言えよう。ここに明治政府による法令伝達近代化の一画期を見いだすことができよう。

この、府県往復規定による法令等の伝達は、官報が公式の伝達手段とされるまで存続した。すなわち明治一六年五月二二日太政官第二三号達[23]により、達・告示が「官報登載ヲ以テ公式」とされ、さらに明治一八年一二月一八日太政官第二三号布達[24]により布告・布達も官報掲載が公式の伝達手段とされた。ここに至り、府県往復規程による伝達がその役目を終えたのである。

（2）法令の頒布

①法令謄本の頒布—謄写方式

法令等がいずれの方式により伝達されるにしても、その過程における主要な作業は、法令原本からの謄本作成と、その謄本の頒布のふたつに大別される。その伝達の正確性を確保するには、正確な謄写が極めて重要である。しかし謄写には誤写の可能性が不可避的に内包される故に、謄写の回数が少ないほど法令伝達の正確性は向上することになり、且つそれは伝達の迅速性を確保する上でも重要な要素となる。すなわち、中央政府内で謄写されたものを各地方庁で受領し、更にそこで必要部数を謄写・増刷し、更に郡区町村段階で謄写し各町村に頒布するよりは、各府県の必要部数をすべて中央政府内で増刷し纏めて配布する方式の方が、内容の正確性・伝達の迅速性を確保し得るのである。従って、法令等の伝達の正確性確保の過程は、本章二［二］で言及した中央政府による統合的印刷機関における印刷業務の処理効率の向上と密接に関連すると言えよう。そして中央政府の一括印刷による内容の正確性・伝達の迅速性の確保は、明治一六年太政官印書局による官報の発行という形で実現されたのである。

触頭制においては「御達有之節ニ右月番之三藩召出御達シ書二通御渡ニ相成候事」(25)とあるように、中央政府から法令等の謄本が頒布され、それらが触頭ないし触下により謄写され各藩に伝えられた。他方、版籍奉還により誕生した諸県に対しても同様に法令等の頒布が行われたことは言うまでもない。例えば明治四年五月一七日に山形県は「摺物御布告ノ儀是迄二部宛御渡相成」っていたが「當縣ノ儀ハ酒田高畠尾花澤ニ出張所有之夫々寫取差廻居候テハ御用多手回兼候ノミナラス時宜ニヨリ至急ノ儀モ自然遷延相成不都合」なので「爾來五部宛御渡御座候様仕度」と伺出た。(26)これに対する指令は見あたらないが、少なくとも各藩に対するのと同様に法令等の謄本が各県にも配布されていたことは明かである。

②廃藩置県後、法令の増刷頒布

前述のごとく明治四年一二月二五日大蔵省第一三七により、中央官省から府県に宛てた法令は内政全般を掌握した大蔵省から一括して伝達されることとなった。具体的には、各県組合の月番県が下付された法令の謄本を組合諸県に頒布するという方法がとられたのであるが、大蔵省第一三七は各府県に頒布する謄本部数には言及していなかった。この部数は各県の必要部数に遠く及ばなかったものらしく、不足分を確保する方策を強いられた府県からは、頒布部数の増加を求める上申[27]や、自らが増刷することの許可を求める伺[28]が相次いで提出された。

このような状況の中、本章二で述べたごとく、明治五年一一月一三日、太政官印書局は各省および地方からの受注印刷を開始したため、各府県が必要とする法令部数を同局で印刷することが可能となった。太政官は、同局による中央官省の諸書類の一括的印刷の実現を志向していたため、同局に法令の印刷を担当せしめ、府県から頒布部数の増加を求められた場合は同局へ増刷の指示を与えるという方法を採用した[29]。

他方、大蔵省のごとく、自らの印刷業務管轄権を印書局に委譲し中央政府内の印刷業務を同局に一括することに難色を示していた諸省は、印書局へは法令の印刷を発注しなかった。例えば大蔵省の場合、明治六年二月二四日同省第二二号[30]により、同省が発令する布達書類の謄写を止め活字上木に代え、各府県東京出張所へ十部ずつ頒布することとした。そして府県内人民にも印刷物を利用したい場合は、東京日報社へ直接注文するよう示達した。

このように、明治六年に至ると、各官省は印書局に発注するか、あるいは新聞社や民間書肆等を利用して法令を増刷するという途が開かれた。明治六年の前半以降、各府県から諸官省に宛てた法令等の印刷頒布部数の増加を求めた上申が殆ど見られなくなる。その理由はこのあたりにあるに違いない。

③内務省設置以降の増刷頒布

［三］「廃藩置県後の法令伝達方式」（1）②で述べたごとく、内務省の創設により従来大蔵省が掌握していた内政全般にわたる諸権限は新たに同省に委譲されることとなった。しかし同時に、太政官の諸省に対する統制力が強化されたため、法令伝達については内務省を介して太政官が統轄する体制が整った。このような地方に対する法令

伝達を統轄しようという太政官の動きは、明治六年政変の直前から既に始まっていた。すなわち同年一〇月一五日太政官第三四八号[31]により、各府県へ頒布する法令の部数が定められた。すなわち全国一般及び華士族社寺等へ対する法令は各府県の本庁へ四部、支庁へ一部、大区へ一部と、また中央及び地方庁限りに達する法令の場合は本庁四部、支庁一部という一般的基準が定められ、それに基づく各府県毎の頒布部数が具体的に定められたのである。各府県への頒布部数を大蔵省ではなく太政官が定めた点に、そして、翌一一月一〇日に内務省が創設されたことからも、太政官の意図を読みとることができよう。

その後、明治八年九月一五日太政官第一六三号達・同一六四号達[32]、明治一二年二月一四日太政官第九号達・同第十号達[33]により漸次頒布部数が増加され、その部数に基づく頒布が官報創刊まで存続した。

（3）法定到達日数

中央政府により制定された法令等は、当初は各府県の東京出張所を経由して、後には直接当該府県へ郵送されたことは前述のとおりである。次にこれらが一体何時、各府県に到達し発効したかという問題を検討しておかなければならない。この点について初めて言及したのは、管見のかぎりでは、明治六年六月一四日太政官第二一三号[34]であった。おそらくそれ以前は、各府県に実際に到達した時点で、当該府県が実施した便宜的周知手続きを経て発効したものと考えられる。いわば実際到達主義と言えよう。これに対して明治六年太政官第二一三号は次のように規定された。

各府縣へ諸布告到達ノ日限別紙表面ノ通被相定候條本年第六十八號ノ布告ニ因リ到達ノ上三十日間掲示ノ後ハ管下一般ニ之ヲ知リ得タル事ト看做候條此旨相達候事

但途中川支等ニテ停滞シタル時ハ其事由可届出事《後略》

同達はこの後段で、各府県毎の到達所要日数を例えば東京府ならば翌日、鹿児島県ならば一七日というごとく個別的に定めた。そして、この法定到達日数を経過した後、明治六年第六八号達が規定する三十日間掲示という周知方法を各府県が実施した後、人民に周知されたものとみなされたのである。すなわち実際の到達の有無にかかわらず法定到達日数の経過と一定の周知手続きの実施で人民に周知されたこととされ、法的諸関係の安定性が向上したと言えよう。このことの意義については後に詳述することとして、ここでは実際到達主義が到達所要日数法定主義に変更されたことで、中央政府は各府県における法令等の発効日を予め知ることが可能となった点を強調しておきたい。

しかし、この法定到達日数規定の適用が困難な場合も若干存在した。それは主に各府県に属する島嶼部や冬期の往来が困難な寒冷地であった。これらについては、該当する府県が個別的に太政官に伺出ることで例外的措置が講じられたのである。その代表的なものには、開拓使の管内への伝達があった。すなわち明治六年七月一四日太政官達[35]は次のように示達した。

本年六月第二百十三號布告諸布告到達日限ノ儀開拓使管轄北海道ハ其管内地理不辨ヨリシテ書信往來若干ノ時日ヲ費シ就中氷海中ハ秋末ノ書信翌春尾ナラテハ不相達儀モ有之豫メ日限難定ニ付向後同使ニ限リ其管内各所到達掲示ノ初日ヲ取纏可届出段許可相成候條此旨可相心得事

これによれば、冬期の風雪により隔絶されてしまった場合、翌春各所へ実際に到達した日付を取りまとめ太政官に報告するよう命じられた。例外的に実際到達主義が温存される格好となったのである。また、特殊な例外的事例としては遠洋航海中の海軍艦船への伝達があげられよう。それらに対しては「凡回航先見積リ時々送付致来候得共或ハ出艦後行違等ニテ数月ノ後漸本艦へ到達シ初テ實施」されるという不都合がしばしば起こり、また「艦船遠航ノ如キハ臨時風波ノ模様ニ因リ豫メ其泊処難相定」いため、明治一五年一月一三日太政官は「特別ノ御詮議ヲ以テ諸艦船航海中諸規則加除改正等ニ係リ候儀ハ實地本艦へ到達ノ日ヲ以テ施行」すべき旨を指令した(36)。

さて、この法定到達日数は、郵便事情の改善に伴い、明治一六年五月二六日太政官第一四号布達(37)により概ね半減された。そしてこの新たな法定到達日数は、官報が創刊された後には駅逓局から各府県へ官報が発送される際の法定到達日数として流用された。

〔四〕新聞の頒布

府県における新聞の利用状況については、説明の都合上、本章二〔三〕において詳述したのでそちらを参照されたい。ここではその概略を述べるにとどめたい。

当時の各府県にとって、中央政府の動静や海外情勢に関する情報を入手することには困難が伴った。僻遠に位置する諸県ではそれは特に深刻な問題であった。そのような状況下では、新聞の利用価値が高かった。当時の新聞の情報伝播力は正式な手続きによる法令の伝達速度を上回っており、また新聞社によっては、中央政府より迅速に外報を入手していたところもあったほどである。従って、各府県においても、新聞は情報源として極めて重要であった。しかしこれはあくまで、一般的情報源としてであり、正式な法令伝達媒体とされたわけではない。

政府は、そのような事情で、各新聞を積極的に利用した。すなわち大蔵省が各府県への法令伝達を統轄していた明治五年当時、既に数紙が官費により購入され各府県に頒布されていた。その後、大蔵省の地方行政権を掌握した内務省は、明治七年、予算節減の折から官費購入の廃止を太政官に申し入れたが容れられず、「東京日々新聞」一紙の買い上げ頒布となった。これには、経費節減の他、太政官記事印行御用を拝命して御用新聞となった同紙により、自由民権運動の昂揚に対抗して世論を教導するという目的があった。その後、明治八年五月に至り、内務省の官費購入廃止の要求が認められ、各府県が定額金のうち年に八十円を新聞購入予算に充当し適宜購入することとなった。このような府県による新聞購入制度は、官報の創刊まで続いたものと思われる。

(1)「法令全書」第一巻（原書房覆刻版、一九九四年）三頁。
(2)「法令全書」第一巻（原書房覆刻版、一九九四年）九八頁。
(3) 本章二［二］(2) ②参照。
(4) 山中永之佑編『羽曳野資料叢書5堺県法令集一』（羽曳野市、一九九二年）九頁。
(5)『群馬勢多郡横野村誌』（群馬勢多郡横野村誌編纂委員会、一九五六年）一五九頁。
(6)『長野県史』近代史料編第二巻（三）政治行政・市町村政（長野県編、一九八一年）二〇頁。
(7)『幕末・明治の御用留』（秦野市市史編さん室、一九八一年）一八九頁、二〇二頁等。
(8)『柏崎市史資料集』近現代篇2（柏崎市史編さん委員会、一九八二年）二七五頁。
(9)「法令全書」第六巻ノ一（原書房覆刻版、一九八八年）三六四頁。
(10) 同右、七九七頁。
(11) 同右、五二二頁。
(12)「法令全書」第八巻ノ一（原書房覆刻版、一九九七年）七三六頁。
(13) 同右。

(14)「法令全書」第十二巻ノ一（原書房覆刻版、一九九四年）二二八頁。
(15) 同右、二二九頁。
(16)「法令全書」第十六巻ノ一（原書房覆刻版、一九九四年）三一九頁。
(17)「法令全書」第十八巻ノ一（原書房覆刻版、一九七七年）布達五〇頁。
(18) 明治六年一〇月二四日熊谷県達「管内布達取扱並費用之制」（埼玉県立文書館蔵「管下布達留」（旧熊谷県）第百一号）。
(19) 明治九年三月一〇日東京府第四一号「布達類触出地ヲ定ム」（東京都公文書館蔵「第一法令類纂」巻之二布告達第三九号）。
(20) 明治九年三月一七日東京府第五四号達「布告書類府下各区ニ於テ傍訓ヲ加ヘ印刷ス」（国立公文書館蔵「太政類典」第二編第二巻第十一）。
(21) 本章四［三］参照。
(22)「法令全書」第三巻（原書房覆刻版、一九九四年）一九頁。
(23) 同右、三〇七頁。
(24) 国立公文書館蔵「太政類典」第一編第一巻第一〇六。
(25)『長野県史』近代史料編第二巻（三）政治・行政　市町村政（長野県編、一九八四年）三五頁以下。
(26)「法令全書」第六巻ノ一（原書房覆刻版、一九八八年）二九六頁。

四　府県から各町村への伝達方法

［一］総説

草創当初、明治政府は未だ有効な支配の諸方策を持ち得なかった反面、その支配を安定させるには支配機構の末端に位置する人民にまで及ぶ支配権力の浸透経路の確立が急務であった。そこで明治政府は前述のごとく「總テ新法而已之御政務ニ相成候テハ甚不宜候間可成儀者舊儀ニ基キ候様被思食候事」[1]「徳川祖先ノ制度美事良法ハ其儘被差置御變更無之候」[2]と宣言し、旧幕時代の遺制のうち有効な方策は継承する方針を打ち出した。

旧幕時代、在地における触の伝達は、各藩より親町あるいは親郷と呼ばれるほか町村の世話役格の町村に伝えられ、これらから配下の数町村に伝達されたのである。そのほとんどは親町・親郷を振り出しに謄本を各町村間で順次に回達し回達留りより親町・親郷へ再び返却されるという回達方法に依っていた。明治政府は、旧幕時代に普及し確立していたかような在地伝達制度をそのまま踏襲したのみならず、これらを廃藩置県後も存続せしめた。

明治六年に至ると、中央集権的政府機構の建設過程で各地方は支配ヒエラルキアの末端に組み入れられた。これに伴い各府県の本庁・支庁・大区にまで中央政府から法令の謄本が頒布されるようになり、各町村へも地方庁から法令の写しが一斉に配布されるという新しい伝達方法へと移行し始めた。従来は法令の謄本が町村間を順次回達され、各町村では必要に応じて写しを作成して次の町村へと回達したのであるから、多大な所要時間と誤写の危険性は如何ともし難い状況であった。この町村間の回達を横型の伝達系統と位置づけるなら、新たな制度では印刷謄本が地方庁から大区経由で各町村に配布されるという縦型の伝達系統と言えよう。かような縦型伝達系統の普及を意図した点に中央集権化の過程で支配機構の末端に町村を位置づけようという権力側の意図を看取することができよう。また、この制度では印刷謄本を各町村に一斉に頒布するのであるから、従来の順次回達と比べ所要時間を大幅に短縮することが可能であると同時に、各町村で写し取りの必要がなくなったため誤写の危険性をも回避することが可能となった。しかし印刷謄本を用いたかような縦型伝達系統が機能するためには、中央政府および地方庁における印刷処理能力の向上が大前提となる事は言うまでもない。中央政府における文書印刷機構については前述した通りであるが、地方庁が頒布を受けた法令を更に増刷するには、新聞社等の民間への委託、地方庁自身による印刷、および太政官印書局への発注という方法が考えられた。本章二で述べたごとく[3]、明治五年一一月一三日太政官指令により印書局が地方からの印刷注文を受けることが可能となったことが、かかる新制度創始の大きな要因と考えられよう。

〔二〕町村間での法令の回達

前述のごとく、明治政府の草創期の法令伝達には旧幕時代の町村間回達が用いられた。例えば、慶應四年一月二三日の堺県淀役所達[4]では寺社領旧代官領への回達方を次のように示達した。

一　順達之節、刻付を以次町ヘ可相達候事
一　若相滞候ハヽ、呼出之上取調候間、左様可相心得候

自分の町村へ到達した時刻を記することは、回達の際無用な停滞が生じることのないようにするための制度的配慮であったのであろう。しかし停滞が生じた場合の問責について規定していることから、現実には停滞が頻繁に起こっていたことが容易に想像されよう。

また慶応四年八月二五日の岩鼻県達[5]は、旧幕時代の旗本知行所が同県知事支配に移管される件を高札にして村々へ掲示すべき旨を示達し、回達の仕方について「組合親郷にて写取、其組合限リ刻付を以て相廻し、其村に於て社寺へ無洩申通、受印の儀は親郷にて取置き、此触書止り村より可相返者也」と命じた。これによれば、親郷が法令を写し取りそれを配下の村々に回達せしめ、回達止まりより親郷に返却させるという方法がとられていたことがわかる。

これらから明かなように、一般的に回達は、親郷のごとき世話役町村にて法令を謄写し配下の町村に回達し、各町村では回達を受けた時間記し請印を捺し次の町村へ順達し、順達末尾の町村は閲覧の後に世話役町村へ返却するという形で行われたと言えよう。

明治四年七月一四日太政官第三五〇を以て廃藩置県が発令されるが、町村間の回達はその後の府県においても踏襲された。たとえば明治五年一一月には筑摩県において「筑摩県回状取扱規則」[6]が制定された。この規則によれば、各町村に法令が到達した際は請印を捺し役場の簿冊に記帳した上で隣村へ順達し、且つ到着の日より二日以内に自村内にも回達することとされた。また難解な内容には戸長等に平易な解説を作成せしめた。このように廃藩置県後においても回達が実施されていたことを示す史料は、他にも足柄県[7]や柏崎県[8]等管見の限りでも随所に散見される。

［三］町村への法令の頒布

明治四年一二月二七日、本章二で述べたごとく大蔵省第一三七により中央政府が府県に対して発令する諸法令を大蔵省が一括して発令する制度が創始された。これによれば大蔵省より府県組合に法令等の謄本が頒布され、その各組合に所属する府県は月番府県より当該法令の回覧を受け謄写の上自らの府県庁に送付するという方法が採られた。大蔵省はこの府県組合による伝達方式を維持しながら、明治六年二月二四日大蔵省第二二号により大蔵省が各府県宛てに発令する法令等については謄写を廃止し各府県の東京出張所に十部ずつ印刷謄本を頒布することに変更した。

当省布達書類回達方ノ儀是マテ時々謄寫附下致來候處以後其都度活字ヲ以上木ノ上東京出張各廰ヘ十部ツヽ相渡可申尚部内一般人民ノ用ニ供シ度候向ハ民費買上ケノ積ヲ以各區戸長等ヨリ直ニ東京日報社ヘ引合可申事

但來三月七日ヨリ施行候事

これによれば、各府県に十部ずつ印刷頒布されることとなったが、更に多くの部数を必要とする府県は、当該府県の費用負担で直接日報社へ注文することとされた。本章二で述べたごとく、太政官印書局と大蔵省との間では中央政府内の印刷業務管轄権をめぐって確執が存在したため、同省は印書局ではなく民間の日報社に受注せしめる方策を採ったのであろう。

さて、その後明治六年七月一八日太政官第二五四号(9)により太政官の発令する法令のうち全国一般に対して発令するものを布告、各庁限りに対して発令するものを達とするという法令形式が定められた。更に同年八月二八日太政官達[10]により各省使から発令される法令の形式についても、全国一般に対して発令されるものは布達、各庁限りに宛てたものは達と定められた。これらを受けて同年一〇月一五日太政官第三四八号[11]により太政官が発令する法令の法令形式別の頒布部数も定められた。

諸布告布達書等ノ結文例區別候ニ付テハ自今左ノ割合ヲ以テ頒布候條掲示並ニ達方可取計此他各管内毎小區ニ於テ謄寫或ハ重刻シ適宜頒行ノ分ハ一切官費ニ不相立候條此旨相達候事

全國一般及華士族社寺等ヘ布告

本廳ヘ四部宛　支廳ヘ一部宛　大區ヘ一部宛

各廳限達書

本廳ヘ四部宛　支廳ヘ一部宛

但大區剖畫未分ノ縣ハ小十區ヲ以テ一大區ト見做シ相渡シ候條追テ區畫改正ノ上右大區一部ノ割合ヲ以増減共更ニ可申立事

《後略》

右の頒布基準に基づいて本号では例えば東京府は二一部、京都府は二三部というように各府県毎の頒布総数が定められた。なお、この頒布総数は明治八年九月一五日太政官第一六三号達[12]、同一六四号達[13]により若干増加され、更に明治一二年二月一四日太政官第九号達[14]、同第十号達[15]により更に増加され、法令謄本の印刷頒布の制度はその後官報が法令伝達の役割を担うまで存続した。すなわち達・告示については明治一六年五月二二日太政官第二三号達[16]により官報掲載が正式な伝達手段とされたので同年七月二日の創刊当初から、布告布達については明治一八年一二月二八日内閣第二三号布達[17]により官報掲載が正式な伝達手段と認められるまで存続したことになる。

前述のごとく明治四年大蔵省第一三七は地方行政権を大蔵省が統轄し財政および民政を管掌することで中央政府内での絶大な権力を掌中に収めることがその主たる目的であり、明治六年太政官第三四八号は中央集権的支配機構の構築過程で府県をその末端に位置づける必要性を背景に制定された。すなわち中央政府側としては、各大区間ないし各町村間で法令が横方向に回達されるより、それらのすべてに対して直接上から下される方式をとる方が伝達の停滞を招かず且つ正確な内容が伝えられると共に、なにより上意としての中央政府の法令の権威が保たれると考えたのであろう。

このような中央政府による法令等の伝達方法の下達への変更を契機に、各府県においても印刷頒布を制度化するところが現れてきた。例えば明治六年一〇月に熊谷県は「管内布達取扱並費用之制」[18]を制定し管内への法令伝達はすべて活版印刷による逓送と定められ、県本庁の活版局がその印刷に従事することとなった。これにより熊谷県では県庁より大区、小区を経由して各町村および各駅にまで印刷謄本が頒布されることになった。また、明治九年三月一〇日東京府は同年同府第四一号[19]により「各區内別紙割合書之通各其地元ニ於テ相當身元有之一同依頼スヘキ地主ノ者相撰ヒ」、府庁より朱引内各区を経由せず「布告類活字印刷ノ上其當撰地主へ向ケ直ニ可及頒布」することと定められた。また同月一七日東京府第五四号達[20]により東京日々新聞の日報社が各区より必要部数を受注し印刷することとなった。以上のように府県における法令等の印刷は、府県庁内の印刷機関がこれを行う場合、民間の印刷会社に発注する場合、更に前述のごとく明治五年一一月一三日太政官指令[21]により太政官印書局に発注するという方法も存在したことも忘れてはならない。

さて、ここで注意しておきたいことは、府県庁から各町村への印刷頒布は明治六年以前には存在しなかったわけではないということである。制度としてすべての法令を印刷頒布していた府県は管見の限り見あたらないが、何らかの理由で個別の法令につき印刷頒布を行った例は散見される。例えば明治三年一一月に新潟県は「商船或ハ蚕種規則其他長文ノ御布告數千村へ觸達ノ節寫取候ニハ不容易間隙相掛」るので活版印刷による頒布の実施につき願い出て、太政官の許可を得た。なお、ここに言う「商船規則」とは明治三年正月二七日第五七[22]「郵船及商船規則」であり、また「蚕種規則」とは同年八月二〇日第五三八[23]「蚕種製造規則」であると考えられる。いずれも図版を多く含む大部な法令であった。あるいは明治四年五月二九日には広島藩が「御布告類品ニ寄リ活字板ニテ寫取御布告仕候へハ手数減且速ニ管内へ相達」することができると印刷頒布の許可を求め、翌日には許可すべき旨の太政官指令を得た[24]。ここで言う「御布告類品ニ寄リ」とは、やはり大部に及ぶもの或いは謄写が困難な図版を含むものと解されよう。この他にも同様な理由で特定の法令について印刷頒布を願い出た府県の史料は多く散見される。

[四]　各村への実際の到達状況について

ここでは、中央政府が発令した法令が府県庁や郡役所を経由して各区およびその管下の村々へ到達するまでにどの程度の日数を要したかを実際の事例を基に考えてみたい。ここに紹介する史料は「自明治五年四月至同六年一二月佐久郡第三区戸長御用向日誌抄[25]」である。当時長野県佐久郡では法令伝達は回達が広く行われていたようであるが、本史料では第三区の戸長役場に何月何日にどの法令が到達し、何月何日に次区に回達したかが記録されている。かように伝達所要日数を知りうる役務日誌の存在は管見の限り希である。別表1を参照されたい。この日誌上で用いられている中央法令の呼称を基に当該中央法令の正式名称が特定できれば、その発令日・発令機関等は「法令全書」等の諸法令集で明らかにすることができる。そして当該中央法令が長野県庁と佐久郡役所を経由して同郡管下の各区を回達され第三区に到達した日付は同日誌に明かであるから、当該中央法令の発令日から同区に到達するまでの所要日数を計算することができる。これが同表の「発令日からの所要日数」である。なお、第三区は回達順次において郡役所から最初に下付される第一順位の区ではなく、最終順位のいわゆる回達留りでもなかったようである。但し同表中に一件のみ同区を回達留りとする法令が存在した。ところで時間は若干前後するが、前述のごとく、翌明治六年六月一四日太政官第二一三号[26]により中央政府から各府県への法令等の到達日数が法定され、長野県の場合は六日と定められる。従って同表の「発令日からの所要日数」から六日をさし引けば県庁到達後同区到達までの所要日数の概観をつかむことができよう。これが同表の「県庁到達後日数」である。また同日誌には回達を受けた同区が次の区にいつ回達したも記録されており、それが同表の「次区へ順達日」である。

同表によれば、県庁到達から同区到達までの所要日数は実に多岐に渉っていることがわかる。県庁到達の即日ないし翌日に到達するものもあれば二五〇日以上を要したものもある。それではこのばらつきはどのように説明されるべきであろうか。回達に速達・普通達・緩達等の速度の差を設けていたのであろうか。しかしそれでは説明しがたいほど極端なばらつきを示していると思われる。むしろ回達の途次で停滞が頻繁に起こっていたと考えるのが自然であろう。特に庄屋名主年寄等の伝統的村役人の廃止や徴兵入営期限など人民の既得権を制限し新たな義務を賦課する法令ほど顕著な遅れが生じたのは、停滞により時間稼ぎを行い沙汰止みとなるのを期待したのであろうか。いずれにしても当時法令の回達が滞り無く行われることは極めて困難であったことは明かであろう。このこととは対照的に、この日誌を作成した第三区では、同表の「次区へ順達日」に明らかなように回達を受けた法令は即日ないし翌日には次の区へ回していた旨記載されているが、かように頻繁に停滞が生じていた状況を考えると、これらの記述が真実かどうか疑わしいと言わざるを得ない。

(1) 「法令全書」第一巻（原書房覆刻版、一九九四年）三頁。
(2) 「法令全書」第一巻（原書房覆刻版、一九九四年）九八頁。
(3) 本章二［二］（2）②参照。
(4) 山中永之佑編『羽曳野資料叢書5堺県法令集一』（羽曳野市、一九九二年）九頁。
(5) 『群馬勢多郡横野村誌』（群馬勢多郡横野村誌編纂委員会、一九五六年）一五九頁。
(6) 『長野県史』近代史料編第二巻（三）政治行政・市町村政（長野県編、一九八一年）二〇頁。
(7) 『幕末・明治の御用留』（秦野市市史編さん室、一九八一年）一八九頁、二〇二頁等。
(8) 『柏崎市史資料集』近現代篇2（柏崎市史編さん委員会、一九八二年）二七五頁。
(9) 「法令全書」第六巻ノ一（原書房覆刻版、一九八八年）三六四頁。
(10) 同右、七九七頁。
(11) 同右、五二二頁。
(12) 「法令全書」第八巻ノ一（原書房覆刻版、一九九七年）七三六頁。
(13) 同右。
(14) 「法令全書」第十二巻ノ一（原書房覆刻版、一九九四年）二二八頁。
(15) 同右、二二九頁。
(16) 「法令全書」第十六巻ノ一（原書房覆刻版、一九九四年）三一九頁。
(17) 「法令全書」第十八巻ノ一（原書房覆刻版、一九七七年）布達五〇頁。
(18) 明治六年一〇月二四日熊谷県達「管内布達取扱並費用之制」（埼玉県立文書館蔵「管下布達留（旧熊谷県）第百一号」）。

(19) 明治九年三月十日東京府第四一号「布達類触出地ヲ定ム」(東京都公文書館蔵「第一法令類纂」巻之二布告達第三九号)。
(20) 明治九年三月一七日東京府第五四号達「布告書類府下各区ニ於テ傍訓ヲ加ヘ印刷ス」(国立公文書館蔵「太政類典」第二編第二巻第十一)。
(21) 本章二[二](2)②(一九一頁)および本章二注(21)参照。
(22) 「法令全書」第三巻(原書房覆刻版、一九九四年)一九頁。
(23) 同右、三〇七頁。
(24) 国立公文書館蔵「太政類典」第一編第一巻第一〇六。
(25) 『長野県史』近代史料編第二巻(三)政治・行政　市町村政(長野県編、一九八四年)三五頁以下。
(26) 「法令全書」第六巻ノ一(原書房覆刻版、一九八八年)二九六頁。

五　人民への伝達方法

[一] 総説

明治新政府が中央集権的支配機構を整備し近代法体制を形成していく過程で、支配機構の底辺を形成する人民間にその支配権を浸透せしめることは政権基盤の安定化に必須である事は言うまでもない。かような支配は法を介して具体化されたのであるから、人民間における法令の周知徹底の実現は緊要の課題であったと言えよう。明治政府の草創期には旧幕時代同様に人民には一定の禁令の遵守が求められることが殆どであった。しかしその政権の安定化に伴い、例えば戸籍法[1]や徴兵令[2]などの発令に象徴されるように、人民に新たな権利義務を求める法令が多く発令されるに至り、さらには無蓋の糞桶の運搬を禁止する違式詿違条例のごとく経験的に認識し得るものは良いが、その域を超えた法技術的な行為規範の遵守が求められるようになると、人民間での法令の理解および周知徹底は極めて重要な意味を有すようになった。しかし他方で草創期の明治政府は本章四で述べたように有効な支配の方策を持っていなかった。そこで人民に対する法令伝達方法も旧幕時代の在地機構をそのまま利用することとした。すなわち多くの町村内においては、法令等を単に掲示場に掲示するのみならず、村内回覧や読み聞かせ等が行われ町村民への周知が目指された。

このような、人民間における法令等の伝達方法は旧幕時代の在地機構の中で育まれ定着したものであり、それなりの実効性をその伝統が担保していたと言って良いであろう。明治政府の発令する法令が旧幕時代の触のごとき禁令から新たな権利義務の創設を内容とするものへ比重が移行していくにつれ、かように伝統的に定着した法令伝達方法はかえってその真価を発揮するようになった。後述のごとく明治六年二月二四日太政官第六八号[3]により人民への法令伝達方法として掲示が全国共通に実施され、それは明治七年四月一四日太政官第四八号[4]により周知は各地方の便宜的方法によると改められるまで継続した。しかしながらこの約十四ヶ月という期間内においても掲示と共に従来の伝統的便宜的周知方法を併存せしめることが認められていた。特に明治六年六月一四日太政官第二一三号[5]により三十日間という周知期間が定められた以降は、各地方官は人民への法令等の周知に大いに努力を傾注したようである[6]。このように人民への法令等の周知のためには、旧幕時代の在地機構のなかで培われた戸毎回達や読み聞かせ等の伝統的伝達方法が積極的に利用され、それらは官報が法令の公式伝達手段とされるまで存続した。すなわち達・告示については明治一六年五月二二日太政官第二三号達[7]により、布告・布達については明治一八年一二月二八日内閣第二三号布達[8]により官報が公式の伝達手段とされるまで存続したのである。

〔二〕　各地の便宜的方法による伝達

（1）　回達

〔一〕で述べたように草創当時の明治政府は、「可成儀者舊儀ニ基キ候様被思食候事」あるいは「徳川祖先ノ制度美事良法ハ其儘被差置御變更無之候」を施政の基本方針とした。そして人民への法令伝達方法も前述のごとく掲示・回達・読み聞かせ等の旧幕時代に在地機構の中で培われた伝統的方法を継承した。次に示すのは典型的な回達の事例である。[9]

《前略》

一　御布告御教諭等店々之者え急速可行届ため一ト地面限表地借何軒を一組と相立裏長屋軒数ニ寄二組三組ニも店組合取極其組之内弁利宜敷もの相撰店行事為相勤御布告は勿論其外達物中年寄より今般人撰之者え申談此者より店行事え相傳へ店行事より店組合え通達申合為致候ハヽ速ニ行届可申右之通取計可申哉

《指令》

書面四ヶ条目店行事之儀は是迄之振合ニ取計其餘ハ伺之通可相心得事

これは明治二年六月に世話掛年寄等により為された伺に対する東京府の指令である。この指令に基づき町年寄たちは同年同月次のごとき受書を提出した。

一御布告御教諭等、店々之ものへ急速行届候様表店裏店夫々組合相立店行事之ものより御布告其外達物店々之者へ通達方兼而申合為致速に行届候様取計可申候尤御布告又は御調筋等不行届之義無之様朝暮心掛可申事

これによれば、町内の数件が一組となり店組合を組織しその世話役として店行事を選任し、各区の中年寄から各町の町年寄を経て店行事が各戸に周知せしめるという方法がとられたことがわかる。しかし東京府内のすべての地区で同様な回達が行われていたわけではない。次の史料は明治四年一一月に中年寄夏目古兵衛が提出した町法改正建議である。(10) 東京府では明治四年一一月に大区小区制が確定するが、この史料からはその当時東京府内でも回達が行われていないところがあったことは明かである。

一御布告被仰出候度毎市井御布告場へ張出し置候得共貧民ニ至り候而ハ無筆之者多就中日々活計ニ被追御布告場へ不披見致候者も無之御布令貫徹不仕候間以後壹町限り町用懸ニ而御觸帳へ寫取其町地主地守之名前ヲ記順達為致候上銘々寫取置其借地借店之者共え能々申論候ハヽ一統行届可申哉

このように、人民への法令伝達はあくまでそれぞれの地域で伝統的に行われていた方法に依拠していたのである。またこの史料からは、文字を解し得ない人々の多いことが原因で、掲示があまり効果をあげ得なかったという伝達の実状を看取することができる。

(2) 読み聞かせ・掲示

前述のごとく、読み聞かせや掲示は回達と併用しそれを補足する手段と位置づけていた地方が多い。特に読み聞かせは、文字を解し得ない人々には有効な補完方法であったことは想像に難くない。例えば明治元年一二月二四日新潟県村上民政局達(11)を見ると「御制札之文、来春初寄合之節、其町々年寄場ニて、末々迄不洩様為読聞可申事」と

あり、同局発令の法令は原則として回達されているが、この「御制札」のごとく特定の法令に関しては読み聞かせが命じられていたことがわかる。また、前述の東京府明治四年一一月中年寄夏目古兵衛建議では回達の他に掲示と読み聞かせという三本立ての伝達方法が提案された。さらに明治五年九月欠日入間県第一三二号諭告[12]は布告類の一切を読み聞かせと高札場への一五日間の張り出しにより周知せしめるべき旨を示達していた。同様に明治六年二月一二日に京都府が太政官に提出した伺[13]には「布達ハ戸毎ニ回達猶各區於小学校毎月一度集會區長戸長等ヨリ布達面讀知都テ御趣意貫徹致候様為取計候」とあり、当時同府では回達と定期的な法令の読み聞かせ会が開催されていたことがわかる。このように、読み聞かせと掲示は、多くの場合回達との併用により周知の効果を高める副次的方法として位置づけられ利用されていたものである。

[三]　中央政府による全国統一的伝達方法の実施

明治政府は各府県に対して明治六年二月二四日太政官第六八号[14]を次のごとく示達した。

自今諸布告御發令毎ニ人民熟知ノ為メ凡三十日間便宜ノ地ニ於テ令掲示候事

但管下へ布達ノ儀ハ是迄ノ通可取計従來高札面ノ儀ハ一般熟知ノ事ニ付向後取除キ可申事

前述のごとく従来の法令等の伝達は各地域の便宜的周知方法に依存していたが、明治政府はここに至り三十日間の掲示という具体的な伝達方法を初めて全国統一的に実施すべき旨を示達した。この背景には本書第六章にて詳述するごとく、中央集権的統治機構建設の進捗という事態が存在したのである。すなわち全国各地の人民を中央集権的統治機構の末端に組み込み、それらに対して中央政府が定めた全国共通の周知方法を実践せしめることは、とりもなおさず中央権力が各地方の末端にまで浸透していることの象徴であった。また後述のごとく、中央政府は掲示を全国で統一的に実施すると同時に各地方で従来より伝統的に用いてきた周知方法を否定することなく併存せしめることを基本方針とした。従って掲示以外の周知方法を用いていた地域においては、当該伝統的周知方法と掲示の二本立てによる伝達が実施されたことになるし、また、従来は人民への周知を精力的に実施していなかった地域でも、少なくとも掲示は強制的に実施されたのであるから、そのことが周知の実現への最低限の担保として機能した。また同年三月五日司法省第二七号[15]が次のごとく示達され、右の第六八号に言う「便宜ノ地」を具体的に示した。

> 太政官第六十八號ノ御布告ニ付テハ自今太政官御布告並諸省ノ布達共地方裁判所門前並戸長宅前未タ裁判所置レサル地方ハ縣廰門前並戸長宅前へ御布告布達面文字無遺漏可致掲示候事

なお、右の第六八号に言う高札面の取り除きの意味については本書第一章「明治期の高札と法令伝達」を参照されたい。

ところで、明治政府は明治六年太政官第六八号による掲示の実施を徹底するため、各府県に対して同年六月一三日太政官第二〇四号[16]を次のごとく示達した。

> 諸布告掲示ノ儀ニ付本年第六十八號布告ニ及ヒ候付テハ巻冊ノ類ト雖モ盡ク掲示可致此旨為心得更ニ相達候事

これにより内容が大部にわたり巻冊の形態を為すような法令をも漏らさず掲示することが命じられたわけであるが、これに対しては各府県から太政官に対して伺が相次いだ。すなわち各府県とも従来よりの伝統的便宜的周知方法をも実施しているのであるから、巻冊の形態をとるような掲示に親しまない法令については掲示を省略してもよいかというのがその内容であった。例えば明治六年六月二〇日に浜松県は「悉皆掲示可仕程ノ場所無之實地差支不少候ニ付巻冊ノ内楮數夥多ナル者ハ上梓ノ上汎ク頒布管内士民へ篤ト服膺為致度」と伺い出たが、それに対し同年七月一七日太政官は「伺之趣掲示廃止ノ儀ハ難聞届」と指令した[17]。同様に同年七月五日には島根県が掲示場所が手狭で且つ従来より戸毎総達を行っているので大冊の類は掲示を省略してよいかを伺出たが、それに対する同年八月一四日の太政官指令は「毎戸總達候共掲示ノ儀ハ本年六月第二百四號布告ノ通可取計事」であり[18]、また同年七月一九日の東京府による島根県と全く同旨の伺に対しても太政官は同年七月三〇日に「各區扱所ヨリ總達候共掲示ノ儀ハ本年六月第二百四號布告ノ通可取計事」であった[19]。このように太政官は、前述のごとき理由で、一方で掲示を全国統一的に実施することに強く意を注ぎ、他方で前述の「毎戸總達候共掲示ノ儀ハ…」のごとく各地方の伝統的便宜的周知方法の併存を認めていたのである。

明治六年二月二四日太政官第六八号以降にも継続されていた各地方の便宜的周知方法としては以下のごとき諸例が見受けられる。すなわち同年八月五日に水沢県から太政官に宛てられた届[20]によれば同県では「人民頑愚ニシテ文運未開一丁字ヲ不解者往往不少獨掲示ノミニテ御趣意ヲ領解仕候事無覺束且一回誤解候テハ固ヨリ偏僻ノ風習容易ニ難相改ト奉存候」という理由で各小学校において法令の読み聞かせが行われていた。同年同月十日の筑摩県達[21]では、同県で法令の趣旨徹底のために「各校教員・区長・学区取締・正副戸長・学校世話役等ニテ厚申合、村内ノ者共老幼婦女子ニ至ル迄学校或ハ戸長宅ヘ聚集解義諭示可致」との要領で法令の説明会が開催されていたことがわかる。また同年一〇月二四日熊谷県達[22]によれば、同県では各村駅町の戸長は法令の謄本一枚を掲示場に掲示し、他の一枚を回達していた。さらに明治七年一月欠日愛知県第五号[23]によれば、同県では「御布達等毎月定日ヲ立置キ其校々教員ニテ仔細ニ講義スヘシ但生徒ヘ授業時間ノ外トス、當日ハ其縣区村々戸長等ヲ始メ有志ノ向ハ出校聴講可致事」との要領で学校において教員が人民に対し法令を講義し、且つ「御布達等自今各中学区内各小学校ヘ一ト通リ「但人相書ヲ除ク」ツヽ配布候ニ付テハ何人ニ限ラス出校ノ上自在ニ借覧ヲ許ス可シ尤不明了ノ廉有之候ハヽ委詳教員へ質問了解候様可致事」との要領で法令謄本の借覧が行われ、教員に対し適宜疑問点の解説を求めることができた。また同年二月欠日堺県達[24]では、村内回達が実施されていたことがわかる。前述のごとき明治六年太政官第六八号以前における各地方の便宜的周知方法の在り方から考えて、同号以降もやはり村内回達が最も普及していたものと推測されるが、以上の諸例から回達以外にも読み聞かせのごとき法令の説明集会等の便宜的周知方法が広く行われていたことが明かとなる。

〔四〕周知努力期間のみの設定

前述のごとく明治六年二月二四日太政官第六八号により法令の三十日間の掲示が命じられ、同年三月五日司法省第二七号により掲示場所が具体的に定められた。しかしこれらのみからでは、中央政府が末端の人民が任意の法令をいつの段階で知ったかを特定することはできない。それには中央政府から各府県への法令の到達日数の特定が必要であった。そこで本章三で述べたごとく明治六年六月一四日太政官第二一三号[25]により法定到達日数が定められ、且つ同号により到達後当該法令が効力を発するまでの手続きが以下のように定められた。

各府縣へ諸布告到達ノ日限別紙表面ノ通被相定候條本年第六十八號ノ布告ニ因リ到達ノ上三十日間掲示ノ後ハ管下一般ニ之ヲ知リ得タル事ト看做候條此旨相達候事

但途中川支等ニテ停滞シタル時ハ其事由可届出事

これによれば各府県へ到達後三〇日を経過した段階で「知リ得タル事ト看做」すとされた。しかしこれに対しては明治六年六月二三日の山梨県からの伺を皮切りに神奈川県・広島県等の各県より伺が相次いだ[26]。なぜなら、法定到達日数の決定により中央政府より各府県へ到達するまでの日数は明かになったが、「到達ノ上三十日間」には到達後各府県内での増刷期間、および各村への配布から掲示までの所要時間が含まれるか否かが不明確であったからである。これに対する太政官の指令は一貫して増刷や各府県管内への配布および掲示までの所要日数は当該三十日には含まれないというものであった。しかしこれに対して明治六年八月三日、今度は司法省が疑義を提唱した。(27)

司法省再伺

先般御布告掲示規則ノ儀ニ付相伺候処第二百十三號御布告ヲ以テ到達ノ上三十日間掲示ノ後ハ管下一般之ヲ知得云々御達有之追テ地方ヨリ伺出候向ヘ到達ノ上謄寫摺立并管内一般掲示迄ノ時間三十日間ニ相加ヘ候儀無之トノ御指令ニ相成候右ハ元来摺立或ハ謄寫等多少手數相懸リ候者モ有之到達ヨリ掲示布令迄ノ日數定限無之候テハ自然各所區々ノ取扱ニ相成裁判上種々ノ不都合ヲ生シ候様可立到ト存候依テ別紙ノ通御布告ニ相成候様致度此段再應相伺候也六年八月三日司法

同之趣第四十八號ヲ以テ相達候條其省明治六年十七二十七號布達ノ儀モ取消候様可取計事　（七年）四月十五日

すなわち各府県へ法令が到達して以降、増刷および管内配布ないし掲示所要日数に定限を設けないと結局府県庁到達から掲示までの所要時間が、同一の府県においても法令毎に異なり一定しないという不都合が生じるというのである。確かに、本章三で述べたごとく、明治六年太政官第二一三号の制定趣旨は、中央政府が発令した法令が各府県においていつ効力を発するかを特定できるようにし、それにより法的諸関係を安定化せしめることであったのだから、増刷から掲示までの所要日数に定限を設けないということは同号の制定趣旨を没却せしめることになりかねなかった。そのため太政官としても司法省のこの伺の趣旨を考慮に容れざるを得ず、法制課に検討せしめた結果各府県到達後増刷等の所要期間として一律二十日を充当し、その後三十日間の経過で発効するという方法に改正することとなり、明治七年四月一四日太政官第四八号達[28]により次のように示達された。

布告掲示ノ儀ニ付明治六年二月第六十八號六月第二百四號第二百十三號ヲ以テ相達候處詮議ノ次第有之總テ取消自今布告布達共該地到達ノ翌日ヨリ管轄内ヘ觸示マテ謄寫刊刷等ノ日數ヲ二十日ト定メ其翌日ヨリ三十日ヲ過レハ一般ノ人民之ヲ知得タル事ト見做候條右日數中ニ人民周知候様各地方便宜ノ方法ヲ設ケ施行可致此旨相達候事

ここでもうひとつ注目されることは、明治六年太政官第六八号以来人民への周知方法として全国統一的に掲示が用いられていたが、それが各地方の便宜の方法を用いることに改められたことである。すなわちこれにより人民への周知方法は、各地方で伝統的便宜的に用いていた上述のごとき諸方法を用いれば良いことになったのである。明治六年太政官第六八号による掲示の押しつけが必要でないと考え得る程度にまで、それら便宜的諸方法が各地方で有効に機能していたことが容易に想像されよう。

ちなみにこの段階では、本章四で述べたように[29]明治六年一〇月一五日太政官第三四八号が発令されており、それにより各府県の大区までは中央政府で印刷された法令謄本が頒布されることになっていた。各府県においいて便宜の周知方法としてそれ以上の印刷謄本が必要な場合は同号により民費による負担とされ、太政官印書局に注文する方法、各府県の印刷機関により増刷する方法、民間業者に発注する方法があった。

さて、ここにひとつ検討すべき大きな問題が残っている。それは明治六年太政官第二一三号の「三十日間掲示ノ後ハ管下一般ニ之ヲ知リ得タル事ト看做候」及び同七年太政官第四八号達の「三十日ヲ過レハ一般ノ人民之ヲ知リ得タル事ト看做候」という文言の意味である。すなわち掲示等により人民が法令を知り得る可能性を供与し一定期間が経過するのを待って周知を擬制するといういわば周知擬制猶予期間であるのか、当該三十日間に地方官は人民周知のためにあらゆる努力を行うべきいわば周知努力期間と位置づけるべきであろうか、この点について検討しなければならない。これは、支配権力側は人民が法令をどの程度まで理解することを期待したのかを明らかにするために、また法令周知擬制の前提である西洋近代法における私的自治の原則が求める人間観、すなわち必要な情報は自らの自由意思と責任に基づき入手する理性的存在としての人間像が、我が国ではいつの時点で求められるようになったかを明らかにするための極めて重要な検討課題である。これについては本書第六章二で詳述したい。

〔五〕明治七年太政官第四八号達以後における便宜的方法

前述のごとく明治七年太政官第四八号達により人民周知の方法は各地方の便宜によるとされたが、同達以降各地方で具体的に用いられていた方法は、やはり明治初年より伝統的に用いられてきたものであった。すなわち回達を中心に掲示・読み聞かせ、およびそれらの併用が主流であった。

例えば明治九年三月二二日東京府は第五五号達[30]により朱引内各区に宛て「布告触出受持地心得」を示達した。これは回達の要領を極めて詳細に規定していた。すなわち法令の謄本を「凡五拾戸ニ一部其急ナルモノハ二十五戸ニ一部緩ナルモノハ觸出地ゴトニ一部ノ割合ヲ以テ」配布の上回達が行われた。具体的回達にあたっては「毎戸ノ番号ヲ記シタル餘紙ヲ添調印又ハ讀了ノ廉ヲ記」さしめ、一戸あたりの読了時間を「凡三十分間ト定メ若シ延滞スルモノアラハ厳ニ督責」することとし、回達「終リヨリ必無懈怠觸出地へ返納致」させた。また当該三十分内に写し取りが不可能な場合は「他日觸出シ地カ又ハ區務所ニ就テ寫取ラス」すこととされた。そして人民に難解な箇所の説明は区務所が担当することとされた。

また明治一〇年一月一五日群馬県第十三号により同県では「違式詿違条例[31]」が発令されたが、これによると当時同県では法令周知の方法として回達と掲示が行われていたことがわかる。更に明治一三年一〇月十日東京府は同府甲第一一九号[32]により、法令の町村内への掲示と新聞への掲載を正式な周知方法としたという例がある。特定の新聞紙への法令の掲載を公式の周知方法とした例は極めて珍しいと言えよう。

このように、回達・掲示・読み聞かせ等による人民への周知努力は前述のごとく官報が法令の公式伝達手段とされるまで存続した。すなわち達・告示については明治一六年五月二二日太政官第二三号達[33]により公式の伝達手段とされたが、布告・布達については明治一八年一二月二八日内閣第二三号布達[34]を待たなければならなかった。そのため官報が創刊されて以降も明治一八年内閣第二三布達が発令されるまでは、布告布達については従来の便宜的周知方法が存続した。たとえば新潟県においては明治一六年一一月二八日に同県乙第一〇〇号により「戸長事務取扱心得[35]」が発令されたが、それによれば、月に二度以上戸長役場又は学校等便宜の場所で毎戸一名ずつ呼集し、戸長自身または代人により布告布達を読み聞かせた。その際人民の出欠を記録するため「布告布達読聞出頭簿」を作成することが命じられた。また法令等の謄本を各一部ずつ戸長役場に備え付け閲覧に供し、その余の謄本は回達止めより返却せしめ役場で保存された。以上のごとく明治一八年内閣第二三号布達の発令まで、各地方における便宜的周知方法は存続したのである。

（1）　明治四年四月四日太政官第一七〇（「法令全書」第四巻（原書房覆刻版、一九九四年）一一四頁）。
（2）　明治六年一月一〇日太政官（「法令全書」第六巻ノ一（原書房覆刻版、一九八八年）七〇四頁）。
（3）　「法令全書」第六巻ノ一（原書房覆刻版、一九八八年）六四頁。
（4）　「法令全書」第七巻ノ一（原書房覆刻版、一九九四年）二八五頁。

（5）「法令全書」第六巻ノ一（原書房覆刻版、一九八八年）二九六頁。
（6）本章六［二］（2）③参照。
（7）「法令全書」第十六巻ノ一（原書房覆刻版、一九九四年）三一九頁。
（8）「法令全書」第十八巻ノ一（原書房覆刻版、一九七七年）布達五〇頁。
（9）東京都公文書館蔵「改正筋書留一」第二十七、巳六月八日申渡。
（10）東京都公文書館蔵「順立帳」明治四年ノ三五、第四大区六十一区中年寄夏目古兵衛見込。
（11）「岩船郡村上町年行事所御用留」（『新潟県史』資料編十三近代（一）明治維新編Ⅰ、一九八〇年、五九五頁）。
（12）埼玉県立公文書館蔵「明治五年管下令達管下布達留（入間県）」。
（13）国立公文書館蔵「太政類典」第二編第一巻第六一。
（14）「法令全書」第六巻ノ一（原書房覆刻版、一九八八年）六四頁。
（15）「法令全書」第六巻ノ二（原書房覆刻版、一九九四年）一七二一頁。
（16）「法令全書」第六巻ノ一（原書房覆刻版、一九八八年）二三〇頁。
（17）国立公文書館蔵「太政類典」第二編第一巻第六二。
（18）同右。
（19）同右。
（20）国立公文書館蔵「公文録」明治六年八月諸県伺一、第十四。
（21）『長野県史』近代史料編第二巻（三）政治行政・市町村政（長野県編、一九八一年）五〇頁。
（22）埼玉県立文書館蔵「管下布達留（旧熊谷県）」第一〇一号。
（23）国立公文書館内閣文庫蔵「府県史料」第一六七巻愛知県一愛知県史料五制度之部禁令。

(24) 山中永之佑編『羽曳野史料叢書6 堺県法令集2』(一九九三年)八七頁。
(25) 「法令全書」第六巻ノ一(原書房覆刻版、一九八八年)二九六頁。
(26) 国立公文書館蔵「太政類典」第二編第一巻第六十五。
(27) 国立公文書館蔵「太政類典」第二編第一巻第六十六。
(28) 「法令全書」第七巻ノ一(原書房覆刻版、一九九四年)二八五頁。
(29) 本章四〔三〕参照。
(30) 国立公文書館蔵「太政類典」第二編第二巻。
(31) 国立国会図書館蔵『明治十年群馬県布達全書六』。
(32) 東京都公文書館蔵「第二法令類纂」巻之二官制部第二章布告達書并掲示場本府第二号。
(33) 「法令全書」第十六巻ノ一(原書房覆刻版、一九九四年)三一九頁。
(34) 「法令全書」第十八巻ノ一(原書房覆刻版、一九七七年)布達五〇頁。
(35) 『新潟県史』資料編一五近代三　政治編Ⅰ(新潟県編、一九八二年)八二頁。

六　おわりに

明治政府は、その草創期においては法令の内容の理解はともかく結果的に遵守することを人民に求めた。その意味で当時の支配機構が期待した人民像は、いわば従順な愚民像とでも言うべきものであった。その背景には、独自且つ有効な支配の方策を持たず旧幕時代の支配方式や法意識を流用したという支配権力側の事情が存在したと言えよう。しかし、中央集権的支配機構の建設過程で支配権力の求める人民像は変容を余儀なくされた。すなわち法令の近代化は人民の権利義務の変動および複雑化を招来し、その結果従来のごとく触という禁令を黙して遵守すれば良いだけの人民ではなく、知らせれば法令の内容を理解できる人民像が求められるようになった。このような期待されるされる人間像が、官報創刊にいたりどのように変化したかは、第六章で詳述したい。

このように、支配権力側の機構改革は人民の法令理解への権力側の期待度に大きな変化をもたらし、それは当然のことながら法令伝達方法の変化へと繋がったことは明らかである。ところで明治政府は、本章で論じた法令伝達の諸方法以外にも、『法例彙纂』『官途必携』「法令全書」『法規分類大全』等の法令集を刊行した。それら刊行物も法令伝達の媒体と捉えるなら、官報をはじめとしてそれらを前述の視点で分析することは、各段階の支配機構が人民のみならず各方面に対してどの程度の法令理解を求めたかを知る重要な方策となろう。今後の課題としたい。

別表１　長野県佐久郡第三区における法令到達状況

発令日	発令機関	法令番号	法令名	到達日	日誌上での呼称	発令日からの所要日数	県庁到達後日数	次区へ順達日
05/03/欠日	大蔵省	無号？	郵便規則改正	05/06/27	郵便御規則御達	88日以上	82日	翌日
05/06/14	太政官	第179号	蚕種製造規則	05/07/13	蚕種製造御達	29日	23日	即日
05/07/02	教部省	第　8号	現在寺院開創の年歴及僧尼履歴…	05/07/16	寺々本末旧由緒等御達	15日	9日	翌日
05/06/15	大蔵省	第 76号	伐木ヲ留ル官林総テ入札ヲ以テ…	05/07/19	官林御払下御達	34日	28日	翌日
05/06/17	太政官	第181号	国内一般郵便ヲ開設ス	05/07/23	全国駅逓御達	36日	30日	即日
05/07/25	大蔵省	第 94号	地券渡方規則増補	05/08/01	田畑地券御達	7日	1日	即日
05/06/28	太政官	第192号	自葬ヲ禁シ…	05/08/07	自葬祭不相成御達	39日	33日	翌日
05/07/29	大蔵省	第 95号	夏蚕再出掛合ノ蚕ハ原紙ニ製造…	05/08/15	夏蚕種御達	17日	11日	即日
05/06/10	教部省	第　5号	各地方ヲシテ皇大神宮大麻頒布…	05/08/23	皇大神宮大麻頒布之御達	73日	67日	即日
05/08/28	史官	達＊	山梨県下人民暴動	05/09/03	甲州山梨県下之点民強訴…	6日	即日	即日
05/09/27	大蔵省	第143号	旧藩札五銭未満ノ分新貨相当ノ…	05/10/04	新貨発行御達	7日	1日	翌日
05/09/15	太政官	第273号	修験宗ヲ廃シ天台真言ノ両本宗…	05/10/08	社寺修験御改正御達	23日	17日	翌日
05/09/23	大蔵省	第138号	蚕種生糸屑糸繭ノ産額ヲ録上…	05/10/14	蚕種午年ヨリ三ヶ年分取…	21日	15日	即日
05/09/20	太政官	第281号	新紙幣五円札百枚紛失ニ付探索…	05/10/22	新紙幣紛失御達	32日	26日	即日
05/10/02	太政官	第295号	人身売買ヲ禁シ…	05/11/05	人身売買虐使御達	34日	28日	廻達留り
05/04/09	太政官	第117号	庄屋名主年寄等ヲ廃シ戸長副戸…	05/11/18	戸長副并名主組頭御改正…	218日	212日	即日
05/11/09	太政官	第337号	太陰暦ヲ廃シ太陽暦ヲ頒行ス	05/11/29	太陽暦頒行御達	21日	15日	即日
05/11/15	太政官	第345号	神武天皇御祭典ニ付各地方ニ遥…	05/11/29	遥拝所御達	15日	9日	即日
05/10/22	太政官	第317号	平民相互金穀貸借慶應三年十二…	06/01/08	平民金穀借貸裁判御達	48日	42日	翌日
05/11/23	太政官	第358号	元始祭式及孝明天皇神武天皇遥…	06/01/11	孝明天皇遥拝式御達書	20日	14日	即日
06/01/17	太政官	第 18号	地所質入書入規則	06/03/07	地所質入書入御規則書御達	50日	44日	翌日
06/02/12	大蔵省	第 13号	生糸改会社規則ヲ定メ会社ヲ設…	06/03/14	繭生糸取締会社建立御達	31日	25日	即日
06/01/30	太政官	第 31号	僕婢馬車人力車駕籠乗馬遊船等…	06/03/18	僕婢馬車人力車駕籠乗馬遊船等	48日	42日	翌日
06/03/10	太政官	第 98号	郵便犯罪罰則中四箇条ヲ抄出シ…	06/04/04	郵便犯罪御達	26日	20日	翌日
06/03/25	太政官	第116号	駅村人馬遣非常出兵章程	06/04/23	駅村人馬継立之義御達	30日	24日	翌々日
06/04/05	陸軍省	第104号	東京鎮台管下府県徴兵入営期限	06/12/24	東京鎮台ヨリ徴兵来ル一…	264日	258日	即日

(1)　所要日数には、発令日および到達日を含めて計算するものとする。

(2)　明治5年11月9日太政官第337号により太陽暦の採用が宣言され、同年12月3日を以て明治6年1月1日と定められた。斯かる事情を考慮して所要日数を計算した。

＊　この史官達は「法令全書」には未採録であり、「太政類典」第2編第148巻第52に掲載。

第四章 「法令公布日誌」構想と「官報」の創刊

一 はじめに

官報は、山縣有朋の建議により明治一六年太政官第二二号達[1]を以て創刊が示達され、今日に至るまで法令公布の手段[2]として用いられている。この官報創刊に関し、法制史および新聞史の立場で若干の論考が発表されている。[3]それらは、官報創刊以前に大隈重信の発案になる「法令公布日誌」構想が存在したことを明らかにした。しかし、この「法令公布日誌」構想に関しては、『福沢諭吉全集』[4]に、公文書の写しが一点残されているのみであり、斯かる史料的制約のため、その全体像の把握が困難であった。ところが先年、著者はこの史料の原本の所在を知り「福沢諭吉全集」掲載の写しと内容を照合した。その結果、福沢全集の写しは、「法令公布日誌」関係公文書全体の三分の一ほどの抄本に過ぎないこと、原本上で為されている付箋貼付による修正補足が写しでは為されていない場合があること等がわかった。そこで本章において「法令公布日誌」創刊構想の全体像を明らかにすると共に、この構想が山縣の官報創刊建議に与えた影響について再評価を試みようと思う。

（1）　官報が創刊された明治一六年当時の法令形式は次の如し。法令が布告・布達・達の形式に区別されるのは、明治六年七月一八日太政官第二五四号及び同年八月二八日太政官無号による。すなわち太政官法令の内、一般に対するものを布告とし、各庁官員に対するものを達とした。また各省使の発令する法令の内、一般に対するものを布達とし、各庁官員に対するものを達とした。しかし、明治一四年太政官第一〇一号達により、布達の発令手続が改定され、以後太政官布達として太政官から発令されることとなった。また同達により太政官及び諸省から一時的に公布される告示が定められた。尚、官報創刊当時官報登載を以て公式とし他に伝達手段を用いないとされたのは、達と告示のみであった（明治一六年太政官第二三号達）。

（2）　近代法史に於ける法令伝達制度の先行研究については、本書第三章一注（1）を参照されたい。

（3）　近藤金広『官報創刊前後』（原書房一九七八年）、那知上泰八「官報の歴史」（「時の法令」一〇〇～一一二）、大蔵省印刷局編『官報百年のあゆみ』（大蔵省印刷局一九八三）、内閣官房編「官報」（『内閣制度七十年史』一九五五年）、藤沢衛彦「日本官報紀元」（大蔵省印刷局編「官報資料（官報創刊七五周年記念特集）」一九五八年七月二日号二三頁以下）、大蔵省印刷局編「官報八十年」（「官報」昭和三七年七月二十日号）、木野主計「官報創刊と福沢諭吉の官報新聞発行の挫折」（「出版研究」二十号日本出版学会一九八九年二八六頁以下）、佐々木隆「官報創刊と政府系新聞強化問題」（「新聞学評論」三三号日本新聞学会一九八四年一九一頁以下）、等。

（4）　『福沢諭吉全集』第二一巻（岩波書店一九六四年）三二五頁以下。同書の編纂者は、当該資料の出典について、「思ふに政府の公文書の写しであらう。」と推測しているに止る。

二　法令公布日誌案出当時の法令伝達概観

［一］法令伝達

諸官庁間での法令伝達は、明治四年二月一〇日太政官第六七[1][2]により伝達手続が規定された。すなわち諸官省廻しの御布告は罫紙に認め冊子に綴り廻達し、廻達止りより太政官に返上することになった。そのためには、中央官庁での廻達のために合理的に必要とされる部数、及び地方頒布に必要な部数の謄本を作成する必要があった。この必要部数は数次にわたり改定されたが、基本的にこの方式は官報創刊まで存続した。

一方、政府は、明治七年四月一四日太政官第四八号達[3]を発令した。それにより、法令が各府県に到達後全国一律に二十日間の増刷期間を設け、府県内に増刷頒布された。その後三十日間の周知期間を経過することで一般人民が法令を周知したものとみなすという方法に改めた。また周知方法は地方の便宜とされた。この方式は官報創刊まで存続した。この方式では、中央政府から発された法令が各府県に到達するのに必要な日数が問題となる。政府は、明治六年六月一四日太政官第二一三号布告[4]により、中央政府から逓送される法令が地方官に到達するのに必要な日数、すなわち到達所要日数を府県ごとに法定していた。例えば東京府では発送の翌日、長野県では六日であった。この明治六年第二一三号布告の規定する法定到達日数は、明治七年第四八号達に継承された。

慶應四年四月五日被仰出[5]により太政官日誌の創刊が示達された。新政府の発令する法令及び願・伺指令等の諸記事が掲載された。また戊辰戦争中は戦況報告誌として、同時に佐幕派に対する新政府の思想宣伝の道具としても機能した。その後、民部・内務・司法・文部・外務・陸軍・海軍等の各省も省務記事を日誌として逐次刊行した。多くは民間の書肆から発行され、官庁及び民間の購読に供された。新聞と同様にかような日誌類により法令を知ることも可能であった。しかし明治一〇年に至ると、若干の例外を除き日誌類は殆ど廃刊となっていた。

[三] 法令伝達方法としての新聞

太政官日誌は、戊辰戦争終結以降、一定層以外の読者には容易に普及しない嫌いがあった。そのため内外の諸情報の入手は、民間新聞によるところが大きかった。政府も新聞の有すこれら役割、とりわけ法令伝達機能に早くから着目していた。諸官庁及び地方官に於いて新聞購読を制度的に推進したのである。明治五年三月二七日大蔵省第四七号[6]により、内外の知識進歩のため、新聞雑誌・東京日々新聞・横浜毎日新聞を各府県に配布することを示達した。一方、明治五年一〇月三〇日、政府はブラックの主宰する新聞「日新真事誌」に左院の議事命令及び政府諸省の法令等の掲載許可を与えた。[7]さらに同紙は翌明治六年七月九日に太政官布告類の下げ渡しを受け同紙に掲載する許可を得た。[8]しかしそれ以前にも、東京日々新聞及び横浜毎日新聞も同様下げ渡しを受けていたようである。さらに日新真事誌は、同月一五日に諸願伺届等日誌に記載の分の下げ渡しの許可を得ていた。[9] また、東京日々新聞は明治七年一〇月二四日に、太政官記事印行御用の特権を得た。[10] このようにして、法令や伺指令・建白等は、政府より民間新聞社に下げ渡され、諸新聞に掲載された。従って、官吏から民衆に至るまで、法令伝達制度により聞知するのみならず、新聞により法令等を事実上知ることも可能であった。

さて、前述の官費による新聞配布制度は、配布される新聞紙の若干の変更や、主管省が大蔵省から内務省へ変更になる等の改正を経て、明治八年三月一二日太政官第三五号達[11]により中央省庁での、また同年五月一七日内務省乙第六二号達[12]により府県での、新聞紙の官費購入が廃止され、また、同乙第六二号達により、府県の場合は常費のうち年間八十円を新聞費に充当し適宜購入すべき事が定められた。しかし、翌明治九年一一月一三日に太政官第一〇九号達[13]により、中央省庁に対し、事務上に必要の場合は各省庁定額内で適宜新聞購読が可なることが示された。

［四］　明治一三年当時の法令伝達状況

明治一三年、すなわち「法令公布日誌」構想が登場した当時の法令伝達の実状は如何なるものであったのだろうか。前述の如く、明治七年太政官第四八号達による印刷頒布廻達方式が存続していた。しかし、それは必ずしも円滑に機能していたとは言えない。例えば、東京府に於いては「回覧之儀ハ数千部之印刷ヲ要スル迄ニテ回送ヲ受クルモ解読スル能ハサルモノ不少」ず、且つ「紛乱散逸所在ヲ知ラサル等徒ニ経費ヲ要スル迄ニテ其効益無之」き状況で、その弊を看過し得ず、内務省に新聞掲載と町村内掲示による法令伝達を願い出て、その許可を得た。[14]

一方、太政官日誌は明治一〇年一月二二日に廃刊が決定され[15]、政府は、太政官法令その他伺・届などの官庁記事の公的刊行手段を失った。前述の如く諸省の日誌類も概ね廃刊となっていた。そのため、法令伝達という観点から新聞の役割が相対的に増大せざるを得なかった。しかし明治七年一一月以来、前述の如く政府が購求する新聞は東京日々新聞一紙に限定され[16]、翌明治八年三月には新聞紙官費購求制は廃止され[17]、政府と新聞各紙の関係は緊密ではなくなっていた。また新聞諸紙の間では、明治一三年当時、国会開設要求の昂揚に伴い、漸進主義と急進主義の立場に分かれ論戦に終始していた。福澤諭吉をして「駄民権論[18]」と嘆かしめる程度でしかない世論の沸騰がそこには存在した。

斯かる状況下で必要なのは、①従来の法令伝達の弊を払拭し得る機能的伝達方式の導入、②法令を始め諸官庁記事を掲載し、且つ世論を強力に教導し得る公報誌の創刊である。明治一三年、大隈重信はこの2つの機能を併せ持った「法令公布日誌」の創刊を企図したのである。

（1）法令番号の付与は明治五年一月八日太政官無号達により始められた。それ以前の法令に付与されている数字は、内閣官報局が法令全書の遡及編纂の際に便宜上用いた整理番号である。本章では両者を区別するために、整理番号には「号」を用いないこととする。
（2）「法令全書」第四巻（原書房覆刻版一九七四年）七二頁。
（3）「法令全書」第七巻ノ一（原書房覆刻版一九七四年）二八五頁。
（4）「法令全書」第六巻ノ一（原書房覆刻版一九七四年）二九六頁。
（5）「法令全書」慶応三年明治元年（原書房覆刻版一九七四年）八四頁。

（6）「法令全書」第五巻ノ一（原書房覆刻版一九七四年）五五四頁。
（7）国立公文書館蔵「公文録」壬申左院伺下第二十八左院中議事貌刺屈新聞紙載出ノ儀伺。
（8）国立公文書館蔵「公文録」明治六年五月左院伺第十四貌刺屈新聞社へ御布告類日々下渡ノ儀申立。
（9）国立公文書館蔵「公文録」明治六年五月左院伺第十七　貌刺屈ヨリ諸願伺届等日誌ニ記載ノ分御下渡願ニ付上申。
（10）明治七年一〇月二四日太政官達（内務省宛）、（国立公文書館蔵「太政類典」第二編第六巻第二十一）。
（11）「法令全書」第八巻ノ一（原書房覆刻版一九七五年）五四六頁。
（12）「法令全書」第八巻ノ二（原書房覆刻版一九七五年）九一五頁。
（13）「法令全書」第九巻ノ一（原書房覆刻版一九七五年）三八〇頁。
（14）東京都公文書館蔵「第二法令類纂」巻之二官制部第二章布告達書并掲示場本府第二号。
（15）国立公文書館蔵「公文録」明治一〇年二月寮局伺第二。
（16）内務省乙第六七号達（「法令全書」第七巻ノ二（原書房覆刻版一九七五年）五一一頁）。
（17）太政官第三五号達（「法令全書」第八巻ノ一（原書房覆刻版一九七五年）五四六頁）。但し明治九年太政官第一〇九号達（「法令全書」第九巻ノ一（原書房覆刻版一九七五年）三八〇頁）により各庁の事務上、新聞購読の必要がある場合、定額内に於いて適宜購入が可とされた。
（18）福澤諭吉発井上馨伊藤博文宛書翰（明治一四年一〇月一一日）（『福澤諭吉全集』第十七巻（岩波書店一九六一年）四七五頁）。

三　関係公文書の紹介

［一］公文書原本の所在

ここで、「法令公布日誌」関係の資料について紹介しておきたい。これまで知られていた『福澤諭吉全集』第二一巻が掲載する法令公布日誌関係の文書を見ると、「各大臣参議の連署の上部に『可』の字を刻した大きな方印が寫してある。(1)」と記載されている。この可印は、明治四年五月に作成された天皇の裁可印である。(2)そして明治一二年四月七日に制定された「公文上奏式及施行順序(3)」によれば、この可印は内閣の議定を経て上奏し裁可を仰ぐ類の奏事に用いられたものである。この文書には明治一四年と記されており、その当時は前記上奏回議手続が効力を有していた。従ってこの文書は上奏書を写したものと考えられる。そこで著者は、国立公文書館に於いて当該公文書原本を捜索したところ、近時公開された「諸雑公文書」中にその原本が含まれていること、及び同公文書館報に「諸雑公文書」が紹介されていることを知った。(4)同書によれば、「諸雑公文書」とは、総理本府地下書庫及び皇居内総務課書庫に所在した未整理資料を中核とした資料の総体に付与された呼称である。また、明治一九年に内閣記録局が作成した公文書分類綱目を国立公文書館は現在も継承しているが、「諸雑公文書」にはその分類にあてはまらないもの他、公文回議手続の過程等に於いて何らかの理由で脱落してしまった公文書も含まれている。(5)「法令公布日誌」創刊計画は、裁可を得ても何らかの理由で施行されずにいた。その状態で主管参議の大隈重信が、明治一四年政変で下野したため宙に浮いてしまった。一方、これに代って官報が創刊されたが、それに関する公文書は「公文別録」に編綴されている。本来は「法令公布日誌」関係文書も官報関係資料と共に「公文別録」に編綴されるべきであったのだろうが、上述の理由で棚上げになってしまったため、正規に整理されないまま、未整理資料として今日に至ったのであろう。

（1）『福澤諭吉全集』第二一巻（岩波書店一九六四年）三二六頁。
（2）国立公文書館蔵「太政類典」第一編第四十巻第十三「天皇御璽ヲ彫刻ス」。
（3）国立公文書館蔵「公文録」明治一二年官符原案第八下。
（4）中野目徹「諸雑公文書の概要一」（国立公文書館「北の丸」第二三号一九九一年）四一頁以下。
（5）同右四三頁以下。

〔二〕法令公布日誌関係公文書の構成

「諸雑公文書」中に存在する「法令公布日誌」関係の公文書は、冊の薄い簿冊に編綴されている。それぞれの簿冊は上奏書を冒頭に回議書及び上申書その他諸資料で構成されている。全体は、次のような構成になっている。

〔第一冊〕（これは著者が便宜上付与した呼称である。）

①上奏書「法令公布ノ日誌ヲ創定スル之事」（可印あり）（明治十三年四月二二日）

②雑九号回議書「大隈参議建議法令公布ノ日誌ヲ創定スルノ事」（明治十三年三月二二日）

③理由書「法令公布ノ日誌創定スルノ議」（明治十三年三月二二日）
④公報日誌社約條書案
参考資料　a六年太政官第二一三号布告　b七年太政官第四八号達　c布告達必要部数内訳
〔第二冊〕（第一冊の呼称要領に同じ）
①上奏書「公報日誌創定ニ付布告類下達方并日誌取扱内規則案」（可印なし）（明治十三年五月）
②雑十三号回議書「会計部主管大隈参議進呈公報日誌創定ニ付布告類下達方并日誌取扱内規則案」（明治十三年四月二一日）
③会計部主管参議大隈重信上申書
③布告達類下達ノ義改正布告案理由書　⑤布告案
⑥達案　⑦公報日誌管理内規案
参考資料　a明治六年太政官第六八号布告　b明治六年太政官第二一三号布告
c明治七年第四八号達　d明治八年第一六三号達
e佛蘭西、伊太利、墺地利、国別公布及び施行例
〔第三冊〕（第一冊の呼称要領に同じ）
①上奏書「参議大隈重信上申法令公布日誌創設ノ儀ニ付日誌社へ命令書案并布告案」（可印あり）（明治十四年三月十一日）
②官甲三〇号廻議書「大隈参議上申法令公布日誌創設ノ儀ニ付日誌社へ命令書案并布告案」（明治十四年三月八日）
③参議大隈重信上申書（明治十四年三月八日）

④理由書「法令公布ノ日誌ヲ創定スルノ議」
④某日誌社へ命令書案　⑥公報日誌管理内規案
⑤布告布達類下達ノ義ニ付布告案理由書　⑧布告案
⑨府縣郵便到達日割表　⑩内達案

四　関係公文書の検討

[一] 第一冊

次に、第一冊から第三冊に編綴されている諸文書の内容を検討する。

第一冊の③理由書「法令公布ノ日誌創定スルノ議」（明治一三年三月二二日）に於いて、大隈は法令公布日誌創刊の必要性を次の如く述べている。第一に郵便事情が向上したこと。すなわち、新聞各紙が新たに施行される法令を探知しそれを掲載した場合、その新聞は法令の「布告到達期限」より早く各地方へ配給され、それにより民衆は法令を聞知するに至る。一方、法令自体は、前述の明治六年太政官第二一三号布告の法定到達期限経過後、更に二十日の増刷期間と三十日の周知期間を経過しなければ施行されない。そのため、民衆が法令を実際に知った日と、当該法令が施行される日との間に大きな懸隔が生じてしまい不都合であるというのである。第二に、太政官日誌廃刊以来、法令及び官庁記事を公知せしめる手段がないことを挙げている。すなわち、新聞雑誌等がそれら諸記事を記載しても、往往にして皮相の理解に止る評論が多い。よって「法令公布日誌」を創刊し、それへの掲載を以て布告手段とし且つ政府公報誌の機能を持たせようというのである。尚、ここで言う「布告到達期限」とは、第一冊の参考資料として明治年太政官第二一三号布告が添付されていることから、同達による法令の法定到達日数であることは明らかである。

第一冊④「公報日誌社約條書案」に於いて、発行すべき日誌の体裁、内容及び発行社と政府の関係等につき、概略次の如く規定している。日誌は逐号毎日発行。人民官庁に向け公達する法令規則訓状官職任免の事を記載する。該日誌は政府の特別の管護を受ける（以上第一条）。毎号官報と私報に分ける（第二条）。官報の部は布告掛（仮称）より文案（法令規則任免訓状）を下付。記事責任は布告掛の所属官庁が負う（第三条）。私報の部は政治学術上の論説記事を掲載。日誌社が編集し布告掛が検閲する。記事責任は日誌社にあり（第四条）。日誌社主幹の任免は布告掛による。編輯人印刷人以下の役員は布告掛の認可に基づき主幹が任免す（第七条）。日誌社操業資金は布告掛より借入れ、無利息にて年譜返済とする（第八条）。布告掛貸付金返済までは、政府は官報記事に対し代金を支払わず。完済後は約定を以て代金を支払う（第九条）。

ここで注意を要することは、大隈は当該日誌を「官報」と「私報」の二部から構成しようとしたことである。前者を法令公布の手段とし、他方、政府の意向を体現した後者により、強力に世論の教導を行おうという目論見であった。

〔二〕第二冊

第二冊③上申書を見ると、日付が明治一三年四月二一日となっており、第一冊の裁可日の前日に回議に供されたことがわかる。本簿冊には、第一冊に於いて言及されなかった布告掛の組織に関する規定及び政府による公報日誌社の管理方法についての規定が含まれており、第一冊を補完するため起草されたものであろう。

第二冊を見てまず気付くことは、図一の如く、①上奏書に可印がないこと、②回議書に一旦張られた紅色付箋紙が剥除されていることである（図中の点線部分は可印の捺される位置を著者が便宜的に示したものであり原本にはない）。この付箋の貼付は、明治一〇年九月七日制定の「書記官心得」[1]により実施が規定された。「公文ヲ大臣参議ニ進ムルニハ其親裁ヲ仰ク者ト奏事旨ヲ取ル者ト御覧ニ供フルニ止マル者ト奏上セザル者トヲ区別シ紅紙ヲ貼シ考ニ備フ而シテ大臣参議之ヲ取捨ス」ることとなったのである。第一冊の場合は、上奏書には可印が捺され、且つ回議書には「可」と記された紅付箋紙が貼付されている。従って第二冊回議書の付箋の剥除と、上奏書に可印のないことと合わせ考えると、恐らく、第二冊は回議に於いて可決され、上奏書が起草された後に、何らかの理由で上奏しないことが決定されたのであろう。その理由については、関連史料が見あたらないので現段階では判断がつかない。

さて、第二冊④布告達類下達ノ義改正布告案理由書を見ると、法令の発令から施行まで大きな懸隔が存在することを、第一冊に続き再び問題としている。すなわち、

《前略》…明治六年第六十八号及ヒ第二百十三号ノ公達ヲ以テ布告達類頒布ノ方法ヲ規定シ翌七年第四十八号ノ公達ヲ以テ之ヲ更正シタリ之ヲ現行ノ規則トス此規則ニ従ヘハ政府ニ於テ法令ヲ発表シタル日ヨリ三期ヲ経過シ始メテ頒布ノ

方ヲ終ヘ法令ノ施行ニ至ル蓋シ第一法令發表ノ日ヨリ各地距離ノ遠近ニ因テ到達日限ノ定メアリ…《中略》…第二法令到達ノ翌日ヨリ管内ヘ觸示マテ謄寫印刷等ノ日數ヲ二十日ト定メ第三印刷日數ヲ経過シタル後更ニ日數三十日ヲ掲示時間トシ到達日限ノ外総計五十日ヲ経過セザレバ人民一般周知シタルモノト見做サヾルナリ…《後略》

これに依れば、中央政府の制定になる法令は、法定到達日数の経過、増刷期間及び周知期間の経過の後、初めて施行されることになる。そして、この理由書は更に次のように主張する。すなわち明治七年太政官第四八号達が二十日間の増刷期間を決定した当時から比べれば、明治一三年当時は、「各地印刷器具ノ備ハラザルハナク」、且つ「本廳支廳ノ外郡區役所警察署ニ至ルマテ直ニ太政府（ママ）ヨリ豫定ノ部数ヲ送致」しているのだから、増刷期間はもはや必要ない。また三十日間の周知期間は「殆ント其要用ヲ観ザルノミナラス却テ」長きに失するのではないか、というのである。

第二冊⑤布告案では、第一条で法令の法定到達日数を別表の要領で改定するとしている。但し「別表ハ追テ調製ノ積リ」と付箋の下げ札が貼付され、具体的日数は記載されていない。第二条では周知日数が七日に短縮された。第三条では、法令の公布は公報日誌の官報部内への掲載を以てすることが規定された。

また第二冊⑥達案は、各省庁府県に対し概略次のように示達している。すなわち、印刷物頒布による法令伝達を廃止する。今後は庁中費を以て公報日誌を必要部数購求すること。各省庁の布達その他の公文も、公報日誌への掲載により伝達すること。それ以前に他誌へ掲載しないこと。各省庁が公報日誌に登載すべき記事は太政官布告課に送致すること。

第二冊⑦公報日誌管理内規案では、政府による公報日誌社の管理方法が規定された。概略次のごとし。a公報日誌の管理は内閣書記官局中布告課を設け、これに行わせる。その職務は、官報部内に記事を公報日誌社に下付し、私報部内の記事論説の検閲することである。b布告課の構成は、若干員の参議が主管し、他に課長一名、副課長一名、課員若干、僚属若干とする。課長の職務は公報日誌社との約定書の交換、公報日誌社主幹の任免、編輯人印刷人以下役員の進退。副課長・課長事故有り欠席の時課長の事務を代理す。布告課課員は内閣書記官・太政官各書記官が兼務する。その職務は、官報部内に記載すべき記事の下付及び訂正、私報部内に記載すべき記事論説の検閲である。c官報部内、私報部内を問わず政府の発する記事は、公報日誌に記載の後でなければ他の新聞雑誌に記載できない。dその他、記事の起草方法及び私報部内の記事論説の検閲期限等が詳細に規定されている。

〔三〕第三冊

これは、前述の通り、『福沢諭吉全集』第二一巻に掲載されている写しの原本にあたる。第三冊に於いて目を引くことは、上奏書・回議書・上申書を除くと本簿冊には何ら新しい記事が含まれていないということである。上奏書・回議書は前図で明らかなようにそれ自体は実質的内容を持たない。また上申書も「昨一三年四月廿ニ日ヲ以テ裁可ヲ得タル法令公布ノ日誌創設ノ儀今般更ニ日誌社トノ条約書案ヲ修正シテ命令書案トナシ其他布告案等ヲ取調再タヒ高裁ヲ仰キ候也」と記されているのみである。それら以外の本簿冊の実質的部分はすべて前二冊の引き写しである。具体的には、④理由書「法令公布ノ日誌ヲ創定スルノ議」は、第一冊③理由書「法令公布ノ日誌ヲ創定スルノ議」と若干の字句を除き同一である。⑤「某日誌社へ命令書案」は、第一冊④「公報日誌社約條書案」の「公報日誌社」を「某日誌社」に変更した以外、ほぼ引き写しである。但し第四条は、第一冊のものに貼紙し朱書きで補足している。補足の内容は、至急を要する記事の検閲方法についてである。これらについては、第一冊に裁可が下ったが、何らかの理由でその内容を施行せずに十一ヶ月も経過してしまったため、再び裁可を仰ぐという形式をとったのであろう。

また⑥「公報日誌管理内規案」では第二冊の「公報日誌管理内規案」から、私報部内の記事論説の検閲期限を規定した第九条が削除された。(2) 一方、⑦「布告布達類下達ノ義ニ付布告案理由書」及び⑧「布告案」も第二冊のそれぞれと、若干の字句の違いを除き同一である。さらに⑩「内達案」は第二冊の⑥「達案」と同じである。これらについては、何らかの理由で第二冊が上奏されなかったためにこの機に上奏し裁可を得ることになったものと思われる。尚、第三冊⑨「府縣郵便到達日割表」は、明治六年太政官第二一三号布告により決定された各府県への法令到達日数を短縮した新しい到達日数の一覧表である。

それにしても、第一冊に裁可を得たにもかかわらず施行されず、また第二冊を起草しながら上奏が断念され放置された理由は何だろうか。当時は大隈財政末期にあたり、深刻なインフレーションに苦しみ厳しい緊縮財政が志向された。明治一三年六月二九日には財政整理を行うべき旨の勅諭が下った。(3) さらに八月二六日、大蔵卿佐野常民は「萬已ムヲ得サルノ増費ノミヲ以テセラル、ニ至リ始テ歳入出相償」(4)い、ようやく予算を完結することができる旨の上申を行った。会計部主管参議であった大隈自身も、同年九月以降伊藤博文と協調しつつ大幅な財政整理に着手し経費節減を打ち出した。これらの事情を考慮して推測するならば、「法令公布日誌」構想が裁可されてもかような新規事業に充てる予算を捻出できず、一時棚上げになったのではなかろうか。そして、明治一四年度予算に於いて実現すべく第三冊により再び裁可を仰ぐこととなったのであろう。

尚、大隈は「法令公布日誌」構想の案出に際して、ボアソナードの提出した「官令新聞紙ヲ設クルニ付テノ略述」(5)の中で述べられたフランスの官報制度を参考にしたものと推測される。この略述書には、作成年月日が記載されていないため、「法令公布日誌」建議との時間的前後関係が不明であり、現段階では推測の域を出ない。

（1）国立公文書館蔵「官符原案」原本第十三、第七「本局書記官条款」。
（2）『福沢諭吉全集』第二一巻（岩波書店一九六四年三二五頁以下）の写本では、第九条が削除されていない。原本に可印が捺されている以上、裁可後にこの修正が為されたとは考えにくい。当該写本にも可印の存在が記されているので写し取ったのは裁可後ということになるのだが、それならなぜ九条が削除されなかったのか疑問である。いずれにしても写本の作成時期に疑問が残る。
（3）『明治天皇紀』第五（吉川弘文館一九七一年）一〇七頁。
（4）『法規分類大全』第一編財政門予算（内閣調査局編一八九〇年）二四七頁。
（5）早稲田大学図書館蔵「大隈文書」A4407。

五　法令公布日誌から官報へ

［一］福澤諭吉への創刊依頼

この法令公布日誌構想は大隈の名前で上申されとことで明らかなように彼が主唱者であったが、この構想には井上馨と伊藤博文も参画していた。しかし彼らの結束は、国会開設につき政府も積極的態度をとるべきであるという程度の漠然とした脆弱なものであった。[1] この開設時期をめぐる見解における遅速の差が、後に彼らの連携を瓦解させ明治一四年政変に至ることになった。ところで、前述の如く明治一四年度予算での創刊を目指す彼らが直面した問題は、「法令公布日誌」を誰に発行させるかということであった。彼らは当代随一の論客であり大隈とつながりのあった福澤諭吉に依頼すべく、井上馨が話しを持ちかけた。明治一三年一二月頃であった。[2] 福澤は当初、当時の政体を擁護する新聞ならば本意ではないので辞退したい旨を申入れた。しかし反対に井上馨から政府に国会開設の意があることを聞かされ、福澤は「諭吉も固より國のために一臂を振はん」と快諾した。[3] 彼らが福澤を選んだのは、その世評が極めて良好なことと、その筆の影響力の大きさからであった。その文章は「俗言俗語ヲ以テ之ヲ成シ田夫野郎モ能ク之ヲ解スルヲ得」、その学芸は「廣ク洋學ノ蘊奥ヲ極メ真理正道ヲ究メ」ており、品行は「正々直々実ニ世ノ品行軌範」であるとの世評を福澤は獲得していた。[4] また後に彼が起草した私擬憲法は、当時太政官大書記官の職にあった井上毅に、「今日全國ノ多数ヲ牢絡シ、政黨ヲ約束スルノ最大ノ器械ニ有之、其勢力ハ無形ノ間ニ行ハレ、冥々ノ中ニ人ノ脳漿ヲ泡醸セシム、其主唱者ハ十萬ノ精兵ヲ引テ無人ノ野ニ行クニ均シ」[5] と評せしめ、重大な危惧を与えるほどであった。上記引用のふたつの史料は、明治一四年及び一五年のものであり、厳密には福澤が創刊の依頼を受けた明治一三年暮れとは時間が前後してしまう。しかし当時の彼への評価を知る上に参考となろう。かような福澤の賢筆を以てすれば、国会開設請願運動で加熱した世論を好ましい方向に指導できると考えたのであろう。

一方、「法令公布日誌」構想を知った福地源一郎も、その発刊を引受けるべく工作をしたが実現しなかった。[6] 思うに、福地の東京日々新聞は、明治七年に太政官記事印行御用を許されて以来、[7] 既存の政権の「御用新聞」の印象があまりに強く、自由民権運動の盛んな地域では購読者が極く限られていた。[8] 政府が国会開設を念頭に置くとなれば、斯かる福地の世評は好ましくなく、「法令公布日誌」の購読層がこのようになってしまっては世論教導という目的は実現できなくなってしまう。また福地自身の世評も芳しくなく、「事ノ是非、物ノ利害ヲ弁識セザルニアラザレドモ悲夫金銭ノ為メニ意志左右曲直セラレ世間ノ嘲笑ヲ買フモ顧慮」しないと言われていた。(9) 明治一四年一月一六日に井上馨は福地に対し、福澤に担当させる旨を話した模様である。(10) 願いが容れられなかった福地は「漸く退屈の思を為して内閣諸公に伺候して其高説を聴くに飽きて自ら疎遠に成(11)」り、開拓使官有物払い下げ事件に接し「在廷諸侯に望みを失ひ(12)」政府排撃の論陣を張るに至ったのである。福地はその後、政府に対し太政官記事印行御用の免除を願い出、これは明治一四年九月二〇日に裁可された。(13) これにより政府は官令伝達及び政府公報に有力紙を失うことになった。

〔二〕井上毅の参入

これに危機感を持ったのは井上毅であった。当時は、開拓使官有物払い下げ事件が国会開設運動に油を注ぎ、大隈はその事件の渦中にあり、同年一〇月には免官が決定された。明治一四年政変である。そのため「法令公布日誌」構想は実行に移されないまま宙に浮いていた。政変の混乱の中で、福地の政府系有力紙を失うことは、大隈が「法令公布日誌」を上申した当時より、政府にとり事態は深刻であった。一方福澤は、伊藤博文と井上馨に対し、再三にわたり「法令公布日誌」計画のその後について問い合せたが、両者からは満足のいく回答が得られなかった。この時、井上馨は福澤を次第に敵視し始めていた。(14) 既に「法令公布日誌」に代わる新たな政府機関紙構想に着手していたためである。すなわち、これより以前、井上毅は明治一四年九月三〇日伊藤博文宛書翰の中で、「向後ニウスを籠絡するは第一緊要之事」であること、「小生等もとても悪まれ序に陰々尽力いたし候ても不苦奉存候」[15]と、政府公報紙創設へ自ら参入する用意のあること述べていた。井上毅は、その後フランス及びプロシアの官報を調査の上「官報新聞発行意見」[16]を起草した。井上毅の官報新聞の主要部分は官報欄と社説で構成されていた。後者は政府の主義を弁護し、法律規則の理由説明及び世論の指導を目的とし、大隈の私報に相当した。

さらに、明治一四年一〇月六日の山縣有朋発伊藤博文宛書翰[17]を見ると「尚新聞着手の一点は過日井上とも談合致置候。猶御勘考被成置度候」とあり、この頃迄に山縣も政府公報紙問題に参入していたことがわかる。その後、明治一四年一一月二〇日、井上毅は難題に直面し伊藤博文と山田顕義に書翰で意見を求めた。すなわち、社説が法令及び政務の説明の域を出てしまうと、「政府と人民と学問之力を戦はすの嫌い」[18]があり、またそれが憲法の議論に及べば、国会開設に向け世論が沸騰している折から困難が予想される、というのである。これに対し、山田は伊藤に対し、「全く官報に致し法律規則公告より指令訓示に到る迄一切の公報を記載し」、「他の新聞演説者と抗論対議を要する者の如きは明治日報へ差出候様致し可然義と存候」[19]と具申した。既存の親政府系新聞を利用しようという発想である。政府部内では、山田の路線で話しがまとまった。官報一本立てとし社説を創設しない代り、政府寄りの数紙に援助を与え、政府のために論陣を張らせようとしたようである。『保古飛呂比』明治一四年一二月二日条によれば、政府は、明治日報・曙新聞・東京日々新聞・報知新聞・朝野新聞・京浜新聞へ補助を与えることを内決した。[20]

このようにして輪郭が固まった官報構想は、明治一五年に至り「参議山縣有朋建議官報発行ノ件」[21]として上程された。山縣の建議書には日付の記載がない。しかし、「法令公布日誌」構想の当時から関わっていた伊藤博文や井上馨の名義ではなく山縣の名により建議されたのは、伊藤が憲法取調べのため渡欧することとなり参事院議長を山縣に譲ったためであろう。「参事院職制章程」[22]第一条によれば、「参事院ハ太政官ニ属シ内閣ノ命ニ依リ法律規則ノ草定審査ニ参預スル所トス」とあり、その長が山縣であったからである。従って山縣名義で建議されたということは、彼が参事院議長に就任した二月二七日以降で且つ太政官中で官報創刊準備に着手する三月二九日以前に為されたと考えるのが適当であろう。

(1) 石河幹明『福澤諭吉伝』(岩波書店一九八一年) 第三巻七七頁以下。
(2) 福澤諭吉発井上馨伊藤博文宛書翰（明治一四年一〇月一四日）(『福澤諭吉全集』第二一巻（岩波書店一九六四年）四七二頁)。
(3) 同右、四七三頁以下。
(4) 国立国会図書館蔵、大井通明『日本全国新聞記者評判記』(変予閣一八八二年) 十九頁。
(5) 井上毅「内陳」(明治一四年七月一二日)(『井上毅伝史料篇第四』(國學院大学図書館一九七一年) 四七頁)。
(6) 国立国会図書館蔵、福地源一郎「新聞紙実歴」(同著『懐往事談』一八九七年) 二二七頁。
(7) 後掲注 (19) 参照。
(8) 「自明治十九年八月至同年一二月新聞雑誌配賣沿革第一冊」(一八八七年二月)(『埼玉自由民権運動史料』埼玉新聞社一九八四年) 五一九頁以下。
(9) 国立国会図書館蔵、大井通明『日本全国新聞記者評判記』(変予閣一八八二年) 三〇頁。編者の大井通明が自由党員であったことを念頭に置いてこの評価を検討しなければならない点に注意を要す。
(10) 井上馨発伊藤博文宛書翰（明治一四年一月一六日）(『伊藤博文関係文書一』(塙書房一九七三年) 一六一頁。)。
(11) 国立国会図書館蔵、福地源一郎「新聞紙実歴」(同著『懐往事談』一八九七年) 二二八頁。
(12) 同右、二二九頁。

(13) 国立公文書館蔵「公文録」明治一四年府県自七月至九月全第三十六。
(14) 井上馨発伊藤博文宛書翰（明治一四年一〇月三〇日）『伊藤博文関係文書』一（塙書房一九七三年）一六七頁。
(15) 井上毅発伊藤博文宛書翰（『伊藤博文関係文書』一（塙書房一九七三年）三三一頁。）。
(16)『井上毅伝史料篇第一』（国学院大学図書館一九六六年）二五六頁以下。木野主計は、この起草時期を明治一四年一〇月頃と推定している。（木野主計「官報創刊と福沢諭吉の官報新聞発行の挫折」（『出版研究』二十号日本出版学会一九八九年）二九〇頁）。
(17)『伊藤博文関係文書』八（塙書房一九八〇年）一〇四頁。
(18)『伊藤博文関係文書』一（塙書房一九七三年）三三四頁。
(19) 山田顕義発伊藤博文宛書翰（明治一四年一一月二一日）（『伊藤博文関係文書』八（塙書房一九八〇年）一六二頁）。
(20) 佐佐木高行『保古飛呂比』第十巻（東京大学出版会一九七八年）五五〇頁。
(21) 国立公文書館蔵「自明治一五年至同一六年公文別録」。
(22) 明治一四年一〇月二一日太政官第八九号達（「法令全書」第一四巻（原書房覆刻版一九七六年）三三〇頁）。

六　法令公布日誌再評

紙幅の関係もあり、山縣の官報創刊建議を引用することはできないが、別表一は、大隈・井上毅・山縣の三案を比較対照したものである。上述の如く山縣建議は官報による一本化に落ちついた。山縣建議に添付された「官報発行方法」(1)には、世論指導のため政府が援助すべき政府系紙の名が列挙されている。東京日々新聞・東洋新報・明治日報・大東日報等である。明治一四年政変に於いて大隈を罷免し、国会開設の詔により政府部内は漸進主義による立憲体制樹立の方針に統一された。その主導権も民権派ではなく政府が確保した。思うに、イギリス流議院内閣制を提唱する急進主義の大隈を罷免し、漸進主義の立場でプロシア的立憲君主主義を志向する以上、政府にとって国会開設に沸く世論の支持を獲得することは、大隈の場合と比較して困難であったはずである。そうであるなら、政府にとって世論指導の必要性は、大隈の法令公布日誌構想当時より相対的に増大しているはずである。にもかかわらず政府は、政府公報紙による世論指導を断念して「軒並み不振」[2]の状況にあった親政府系諸紙に依存することとしたのである。これは、大隈構想に於ける福澤のように世論に強力な影響力を持つ論客を政府が擁さなかったこと、そのため世論との間で収拾のつかない政治論争に陥る危険を回避しなければならなかったことによる次善の策であったと思われる。従って山縣建議は、官報一本化という前二者と異なる形態となったが、それはあくまで次善の策であり世論指導の必要性という発想に於いて大隈構想や井上「官報新聞発行意見」と差異はないと考えたい。

さて、法令公布手続という法制史的観点から検討すると、この三案の基本構想には変りがない。それらの主張することは、第一に、従来各法令は、発令毎に各省庁が独自に編綴し、増刷の上、各省庁府県に頒布廻達されたが、これらを一部局に集中し逐日編綴により印刷刊行すること。専門の部局により毎日一冊に編集され各省庁及び府県の必要部数を印刷するので、はるかに効率的である。実際には、明治一六年太政官第二二号達[3]により太政官文書局が編集の任にあたることになった。第二に、郵便事情の向上により各府県への法定到達日数を短縮すべきこと。三案とも、印刷の完了した公報紙を府県に逓送する際、所要日数を前述の明治六年第二一三号布告に依拠していたのでは、郵便事情の向上もあり長きに失すと考えたのである。この点は、明治一六年太政官第十四号布達[4]により、従来の日数をほぼ半減した新たな法定到達日数が定められた。第三に、周知期間の短縮である。従来は明治七年太政官第四八号達により、増刷期間後三十日間であった。三案とも異なる日数を想定していたが、結局、明治一六年太政官第十七号布告[5]により、一部の遠隔地を除き、府県到達後七日を経て施行されることとなった。

一方、三案の中には、独自の発案も若干見受けられる。第一に、井上構想に於ける公告である。彼は、東京府管下においてのみではあるが、人民の公告のうち官報に登載されたものには、裁判上の公証力を付与しようとした[6]。つまり人民の公告は、官報登載を対抗要件とするのである。しかし、この点は山縣構想には継承されなかった。

第二に、山縣案では、布告布達については官報登載のみならず町村掲示を施行の要件とした。布告及び布達は人民に対し発せられるものであるから、周知徹底が不可欠である。三案とも法定到達日数及び周知期間の経過により、法令を施行しようとするのであるが、郡区役所・戸長役場が無策では人民への法令周知は実現されない。山縣案は、実際に人民が殆ど法令の内容を知らないという状況が惹起されるのを危惧したのであろう。そこで、明治初年より各地方が自発的且つ伝統的に行ってきた法令の掲示を用いることとした[7]。実際に制定された官報の制度の中でも、明治一六年太政官第二三号達[8]により、各省庁の達と告示のみが官報登載のみを以て公式されることとなった。布告布達は、従来通り各官庁間では印刷頒布廻達が、対人民では掲示等の便宜的方法が併用された。布告布達が達告示同様の取扱いになるのは、明治一八年第二三号布達[9]を待たなければならなかった。

以上の如く、法令伝達ないし法令公布技術という観点からは、三案に大きな差異は無く、基本的には大隈の「法令公布日誌」構想が他の二案に継承され実現されたと見ることができる。また、実際に制度化された官報に、大隈の言う「私報」または井上毅の言う「社説」欄が設けられなかったのは、当時の政府内の上述の如き事情による次善の策であったためである。従って、山縣の官報構想は、国会開設漸進主義の立場に立つ長州派四参議が大隈の罷免を実現した後、彼の法令公布日誌構想を書き改め、当時参事院議長の職にあった山縣の名義で発表したものと言えよう。その過程で理論的支柱となったのが井上毅であった。その意味では、山縣構想は五人の共同案と言うべきであろう。また、その構想案出にあたり原案として四参議に示されたのが井上毅の官報新聞構想である。しかし基本的には、井上毅と山縣の両構想には、大隈の「法令公布日誌」構想のアイデンティティーが極めて色濃く残ったのである。実際に制度化された官報は大隈山縣両構想の折衷であると従来しばしば主張されてきたが[10]、上述の理由で著者は首肯し得ない。

（1）国立公文書館蔵「自明治一五年至同一六年公文別録」。
（2）佐々木隆「官報創刊と政府系新聞強化問題」（「新聞学評論」三三号日本新聞学会一九八四年）二〇一頁。
（3）「法令全書」第一六巻ノ一（原書房覆刻版一九七六年）三一六頁。
（4）同右、一二四頁。
（5）同右、二七頁。
（6）「官報新聞発行意見」（『井上毅伝史料篇第一』国学院大学図書館一九六六年）二五七頁。
（7）本書第三章五参照。
（8）「法令全書」一六巻ノ一（原書房覆刻版一九七六年）三一九頁。
（9）「法令全書」一八巻ノ一（原書房覆刻版一九七七年）五〇頁。
（10）那知上泰八「官報の歴史（八）」（「時の法令」一〇七号）二五頁、藤沢衛彦「日本官報紀元」（「官報資料（官報創刊七五周年記念特集）」一九五八年七月二日号）二七頁、内閣官房編「官報」（『内閣制度七十年史』一九五五年）二二八頁等。

七 おわりに

「法令公布日誌」関係公文書は、上奏され裁可を得たにもかかわらず、明治一四年政変により行き場を失い政府保管庫の中で眠り続けてきた。それが今般の「諸雑公文書」の公開により、おそらく福澤が目にしたであろう時から実に一一〇余年ぶりにその姿を現した。従来より史料的制約等のためか、官報の法制史的研究はほとんど為されなかった。本章に於いても、現在提供されている諸史料のみからでは、著者には判断し得ない点が後考の課題として幾つか残された。それらの一端については、第六章で検討を試みたい。官報は現在も法令公布手段として存続しており、それ故その創刊に関する法制史的研究の意義は大きい。今般の「法令公布日誌」関係公文書の発見を機に、斯かる研究の端緒を開かねばならないと思っている。

図一　第二冊上奏書および回議書

①上奏案　（太政官八行赤色罫紙）

一公報日誌創定ニ付布告類下達方并日誌
取扱内規則案

右謹テ裁可ヲ仰ク
明治十三年五月　日　太政大臣　三條實美　印
左大臣　熾仁親王　印
右大臣　岩倉具視　印
参　議　大隈重信　印
太政官
参　議　大木高任　印

雑十三号（朱書き）　（太政官十行赤色罫紙）

紅色付箋跡

明治十三年四月廿一日
大臣　三條花押　熾仁花押　岩倉印　内閣書記官　金井印　作間印　真男印
會計部主管大隈参議進呈公報日誌創定ニ付
布告類下達方并日誌取扱内規則案
右回議ニ供ス
参議　大隈印　有朋印　純義印　博文印　寺島宗則印　馨印　（大木花押）　（黒田花押）　西郷印　顕義印
太政官

別表1 東京府における法令形式別伝達方法一覧

名称	政府関係機関	当該機関の職務	発行所	紙面の構成
法令公布日誌案	内閣書記官局布告課 （太政官布告掛）	官報部内掲載公文の下付 私法部内の記事論説の検閲	某日誌社	官報：法令規則訓状任免記事 私報：政治学術上の論説記事 布告掛の検閲 記事責任は某日誌社
井上官報新聞案	新聞係	法律公布公告の発布 官報新聞検閲	官報新聞社	官報欄：公布・公告 社　説：政府主義の弁護 法律規則の理由説明 世論の指導 新聞係の検閲・記事責任 正誤欄、 雑報及公告：新聞社の私報 新聞社に記事責任
山縣官報案	太政官官報局－編集 印刷局－印刷 日報社－販売 *1	半官新聞の指揮監督 法令の説明弁護 世論の指導	太政官官報局	官報欄：詔勅・諭誥・政令・ のみ　法律・各官省の告示達 政府公告　伺指令等

購入方法	頒布先	到達日数	法令集編纂	関係法規の改廃
官費	各省庁府県	6年213号布告法定 到達日数を改定	「公布録」 →某日誌社発行	7年太政官第48号達廃止 12年太政官第9号達廃止
官費	各省庁 府県郡区役所	実際の到達日数	刊名無し →新聞局発行	7年太政官第48号達廃止 12年太政官第9号達廃止
官費	省院庁府県 裁判所警察署 郡区役所戸長役場	駅逓局と協議の上 到達日数を法定	「官令」週1回 →官報局発行 *2	7年太政官第48号達廃止 12年太政官第9号達廃止

*1、*2は参事院修正案による。

	法令公布方法
法令公布日誌案	太政官布告・各省使布達広告→公報日誌官報部登載による。 使府県庁到達の翌日から7日間を周知期間とす。
井上官報新聞案	法律命令はすべて官報登載による。郡区役所到達より3日（5日*）で施行。開拓使は7年48号達による。
山縣官報案	法律規則等諸般の法令を官報登載を以て正本とす。 →布告布達は官報登載と町村掲示による。他は官報登載による。 到達日数経過後16日を施行期限とす。

*は「官報新聞発行意見」添付の布告案で規定されている期限

第五章　「法令全書」の創刊について

一　はじめに

日本近代法史の研究ばかりでなく、広く一般的に明治以降の諸法令の法文テキストを必要とするときに、最もよく利用される法令集は、おそらく「法令全書」であろう。研究者と実務家を問わず、「法令全書」は最も権威のある典拠のひとつとして広く承認されている感がある。それ故、同書を検索して該当法令が存在しない場合、疑うことなくそのような法令は存在しなかったという結論に至ってしまう傾向さえ見受けられる。しかし、かように絶大な信頼を「法令全書」に置いているにもかかわらず、現在に至るまでその創刊経緯や史料的価値を正面から論じた研究は、管見の限りほとんど見あたらない。「法令全書」そのものではなく、そこに掲載された法令の形式等を扱った論考がわずかに見受けられるのみである。[1] 一見、奇妙とも思えるこの現状は、「法令全書」の刊行に携わった太政官文書局および内閣官報局に関する史料上の制約に起因するのであろう。例えば『法規分類大全』の編纂を担当した内閣記録局の現存する「日誌」や「往復簿」等から、同書の編纂経緯や同書を史料として利用する際の史料的価値がある程度明らかにされているが、「法令全書」刊行の事情を知りうる刊行担当部局の記録は未だ発見されていない。この点が「法令全書」研究の最大の障害である。それ故「法令全書」に関しては多くの不明な点が未解明のままで今日に至っている。(2) しかし著者は、「公文録」・「太政類典」・「公文類聚」・内閣記録局の「往復簿」等に散在する太政官文書局関係の諸公文書の収集・整理を試みた結果、「法令全書」の創刊経緯については、ある程度明らかにできることがわかった。そこで本章では、それら諸史料に基づいて、「法令全書」の創刊経緯の解明を試みたい。

前述の如く、「法令全書」をめぐっては、史料価値の批判的検討を抜きにして、同書を法令検索の基本的典拠として承認してきたことは否めないであろう。「法令全書」の創刊経緯の解明は、今後、同書の基礎研究を進めるにあたって、あながち無益ではなかろう。

(1) この分野での先行研究としては、山内一夫「法令形式」(『内閣制度七〇年史』内閣官房編、一九五五年)、井上政文「法令引用に当たっての留意すべき事項」(「北の丸」9国立公文書館、一九七七年)、堀内節「布告達の謬った番号標記について」(「法学新報」九一巻五・六・七合併号、中央大学法学会、一九八四年)等。その他は本書第三章一(1)を参照されたい。また、石井五郎「日本の法令集・おぼえ書」(一)~(八完)(「国立国会図書館月報」四四~五二、一九六四・六五年)および西村捨也編著「明治時代法律書解題」(酒井書店、一九六八年)は、わずかではあるが、「法令全書」の創刊経緯に言及している。

(2) 例えば、慶応三年から明治一七年までの「法令全書」は明治二〇年以降に遡及して編纂されたものであるが、その編纂の際に底本とした法令集は何か。それら底本となった法令集からのどのような基準で法令を取捨選択し採録したのか。掲載された各法令の日付は何を意味するのか、裁可日か公示日か、それ以外か。各法令の頭注に表記された改正の種別、例えば「改ム」「改正」「消滅」「廃止」「参看」等はそれぞれどのような定義で区別されたのか。法令を発令する国家機関として元老院・開拓使・

参事院等がなぜ取り上げられなかったのか、等々。「法令全書」をめぐる疑問点は枚挙に遑がない。

二　「官報」の創刊

[一]　官報創刊当時の法令伝達制度

最初に「官報」の創刊が法令伝達の手段としてどういう意味を持っていたかという点から見ていきたい。

明治一六年五月一〇日、官報発行条件が太政官第二十二号達により示達された[(1)]。それによれば、「官報」には詔勅・賞勲・叙任・官令（布告布達）・達・告示・官庁広告・外報等が掲載されることとなった。また同達により、省院庁府県および裁判所・警察署、ならびに軍部諸機関に官報購読義務が課せられた。同様に、上長官以上の武官および奏任官以上の文官等にも購読義務が課せられた。従来、政府が発令する法令は、各発令機関が発令毎に独自に増刷し、中央政府内で頒布又は廻達し、関係する各地方にも逓送頒布していた。しかし、「官報」の創刊により、各機関の発令した諸法令は、当初は太政官文書局に、後には内閣官報局という一局に一旦送致され、送致された諸法令は、同局で、原則として毎日一冊に編集され、必要部数が印刷されることとなったのである。これにより中央政府の法令伝達は飛躍的に効率が高まったと言えよう[(2)]。

ついで明治一六年五月二二日、太政官第二十三号達が次の如く示達された[(3)]。

○第二十三號（五月二二日 輪廓附） 官省院廳府縣

今般官報發行候ニ付従前官省院廳ノ達竝告示ノ儀ハ官報ニ登載スルヲ以テ公式トシ別ニ達書又ハ告示書ヲ發付スルニ不及候但内達ノ類ハ従前ノ通可相心得此旨相達候事

これにより、達と告示のみが「官報」登載を正式の公示方法とすることが定められた。すなわち、達は官省各庁の官員および府県を名宛人とする法令であり、多くは行政実務の執行方法に関する指示であった。一方告示は人民一般を名宛人とするものの一時的内容の法令である。明治一四年太政官第一〇一号達によれば「太政官及ヒ諸省ヨリ一時公布スルニ止ルモノ」(4)であった。具体的には、例えば「公債證書盜紛失難届出ニ付該種類記番號ノ證書一切取引ヲ為スヘカラス云々」(5)の如く、極く日常的に生じ得るもので且つ一時的で継続性のない内容である。また達・告示共にその伝達には即時性を要した。これら達・告示についてのみ「官報」が正式な公示手段とされるに止まったのである。つまり、人民一般に公示することを要し且つ継続性を有する法令である布告・布達は、「官報」に掲載されるが、それは「従前ノ頒布式ヲ存セラレ惟便宜ノ為メ同時ニ官報へ掲載相成居候」(6)というように、あくまで事実上の掲載であり、それを以て人民への周知を擬制することはなかった。その理由は、「官報」という媒体により人民が法令の内容を知りうる可能性を供与するだけでは、人民への法令周知は徹底できないと考えたためであろう。そこで、布告・布達の伝達には、従来からの方式が存続した。すなわち、明治七年太政官第四八号達(7)により、一定部数の法令の謄本が、中央政府から各府県に逓送され、各府県に到達後二〇日以内に法令謄本が必要部数印刷され、郡区町村内へ頒布された。そして末端地域では、読み聞かせ・掲示・回覧等の伝統的周知方法が実施され、三〇日間の周知期間の経過により人民周知と看做すとされていたのである。

このように、「官報」創刊時には達・告示については官報掲載が唯一の周知方法とされたが、布告・布達の場合は、従来どおりの中央官庁から各府県を通じて人民に至る重層的伝達制度が、官報への掲載に並行して存在したのである。

〔二〕官報掲載の達・告示の別途印刷頒布

明治一六年七月二日、官報が創刊された(8)。創刊間もない同年八月、太政官文書局は官報に掲載された達・告示の一ヶ月分をまとめて別途に印刷頒布することを決定し、各官庁に必要部数を照会した。

官報ニ掲載ノ達告示取纏メ印刷ニ付入用部数照会ノ件(9)

発第二百十八号（著者注　発番は朱印に墨書）

官報ニ掲載シタル達告示ヲ取纏メ便宜ノ為メ別ニ印刷致候義希望ノ向モ有之候ニ付印刷代價辨償相成候ハヽ便宜需求ニ應シ當局ニ於テ印刷配付候様可致ト存候貴局ニ於テ御入用有之候ハヽ部數何程ヲ被要候哉當局都合モ有之候間至急御通知相成度右体裁ハ従来太政官ヨリ頒布相成居候洋紙摺布告布達ノ体ニ準シ編纂ハ一官省ツヽニ區別シ先ツ達ヲ逐号掲載シ次ニ告示ヲ逐号登載一ヶ月纏メニ可致ト存候此段及御照會候也

十六年八月一三日　　　　　　小松原文書局幹事

佐久間内閣書記官殿

追テ官中各局ヘハ乍御手數夫々御回達御取計被下度尤モ参事院賞勳局統計院會計検査院ハ照會濟ニ付此又御領承有之度候也

《後略》

これによれば、官報に掲載された達・告示のそれぞれについて、一ヶ月分を発令機関毎に、且つ法令番号順にまとめて印刷し頒布する計画であったことがわかる。

それでは、なぜ達・告示のみを別途に印刷頒布しようとしたのか。またなぜ布告・布達については除外されたのであろうか。その理由は明確ではないが、達・告示は布告・布達と異なり官報掲載を唯一の周知手段としていたこと、また発令件数が布告・布達に比して膨大であったことが挙げられよう。別表一は、明治一六年七月の官報創刊以降明治一八年一二月までの、各法令形式別の発令件数であるが、これを見ると、達・告示の発令件数は、布告・布達のそれの十数倍に達していることが分かる。膨大な量の達・告示の中から必要なものを検索するとなると、日々発行される「官報」をきちんと日付順に整理し保管をしておかなければならないのであるが、存外この整理を怠りがちで、必要なときに必要な法令が検索できないという不便があったのではないだろうか。そのため中央官庁および各府県に於いて実務にあたる官員の間から、「官報ニ掲載シタル達告示ヲ取纏メ便宜ノ為メ別ニ印刷致候義希望ノ向モ有之候ニ付」というような要望が出されたものと推測される。

〔三〕 小結

達は、官省各庁官員及び府県を名宛人として発令される法令である。その性質上、行政実務の執行方法を指示する内容がその大半を占めた。従って行政施策が増大するに応じて達の件数も増加することになる。一方告示は、官省各庁が人民を名宛人として発令するもので、一時的で継続性のない内容であった。それ故、達・告示ともにその件数は膨大であった。また、双方ともその性質上、伝達には即時性が必要であった。

以上のように達・告示は、伝達に即時性を有す故に、官報への掲載のみで公式の伝達とせざるを得なかった。しかしその反面、膨大な件数にのぼる達・告示の中から特定のものを探し出すには、種々の官報記事の中からそれらだけを抽出編集した法令集の存在が最も実用的と考えられたのであろう。こうして創始された達・告示の別途印刷頒布が「法令全書」へと発展していくことになるのである。

（1）「法令全書第一六巻ノ一」《復刻版》（原書房、一九七六年）三一六頁。
（2）本書第四章「『法令公布日誌』構想と『官報』の創刊」六参照。
（3）「法令全書第一六巻ノ一」《復刻版》（原書房、一九七六年）三一九頁。
（4）「法令全書第一四巻ノ一」《復刻版》（原書房、一九七五年）三四〇頁。
（5）国立公文書館蔵「明治十四年公文録大蔵省一二月第一」九、「諸公債証書紛失告示等ノ件」これは新たな法令形式として告示が創始される際に、どのような内容を告示を以て発令すべきか大蔵省が伺出た際、典型的事例として例示されたものである。
（6）国立公文書館蔵「明治十八年公文録内閣一二月」二十、「布告布達ヲ官報ニ登載シタルヲ以テ公式トシ及ヒ官報購讀義務者中郡区長ヲ郡区役所ニ改ムルノ件」。
（7）「法令全書第七巻ノ一」《復刻版》（原書房、一九七五年）二八五頁。
（8）明治一六年太政官第二七号達によれば官報の発行開始は七月一日とされたが、当日が日曜日であったため七月二日創刊となった。
（9）国立公文書館蔵「明治十六年公文録太政官八月九月」二十「官報ニ掲載ノ達告示取纏メ印刷ニ付入用部数照会ノ件」。

三 総合法令集の刊行計画

［一］「布告布達全集」「達告示全集」の刊行

本章二に於いて検討した如く、明治一六年八月に達・告示の別途印刷頒布が太政官文書局に於いて決定された。その後、明治一七年一二月二三日、この別途印刷頒布事業に代えて新たに「布告布達全集」「達告示全集」の創刊が稟申され、同年一二月二五日に稟定された。その稟定の経緯及び内容を示す史料は、かなりの紙幅を要すが「法令全書」の創刊経緯の全体像を考える上で重要な位置を占める史料である故に、以下に引用しておく。

明治十七年十二月廿三日(1)

文書局 印

法律規則類ノ彼是散見シ考閲検討ニ不便ナルハ日常其ノ捜索ニ労スル事少小ナラズシテ為ニ事務ノ渋滞ヲ来シ其指揮判決ヲ錯ル等ノ事亦之ナシトスヘカラサルナリ戊辰以来累年頒布ノ官令其數實ニ夥多ナリ官省ノ簿冊ニ載セテ具ラサルコトナシト雖モ皆各官省主管ノ公文ヲ先ニシテ他ヲ後ニスル等ノ為ニ精粗自ラ別アリ固ヨリ一切ノ官令ヲ網羅シテ一部ニ大成シタルモノニアラス偶々曩ニ官途必携憲法類編及類聚法規ノ刷行アリシト雖或ハ編纂ノ業續カス或ハ浩澣（瀚か）大冊ニシテ索引ノ便ヲ闕キ未能ク其ノ求ニ應スヘキモノアラズ

茲ニ文書局設立以来法律規則類ハ必ス官報ニ掲載シテ漏ス所ナク官令ノ編纂稍々其緒ヲ為スト雖モ官報ニハ固ヨリ自他

ノ事件ヲ合載スルニ依リ亦未検討ノ便ヲ得ス是ニ於テ客歳以来達告示ノ二種ハ官報ニ掲載スルノ外毎月分ヲ別ニ編輯印刷シテ諸官廳ニ配布セリ然リ而シテ獨リ達告示ノ二種ニ止ラス更ニ進ミテ布告布達ヲモ同様毎三月ニ取纏メテ印刷シ毎一ヶ年ノ終ニ至テ合シテ一冊ト為シ之ニ目録索引ヲ附シテ普ク諸官廳ノ用ニ供スルトキハ其便益甚大ナルヘシ

《中略》

我國従来法律規則ノ編纂ニ関シテハ之ヲ統一スルノ主任官ナク又其制規モ備ハラサリシカ為ニ其事頗ル區々ニ渉リ各省其ノ必要トスル所ニ従ヒ適宜編纂ノ業ヲ起シ往々中途廢絶等ノ事アリテ未完全ナルモノヲ得ス是ニ依リテ今文書局中ニ官令編輯員ヲ置キ前文陳述ノ如ク布告布達々告示ノ四種ヲ毎三月及毎一年編纂印行セシムルトキハ一方ニハ各廳區々ニ編纂スルノ労費ヲ省キ一方ニハ年々逐次編纂スルヲ以テ将来法律規則ノ書常ニ完全整理スル事ヲ得ヘシ而シテ其業ハ自今發行ノ官令ヨリ始ムト雖モ亦既往ニ遡リテ戊辰以来累年頒布ノ官令モ同様ノ体裁ニ編纂セシメ以テ前後相連結セバ一大完全ノ法律規則書ヲ編成スルニ至ルヘシ

《中略》

獨逸及佛蘭西政府ニ於テ発行スル法律全書ノ如キハ皆編年ノ式ヲ採リ官吏実際ノ考索ノ用ニ資ス今文書局ニ於テ編纂セント欲スルモノモ亦悉ク編年ノ式ニ據リ惟其索引目録ニ於テ事項ヲ類別シ且以呂波ノ順序ニ従ヒテ之ヲ表記セントス

《中略》

布告布達類編輯要則

一凡ソ官報ニ掲載セル布告布達并達告示ハ毎三ヶ月之ヲ取纏メテ印刷シ一ヶ年分ヲ合シテ一冊ト為シ之ニ目録及索引ヲ附スル事

一布告ト布達ヲ合シテ一冊ニ編入シ其表題ヲ布告布達全集トナシ達ト告示ハ太政官ノ分ト各省ノ分トニ拘ハラス総テ之

ヲ一冊ニ編合シ其表題ヲ告示達全集トスル事

一編輯ノ体裁ハ両種共ニ本令ノ番號及発令ノ前後ニ従ヒテ追次列載シ種別ノ式ヲ用ヒス

一浩澣（瀚か）大冊ニ至ルヲ嫌ヒ努メテ紙數ヲ減シ日常ノ覧讀ニ便ニスルヲ以テ編輯ノ主眼トス之ニ依テ成ルヘク細文字ヲ用ヒテ紙面ニ無益ノ餘地ヲ存セサル事

一目録ハ番號年月ノ順序ニ従ヒ索引ハ事件ノ種類ニ従ヒテ分別スル事

《後略》

まずこの史料からは、当時の既発法令の整理状況をうかがい知ることができる。すなわち明治政府の創立以来に発令された法律規則は膨大な件数にのぼっており、しかもそれらは一箇所に集中管理されることなく各所に散在する状況であった。かような諸法令の散在状態の原因は、発令機関である官省各庁が、それぞれ独自の簿冊に編集することはあっても、各発令機関を網羅して総ての法令を集中掲載した総合法令集が存在しないことであった。また、総合法令集編纂の試みとして『官途必携』(2)『憲法類編』(3)『類聚法規』(4)等(5)の刊行があったが、それらは編纂が中途で終わったり、検索に不便であったりで実用に供し得なかった。この史料の稟申が行われた明治一七年一二月二三日当時から見ても『官途必携』『憲法類編』の編纂事業は一〇年余も前に途絶えていた。また三者とも事項別分類により編纂されていた。そのような法令集の場合、編纂者がどのような意図で各分類項目を立てのかを的確に理解していないと、特定の法令を見つけだすことは難しい。このような状況下では、ある法令が現行か非現行かを判断するにも多大な困難が伴ったであろうことは容易に想像がつく。そこで司法・行政の実務の円滑な遂行のためにも官省各庁の発令になる総ての法令を網羅的に採録し、且つ検索の便宜が整った総合法令集を編纂する必要性が増大していた。

この総合法令集の編纂という要請に答えるため、太政官文書局は、前年より実施していた官報掲載の達・告示の別途印刷頒布事業に着目した。すなわち、毎月行っている達・告示の別途印刷頒布を基に、達・告示のみを編集して「達告示全集」を刊行し、布告・布達も別に編集し「布告布達全集」を刊行する。両全集には目録索引を付し検索の便に供するというものであった。また、同史料によれば、今後逐次発令される法令のみならず戊辰（慶應四年・明治元年）以来発令された諸法令についても同様に遡及編纂し、両者を合体させ、明治政府創立以来の法令を網羅しようという壮大な試みであったことがわかる。

同史料中の「布告布達類編輯要則」には、「官報ニ掲載セル布告布達并達告示ハ毎三ヶ月之ヲ取纏メテ印刷シ一ヶ年分ヲ合シテ一冊ト為シ之ニ目録索引ヲ附」す、とあるのみで、従来から行われていた毎月の達・告示の別途印刷頒布はこれを継続するのか否かについては言及されていないが、本章三［二］で示す史料「本局編纂ノ官省達告示五月以降廃止ノ件」によれば、それは明治一八年四月分まで継続されたことがわかる。この事実を念頭に置き「布告布達類編輯要則」を読むと、この両全集刊行計画の全容を捉えることができる。すなわち毎月行われる達・告示の別途印刷頒布を継続し、その三ヶ月分を取りまとめ仮目録を付し印刷刊行する[6]。同様に布告・布達も三ヶ月分取りまとめ仮目録を付し印刷刊行する[7]。そしてそれぞれの一年分を合わせ目録および索引を編集して印刷刊行する。従って「達告示全集」（同要則中では「告示達全集」）と「布告布達全集」の双方とも三ヶ月版と一年版が存在するというものであった。

さらに、これらの法令集では、各法令を法令番号順に整理し、また法令番号が創始される以前のもの[8]については発令順に整理し、ドイツ・フランスの例にならって編年式による編纂が採用された。法令集編纂にあたって諸外国の例を参照していることがわかる[9]。また目録は法令番号及び発令順に、索引は事項別に編纂されることとなった。

かくして、本章三［四］で後述するように、明治一八年七月を期して「布告布達全集」「達告示全集」が創刊される運びとなった。

［二］法令集の体裁変更、「法令全書」へ

前述の要領で発行が稟定された「達告示全集」「布告布達全集」はまだ刊行されないうちに、わずか六ヶ月弱で法令集としての体裁・名称・発行要領が抜本的に変更されることとなった。

本局編纂ノ官省達告示五月以降廃止ノ件[10]

太政官文書局通牒（著者注　内閣書記官宛）

兼テ當局ニ於テ編纂致居候官省達告示都合有之五月分以降相止メ候間右様御承知相成度此段及御通知候也

明治十八年六月十五日　　平田東助　印

谷森大書記官　殿

追テ来ル七月ヨリ法令全書ナルモノ發兌之都合ニ有之候何レ委細之儀ハ追テ更ニ可及御通知候此段添テ申進候也

《後略》

この史料によれば、「兼テ當局ニ於テ編纂致居候官省達告示都合有之五月分以降相止メ候」とあるので、従来から文書局で行われていた官報掲載の達・告示の別途印刷頒布事業を取りやめ、代わりに「七月ヨリ法令全書ナルモノ發兌」することを企画していたことがわかる。

本章三［一］の史料でみたように「達告示全集」「布告布達全集」創刊の稟候に際しては、太政官文書局は諸外

国の法令集の実状を調査するなど周到な準備を進めていた。それにもかかわらず、この史料では「法令全書」を刊行するにあたり、「達告示全集」「布告布達全集」の刊行計画を存続させるか廃止するかについて一切言及していない。本章三［四］にて後述の如く、両全集の刊行開始予定は、明治一八年七月であった。従ってこの時点でそれらは未刊行であったため、言及されなかったのであろう。更にこの史料の追而書で「来ル七月ヨリ法令全書ナルモノ發兌之都合ニ有之候」とあることから、両全集の刊行開始予定であった一八年七月に合わせて「法令全書」を刊行しようとしたことがわかる。従って「達告示全集」「布告布達全集」は実際に刊行されることなく構想のみで消滅した。なお後述のごとく、[11]「法令全書」逐次版の最初の刊行は、実際には二ヶ月遅れて明治一八年九月となった。主たる原因は、刊行費の捻出方法について太政官の決裁がおりたのが同年七月一五日になってしまったためであろう。[12]

「達告示全集」「布告布達全集」の刊行は、達・告示の別途印刷頒布事業の延長線上で企画された。そのため、第一に毎月の官報に掲載された達・告示の別途印刷いわば「達告示全集」の毎月版、第二にそれを三ヶ月分取りまとめ仮目録を付した「達告示全集」の三ヶ月版、第三に同様に三ヶ月分の布告・布達を編集した「布告布達全集」の三ヶ月版、第四に達・告示を一年分取りまとめた「達告示全集」の一年版、第五に布告・布達を一年分取りまとめた「布告布達全集」の一年版、これだけのものの編集・刊行を並行して行わなければならないという、極めて煩雑な作業を強いられることになってしまった。思うにその主たる原因は、官報中に掲載され散在する多くの達・告示を検索するための便宜の供与という点に強く執着しすぎたことであろう。そのため、達・告示のみを編集して一つの法令集を刊行し、布告・布達は別物にするという二本立ての構想からなかなか脱し得なかった。このあまりにも非能率的な編纂作業の故に、方針変更を余儀なくされたのであろう。

〔三〕 太政官文書局の改組

太政官文書局は、明治一八年七月の「法令全書」発行に向けて局内の態勢を整備した。太政官文書局は、明治一六年五月一〇日太政官第二二号達[13]により官報編集担当局として設置され、文書局の組織は「文書局處務規定」で定められていた。「太政官沿革志」によれば、文書局が設置された明治一六年五月一〇日付の「文書局處務規定」[14]と翌明治一七年三月七日に改定された「文書局處務規定」[15]が知られるが、それ以後の「文書局處務規定」は同書には掲載されていない。しかし前出の史料「布告布達并達告示全集編纂印行ノ件」には「今文書局中ニ官令編輯員ヲ置キ」とあることから、それらの法令集の発行に向け、確かに文書局を改組し担当部所の創設が想定されていたようだが、現実に改組されたかどうかは明かではない。この点に関しては、静嘉堂文庫に「太政官文書局處務規定」[16]が所蔵されており、それがある程度の示唆を与えてくれる。

文書局處務規定

局中ニ官報、文庫、庶務ノ三課及官（著者注　官を法に訂正）令全書編纂掛ヲ置キ局務ヲ分掌スル事左ノ如シ

《中略》

第四章　官令全集編纂掛（著者注　官を法に、集を書に朱書訂正）

第十一條　本掛ハ法令全書編纂ノ事務ヲ掌ル所トス

第十二條　法令全書ハ明治十八年一月以降ノ布告布達達告示ヲ編纂シ毎三月ニ之ヲ纏束シ仮目録ヲ付シテ之ヲ印刷局ニ送付シ刷成ノ上之ヲ校正シ庶務課ニ回移シテ需要者ニ配布スルノ手続ヲ為セシム

第十三条　明治十七年十二月以前ノ布告諸達ヲ編纂印行スルノ手続ヲ為ス事亦前条ニ同シ

この史料は、乱暴な草書体で書かれ多数の朱書訂正が施されているので、「文書局處務規定」の改正草案と思われる。これによれば、太政官文書局内に法令全書編纂掛を新設し、諸法令を三ヶ月毎に纏め、仮目録を付して印刷配布するという規定を用意していたことがわかる。この草案は、「官令全集」を「法令全書」に朱書訂正していることから推して、太政官文書局が「布告布達全集」と「達告示全集」とを一本化し、「法令全書」とすることを内閣書記官局へ通牒した明治一八年六月一五日前後に策定されたものと考えられよう。しかし実際には、三ヶ月毎ではなく、後述の如く達告示の別途印刷頒布に代えて毎月発行され、[17]一年分に目録が付されたのであるから、おそらくこの草案の後に更に手を加えた「文書局處務規定」が定められたものと考えなければならない。

〔四〕刊行予算の捻出方法

「達告示全集」「布告布達全集」（〔二〕の明治一八年六月一五日文書局通牒では「法令全書」へと体裁が変更された）の刊行事業に充当すべき予算の捻出は次のようにして行われた。

布告布達全集并達告示全集印行費ノ件[18]

明治十八年六月六日

内閣書記官長　印

【上部欄外に附箋貼付】

布告布達全集并達告示全集印行費之儀ニ付伺

布告布達全集及達告示全集文書局ニ於テ編輯印行ノ儀曩日御裁定相成十八年度即チ本年七月ヨリ印行ノ手筈ニ候處右費

用収支ノ豫算等文書局ニ於テ尚精細取調中既ニ十八年度歳入出豫算御決定相成候ニ付十九年度ヨリ着手スヘキ哉ニ候得共右ノ書籍一ト度發行相成候上ハ各廳事務上ノ便益不少儀ニ付目下費用ノ為メニ空シク一ヶ年ヲ経過スルハ甚タ遺憾ノ次第ニ有之尤右書籍ハ諸官廳ノ需用ト雖トモ代償ヲ収入致シ候筈ニテ別紙文書局ノ豫算ニ依レハ収支相償フテ多少ノ余裕有之候間國庫ノ金繰上ニ於テ別段ノ支出ニハ相成不申乍去其収入ヲ以テ直チニ支出スルハ會計法ノ許サヽル所ニ付収入金ハ大蔵省ニ納付シ印行費ハ太政官経費ヲ以テ差繰支辨致シ置年度末ニ至リ不足ノ分ハ御下付ヲ仰キ候積リニテ速ニ印行着手致度最早時日切迫ノ場合ニ付至急仰御裁定候也

【右記附箋の内容】　七月十五日

布告布達全集并達告示全集印行費十八年度太政官経費内ヲ以テ支辨セシム

内閣書記官長稟候候

この史料によれば、「達告示全集」「布告布達全集」の刊行開始は明治一八年七月とされていた。しかしこの史料の伺が提出された九日後の六月一五日に両全集の刊行に代えて「法令全書」を刊行することを文書局は内閣書記官に通牒したことは本章三［二］で前述したとおりである。

太政官文書局では、「達告示全集」「布告布達全集」刊行事業費を取り調べ予算化する作業を進めていたが、既に明治一八年度の政府予算は決定されていた。本来は新規事業予算に計上して実施されるべきものであるから、両全集の刊行事業は明治一九年度の予算で開始されるべきはずのものであった。しかし太政官文書局の試算では、一旦刊行が開始されれば、両全集の売却収入が必要経費を下回ることはなく黒字が見込まれた。そうであるなら、刊行事業の初期費用さえ捻出できれば、それ以上の政府予算を費やすことなく軌道に乗るはずであった。ただ会計法の規定により売却収入は大蔵省へ納付し、印行費は太政官経費から支弁するという手続をとることが必要であった。

いずれにせよ、刊行事業により赤字が見込まれるのでなければ、その事業の有用性に鑑み、当初費用を何とか太政官の明治一八年度経費より捻出できないかを文書局は伺い出たのである。その際、予算上の例外措置を講じるにふさわしい有益な事業であることを強調した。これに対する太政官の指令は、本史料に貼付された附箋から知ることができる。それによれば太政官は一八年度太政官経費から支弁することに決定した。太政官としても、予算上の例外措置を講じてでも総合法令集の早期刊行を実現させたかったのであろう。それだけ総合法令集刊行の必要性は切迫していたものと推測される。

さて、この附箋にはひとつ解決すべき問題点がある。それによれば七月一五日が指令日と考えられるが、その指令中で太政官は「布告布達全集并達告示全集」という表記を用いた。しかし太政官文書局では、前述のように両全集に代えて「法令全書」を創刊する旨を同年六月一五日に内閣書記官宛に通牒した。太政官文書局が刊行費用捻出方法について伺い出たのは六月六日であるから、この時点では「布告布達全集并達告示全集」という表記が用いられたのは当然であるが、その指令日は前述の内閣書記官宛通牒から一ヶ月を経過していた。にもかかわらずなぜ太政官はその指令の中で「布告布達全集并達告示全集」と表記していたのであろうか。太政官文書局の伺出の時点の名称である「布告布達全集并達告示全集」を指令の中でも用いることで法令集の同一性を示したと考えられなくもない。しかし一般論であるが、伺出の時点と指令の時点で伺の内容に変更が生じた場合、決裁権者である太政官が指令を為すにあたって、変更前の伺時の内容に合わせた表現を用いることは通常考えにくい。つまり、伺出の段階で「布告布達全集」「達告示全集」であったものが、指令以前の段階で「法令全書」に変更することが正式に決定されていれば、その伺に対する太政官の指令は「法令全書」と表記していたはずである。

本章三［一］でみたように、太政官文書局は「布告布達全集」「達告示全集」刊行に際してその刊行計画の全般にわたり、太政官に伺い出てその指令を待った。刊行の決裁権は太政官にあった。しかし同［二］で述べたように両全集の体裁を抜本的に変更して「法令全書」に改めるにあたって、太政官文書局は内閣書記官へ変更する旨を通牒するにとどめた。ここに変更手続的上の瑕疵が存在したのではないだろうか。刊行内容の実質が変更されるのであるから、再び太政官の指令を仰ぐべきであったが、前述の内閣書記官宛通牒以外にそれが為されなかったのではないだろうか。おそらくその後「法令全書」が実際に刊行されるまでには、その瑕疵を追完すべく刊行内容の変更について伺出たのであろう。しかし当該附箋により刊行費捻出方法が指令された七月一五日には、まだその内容変更についての太政官の決裁がおりていなかったのではなかろうか。つまり七月一五日当時、「法令全書」への変更がまだ太政官で正式に承認されていなかったのであろう。

［五］小結――「法令全書」の登場――

ここでもう一度、官報掲載達告示の別途印刷頒布から「法令全書」の登場に至る過程を整理しておきたい。［一］で検討した史料「文書局布告布達并達告示全集編纂印行方ヲ稟定ス」によれば、明治一七年一二月二五日に、官報に掲載された達告示の別途印刷頒布を基に「達告示全集」「布告布達全集」の刊行が稟定された。そしてその刊行開始時期は［四］史料「布告布達全集并達告示全集印行費之儀ニ付伺」によれば明治一八年七月とされていた。しかし、［二］で論じたように、その刊行作業は、毎月の達・告示の別途印刷いわば「達告示全集」の毎月版の編集・発行、「達告示全集」「布告布達全集」それぞれの三ヶ月版、およびそれぞれの一年版の編綴・目録編集・発行等を並行的に行うという極めて煩雑なものであった。そのため、［二］史料「本局編纂ノ官省達告示五月以降廃止ノ件」によれば、「達告示全集」「布告布達全集」に代えて、布告・布達・達・告示の総ての法令形式を網羅した「法令全書」を創刊するという抜本的な変更が為された。

［三］史料「太政官文書局處務規定（草案）」によれば、当初この新たな法令集は「官令全集」と命名されたようであるが、後に「法令全書」へと変更された。［二］史料「本局編纂ノ官省達告示五月以降廃止ノ件」によれば内閣書記官宛通牒が発せられた明治一八年六月一五日には、少なくとも太政官文書局内に於いては「法令全書」という名称を用いることが確定していた。しかし［四］で述べたように、太政官に於いて「達告示全集」「布告布達全集」から「法令全書」への変更が承認されたのは、刊行費用捻出方法が指令された七月一五日より後にずれ込んでしまった。

（1）国立公文書館蔵「明治十七年公文録太政官一二月第二」七、「布告布達并達告示全集編纂印行ノ件」。

（2）太政官外史局編集、明治四年一〇月刊、和装本五冊。太政官日誌及び官省の日誌・諸記録から法令を抽出して事項別法令集の体裁に編集した。

（3）司法省明法寮編『憲法類編』は明治二年一〇月より五年一二月までに発令された諸法令を収録。事項別の編纂形式を採用。和装本二八冊より成る。明治六年六月、京都書肆村上勘兵衛・小川半七により発行。『第二憲法類編』は明治六年一月より一二月までの諸法令を収録。事項別編纂形式で和装本二七冊より成る。明治七年六月、京都書肆村上勘兵衛・小川半七により発行。

（4）司法省編纂課編集刊行。洋装本。事項別編纂。明治一一年一〇月に「沿革類聚法規目録（甲）（乙）」が刊行される。慶應三年より明治一〇年末までに発令された現行法の目録で各法令の沿革も記す。同一二年、この目録に対応する本編「現行類聚法規（全七冊）」刊行。本編は現行法のみを掲載。ここまでは遡及編纂であった。その後逐次編纂版として、「沿革類聚法規続編目録」（明治一二年八月刊、一一年一月より一二年六月末まで収録）・本編「現行類聚法規続編（上）（下）」（一二年一〇月刊）、「沿革類聚法規第三編目録」（一四年五月刊、一二年七月より一三年一二月末まで収録）・本編「現行類聚法規第三編（上）（下）」（一四年七月刊）、「沿革類聚法規第四編目録」（一五年六月刊、一四年一月より一五年二月末まで収録）・本編「現行類聚法規第四編（上）（中）（下）」（一五年六月・八月刊）、「類聚法規第五編目録」（一六年八月刊、一五年三月より一二月末まで収録）・本編「現行類聚法規第五編（上）（下）」（一六年八月・九月刊）、「類聚法規第六編目録」（一七年一一月刊、一六年一月より一二月末まで収録）・本編「現行類聚法規第六編（上）（下）」（一七年五月・六月刊）、「類聚法規第七編目録」（一八年七月刊、一七年一月より一二月末まで収録）・本編「現行類聚法規第七編（上）（中）（下）」（一八年五月・六月刊）。これ以降「類聚法規第十二編目録」（二四年三月刊、二三年一月より一二月まで収録）・本編「類聚法規第十二編（上）」（二三年一一月刊）・同「類聚法規第十二編（中）」（二三年一二月刊）・同「類聚法規第十二編（下）」（二四年一月刊）まで刊行が続いた。「類聚法規」の体裁は、各頁を輪廓で囲みその上部枠外に頭注を付記するなど、後の「法令全書」に酷似している。後から刊行された「法令全書」が「類聚法規」の体裁を模倣した可能性が高いと思われる。なお、明治十六・一七年には「非現行類聚法規」も刊行された。これは慶応三年から明治一三年末までの廃止法令を収集整理した非現行法令集であった。

（5）その他代表的なものとして『法例彙纂』があげられよう。太政官史官の編纂による、全八巻、事項別編纂、洋装本。『民法之部』（明治八年刊）、『商法之部』（明治九年刊）、『訴訟法之部』（明治九年刊）、『懲罰則之部』（明治九年刊）の各部から構成され、各部に関係する諸法令及び法令解釈に必要な伺指令が採録された。

（6）国立公文書館蔵「明治十七年公文録太政官一二月第二」七、「布告布達并達告示全集編纂印行ノ件」の末尾には両全集の体裁見本として「布告布達全集明治十七年自一月至三月第壹號」「達告示全集明治十七年自一月至三月第壹號」が添付されている。これら双方には目録が付されていることから、両全集の三ヶ月版にも目録が付される予定であったことがわかる。同史料本文及び「布告布達類編輯要則」はこの点について言及していない。なおここに添付された「明治十七年自一月至三月第壹號」はあくまで体裁見本であり、実際に刊行されたものではない。

（7）同右。

（8）各法令に法令番号を付与するようになったのは、明治五年一月八日太政官達による。それ以前に発令された法令には法令番号はついていない。しかし「法令全書」は編纂の便宜上、それ以前に発令された法令に整理番号を付与した。そのため、法令を引用する際、「法令全書」のみに記載されている便宜的な整理番号を法令番号と混同して表記するという誤りがしばしば見受けられる。

（9）本章四［四］および本章四注（13）参照。

（10）国立公文書館蔵「明治十八年公文録太政官六月」五、「本局編纂ノ官省達告示五月以降廃止ノ件」。

（11）本章四［三］参照。

（12）本章三［四］参照。

（13）「法令全書第一六巻ノ一」《復刻版》（原書房、一九七六年）三一六頁。

（14）国立公文書館蔵「太政官沿革志二十八文書局沿革」。

（15）同右。

（16）静嘉堂文庫蔵「太政官文書局記録」。

（17）本章四［一］参照。

（18）国立公文書館蔵「明治十八年公文録太政官七月」十九、「布告布達全集并達告示全集印行費ノ件」。

四　「法令全書」の創刊

[一]　刊行予定と版権登録

本章三［三］で検討したように、当初、政府は総合法令集として「布告布達全集」「達告示全集」の刊行を計画した。しかし、編集出版の効率向上をはかるため、その体裁を抜本的に変更して「法令全書」の刊行が企画された。さらに新規事業としての総合法令集刊行費の捻出方法も決定された。いよいよ現実に「法令全書」が刊行されることとなった。

法令全書出版々権所有ノ件(1)

発第三六号（著者注　発番は朱印に数字朱書）

法令全書出板々権届ノ儀別紙貳葉草案ノ通リ内務省へ御届出相成度此段申進候也

明治十八年七月　　文書局　印

内閣書記官局　御中

出版々権届

一法令全書　附索引　貳拾冊分

内　五冊　十九年三月出版

拾五冊　二十年三月出版

右ハ維新以来昨明治十七年十二月迄ノ官省ノ布告及ヒ諸達ヲ編年式ニ編纂シ其改廢加除ヲ附記シ今般當官ニ於テ出版致シ度尤版権ヲ有シ候條此段及御届候也

明治十八年七月十五日　　内閣書記官長　印

山縣（朱書）内務卿宛

出版々権届

一法令全書　附目録及索引　拾三冊分

本年七月ハ六冊　以下毎月一冊宛来十九年一月ハ二冊出版

右ハ本年官省ノ布告布達々告示ヲ編年ノ式ニ編纂シ其改廢加除ヲ附記シ今般當官ニ於テ出版致度尤版権ヲ有シ候條此段及御届候也

明治十八年七月十五日　　内閣書記官長　印

内務卿宛

右の史料には二件の出版版権届が含まれていた。前者は明治維新より明治一七年までの諸法令を遡及的に編纂した遡及版「法令全書」のものである。これは索引を含み二十冊で構成された。そのうち五冊は明治一九年三月の出版予定であり、残り十五冊は明治二〇年三月出版予定であった。後者は明治一八年以降に発令された法令を毎月編纂して出版する逐次版「法令全書」のものであった。明治一八年第一号から第六号までを七月に出版し、以後毎月一号ずつ出版する計画であった。刊行開始が一八年七月の予定であったので、一八年一月より六月までの各巻は、厳密に言えば遡及編纂であった。それ以降出版分については、各月巻が概ね翌月には出版される予定であった。本章三〔三〕で見た静嘉堂文庫所蔵「文書局處務規定」草案では「毎三月ニ之ヲ纏束シ仮目録ヲ付シテ之ヲ印刷局ニ送付シ」印刷するとあったが、実際の事業では毎月出版となった。前述のように、この草案の後に更に手を加えた「文書局處務規定」が定められたのであろう。

さて右史料によれば、太政官文書局の発行する「法令全書」の出版々権届を、同局の申進により同局に代わって内閣書記官局が内務省に対し行うという手続がとられたことがわかる。かような出版々権届の根拠となったのは明治八年九月三日太政官第一三五号布告「出版條例」(2)であった。前記明治一八年七月一五日の出版々権届の当時は、同条例第一条が、明治一六年六月二九日太政官二一号布告(3)により改正されていたため、この改正第一条が適用された。さらに「出版條例」は明治二〇年一二月二九日勅令第七十六號(4)により全部改正され、版権に関する事柄は「出版條例」から分離独立し、明治二〇年一二月二九日勅令第七七号「版権條例」(5)で規定されることとなった。この「版権條例」発令以前に、既に旧「出版條例」により版権登録が為されたものについても、実際の出版日が「版権條例」発令後となったものについては同条例により今一度版権登録をする必要があった。内閣記録局の「往復簿」によれば遡及版「法令全書」のうち、明治四年巻から九年巻について版権再登録が行われたことがわかる(6)。それ以後の巻については同「往復簿」が存在しないので、詳細は明らかではない。

〔二〕実際の出版――遡及版「法令全書」の場合――

それでは、史料に基づいて遡及版「法令全書」の実際の出版期日を確認してみよう。国立公文書館に、内閣記録局の「往復簿」が保存されている。それによれば、印刷製本が完了した遡及版「法令全書」は、発行を担当する内閣官報局に代わって内閣記録局から内務省に刻成届が提出された。なお、内閣制度発足に伴い、太政官文書局は、明治一八年一二月二四日内閣第七六号達「記録会計官報三局官制」(7)により内閣官報局へと改組されていた。

法令全書慶應三年ヨリ明治二年マテ刻成ニ付内務省へ届案(8)

局長印　　掛長印　　往復科印

法令全書（著者注　以下割注）自慶應三年十月至明治二年刻成ニ付内務省へ届案

一法令全書（著者注　以下割注）自慶応三年十月至明治元年十二月中本壱冊

一法令全書　明治二年　　中本壱冊

右ハ明治十八年七月十五日版権御届ケニ及置候處今般刻成ニ付例ニ依テ三部納本ス

明治廿年十月五日

法令全書明治三年分刻成ニ付内務省へ届案(9)

掛長印　　往復科　印

法令全書明治三年分刻成ニ付内務省へ届案

一法令全書　明治三年　　中本壱冊

定價　金六拾銭

右ハ明治十八年七月十五日版権御届ケニ及置候處今般刻成ニ付例ニ依テ三部納本ス

明治廿年十一月五日

右の両刻成届中には「右ハ明治一八年七月一五日版権御届ケニ及置候處」とあり、本章四［一］にて検討した出版々権届の日付と一致する。従ってそれによって版権を届け出た遡及版「法令全書」のうちの最初の三巻であることは明かである。これ以降、遡及版「法令全書」の刊行が始まった。また明治四年巻以降については、［一］にて前述のように「版権條例」に基づく版権の再登録が行われた。

法令全書明治四年分刷成内務省へ届ケノ件[10]

内務省へ通知案　　掛長　往復科　印

一明治四年法令全書　　中本壱冊

定價　金八拾銭

右今般内閣官報局ニ於テ出版致候ニ付版権登録相成度該本三部相添此段及御通知候也

局　長

内務大臣　宛

明治廿一年十月廿日

第二〇〇号（著者注　朱印に数字朱書）

明治四年法令全書明二十日出版候ニ付出版及版権登録之義内務省へ御通知相成度即製本三部相添此段及御照会候也

明治二十一年十月十九日　　官報局　印

記録局御中

遡及版「法令全書」の各巻の出版期日については、内閣記録局「往復簿」から知ることのできる版権登録の申請日・出版又は刻成日のほか、「法令全書」奥付の発行日、および「官報」に掲載された広告日がわかる。「版権條例」第六条により版権登録を経た文書図書は官報に掲載されることになっていたからである。これらの出版期日を一覧表にまとめたものが別表二である。

〔三〕 実際の出版——逐次版「法令全書」の場合——

それでは逐次版「法令全書」の出版はいかなるものであったのだろうか。逐次版「法令全書」の出版状況についても、国立公文書館蔵の「公文録」及び内閣記録局「往復簿」からある程度知ることができる。

法令全書第一号ヨリ第七号ニ至ル板権届ノ件[11]

田中印　山田印

法令全書刻成ニ付別記ノ通リ内務省ヘ御届出相成可然哉此段及照會候也

明治十八年九月七日

文書局　印

内閣書記官局御中

内務省ヘ届案

法令全書　七冊　第壱号ヨリ第七号ニ至ル

定價毎号金拾銭

右ハ本年七月十五日出板々権届及ヒ置候處今般刻成ニ付三部ツヽ納本候也

明治十八年九月七日（筆写注　数字朱書）

山田印

内閣書記官長　田中光顕

内務省総務局長芳川顕正　殿

右史料には、「本年七月一五日出板々権届及ヒ置候」とあるので、本章四［一］で見た出版々権届が為された逐次版「法令全書」がいよいよ出版される際に提出された出版届であることは明かである。また、本章三［二］で見たように、明治一八年六月一五日に「法令全書」を刊行する旨の通牒が発せられていた。それによれば逐次版「法令全書」の刊行開始予定は明治一八年七月であった。しかし、同年七月一五日に出板々権届が為されたものの、二ヶ月ほど遅れて実際には九月に出版が開始されたのである。

それでは、各月の逐次版「法令全書」は何ヶ月程度遅れて出版されたのであろうか。明治一八年分の逐次版「法令全書」では第九号以降の出版届の所在が不明なので、明治二〇年分の逐次版を例にすると別表三のようになる[12]。それによれば索引以外は各月巻とも翌月には出版されており、逐次版「法令全書」の出版が軌道にのったことがわかる。

［四］逐次版「法令全書」の体裁

一年分の逐次版「法令全書」は本編が十二冊と索引が一冊で構成されたことは前述の通りである。内閣官報局は、そのうち本編の十二冊を解体して法律・勅令・閣令等の法令形式ごとに一年分をまとめ、上下二巻に合綴し直すことを推奨していた。各法令形式について一月号から順にまとめていけば、同じ法令形式の法令が一年を通じて発令順に配列されることになる。そのことは各月号の冒頭に印刷された「法令全書閲讀者注意」により知ることができる。[13]

一本書ハ法律、勅令、閣令、省令、訓令、達、告示、伺指令等各部ニ分チ毎月一回發行シ一年ノ終ニ至リ類集シテ本綴ト為スノ便ヲ謀リ各其ノ丁數ヲ追ヒ且法律勅令閣令等ノ標目ハ其ノ首ニ掲ケ次號以下之ヲ省ク

《後略》

また、実際に上下二巻に合綴し直す際に用いた中表紙と仕切紙も官報局から頒布された。中表紙は上下各巻の冒頭に綴じるもので、「明治＊＊年　法令全書　上（又は下）内閣官報局」と印刷されていた。仕切紙は各法令形式の冒頭に綴じられるもので、例えば布告の冒頭にくるものには「布告」と印刷されていた。このようにして、一年分の逐次版「法令全書」は、上下二冊と索引一冊の三冊に生まれ変わったのである。このような経緯を知らないと、逐次版「法令全書」は一年分がはじめから三冊一組の形態で出版されたのだと誤解してしまうことになろう。

「布告布達全集」「達告示全集」の刊行計画が実現されなかった最大の原因は、本章三で述べたごとく、「達告示全集」の毎月版・三ヶ月版および一年版、「布告布達全集」の三ヶ月版と一年版という五種類の編纂刊行作業を並行的に行わなければならないという作業の煩雑さであった。両全集の刊行計画と逐次版「法令全書」の最大の違いは、後者では購読者自らが一年分の十二冊を解体し、別途頒布された中表紙や仕切紙を用いて上下二冊に合綴し直すようにした点である。つまり購読者自身に合綴作業を負担させることで、一年分を編纂し直し目録を付して再度印刷刊行するという刊行機関側の負担を解消することができたのである。両全集の刊行計画から逐次版「法令全書」刊行への変更には、このような大きな発想の転換が存在したと言えよう。

購読者自らが逐次刊行物を解体し、別途頒布された中表紙や仕切紙を用いて合綴し直すというこの方式は、たとえば英国議会報など、現在でも欧米諸国の刊行物のうちに数件を見いだすことができる。[14]　おそらく、「布告布達全

集」「達告示全集」の編集出版効率を向上させる必要からその刊行計画に変更を迫られた際、欧州諸国の政府刊行物の体裁を調査した結果、かような購読者自身による合綴方式を知り、それを「法令全書」刊行計画に取り入れたのであろう。従って逐次版「法令全書」がかような体裁をとること自体が、同書刊行に際して諸外国の例を調査参照したことの証左であろうと推測される。ただし、それら欧米諸国の諸刊行物が、我が国の「法令全書」創刊以前よりさような体裁で刊行されていたか否かを、現段階で著者は書誌学的に確認し得ないので、これはあくまで推論の域を出ない。

〔五〕逐次版「法令全書」の頒布方法

逐次版「法令全書」は、本章四〔三〕掲載の史料で明らかなように、明治一八年の出版開始当初から、毎号一部拾銭で有償頒布された。民間書肆である京橋区銀座四丁目博聞社が販売にあたった。しかし、太政官文書局及び内閣制度下で文書局が改組されて誕生した官報局は、官報購読者に対して、逐次版「法令全書」を官報附録として無償頒布する準備を進めていたことが「公文録」に記されている。[15]

それによれば、明治一九年一月より官報の紙面を刷新することで増収が見込まれるので、それを財源として逐次版「法令全書」を官報購読者に無償頒布しようという計画であった。同史料に添付された「参照第一號」には具体的な紙面の変更要領が記されている。それによれば、活字を縮小することで総頁数を減らし印刷経費を削減しようというものであった。明治一六年七月から一七年六月までの官報販売収益は約五九三五円であり、同年七月から一八年六月までは約三〇二四円であった。同史料添付の「参照第二號」では、紙面の刷新による増収額が予想されている。それによれば年間の収益が一二三五〇〇円にのぼり、その内から逐次版「法令全書」一年分の印刷費約五四八九円を差し引いても八〇一一円の収益が見込まれた。しかし実際には、明治一九年一月からの一年間で、官報販売収益から「法令全書」印刷頒布の諸経費を差し引いて約二七〇一八円もの収益が生じた。[16]

以上の経緯により、明治一九年一月より逐次版「法令全書」は官報附録として官報購読者には無償頒布されるに至った。それに伴い、例えば「明治一九年法令全書第拾號」[17]の表紙には「千七號附録明治一九年一一月六日」という要領で、官報の第何号の附録であるかが明示された。しかし、同時に、各号の奥付には頒価が記載されていた。これは、官報購読者以外には有償頒布とされたためである。[18]

明治二二年一〇月に至り、内閣官報局は逐次版「法令全書」を官報附録として頒布することをとりやめることを決定した。[19]これは官報附録とすると逓送に際し第四種郵便物の扱いとなってしまうことがその理由であった。第四種郵便物という用語は既に明治一五年の郵便条例[20]中で用いられている。しかし残念ながら、現在までのところ著者はその定義を知り得る郵便関係法令を発見できていない。いずれにせよ、この第四種郵便物扱いとなることを避けるため官報とは別の定刻刊行物とするというのが、官報附録をとりやめた理由であった。従ってこれは官報購読者への無償頒布のとりやめを意味するものではなかった。[21]この変更により明治二三年以降は、例えば「明治二三年法令全書索引目録」の表紙には、前述のような官報附録であることを示す表記ではなく、「逓信省認可　明治二三年五月一二日刊行（毎月一回發行）」という定刻刊行物である旨を示す表記が用いられるようになった。[22]その後、官報購読者への無償頒布がいつまで続いたのかは、それを示す史料を現在まで発見できていないので、残念ながら不明である。

(1) 国立公文書館蔵「明治十八年公文録太政官七月」十三上、「法令全書出版々権所有ノ件」。
(2) 「法令全書第八巻ノ一」《復刻版》（原書房、一九七五年）一六二頁。
(3) 「法令全書第十六巻ノ一」《復刻版》（原書房、一九七六年）二九頁。
(4) 「法令全書第二〇年ノ一」《復刻版》（原書房、一九七七年）二四五頁。
(5) 「法令全書第二〇年ノ一」《復刻版》（原書房、一九七七年）二五〇頁。
(6) 本章四［二］および別表二遡及版「法令全書」出版期日一覧表参照。
(7) 「法令全書第十八年ノ二」《復刻版》（原書房、一九七七年）一〇五〇頁。
(8) 国立公文書館蔵「往復簿二　明治二〇年　内閣記録局」七十八、「法令全書慶應三年ヨリ明治二マテ刻成ニ付内務省へ届案」。
(9) 同右　八十九、「法令全書明治三年分刻成ニ付内務省へ届案」。
(10) 国立公文書館蔵「往復簿二　明治二十一年　内閣記録局」百五十五、「法令全書明治四年分刷成内務省へ届ケノ件」。
(11) 国立公文書館蔵「明治十八年公文録太政官自八月至一〇月」二十、「法令全書第一号ヨリ第七号ニ至ル板権届ノ件」。
(12) 国立公文書館蔵「往復簿二　明治二十年　内閣記録局」及び「往復簿二　明治二十一年　内閣記録局」参照。
(13) 逐次版「法令全書」各冊の「法令全書閲讀者注意」部分は表紙の裏面にあたるため、大抵の場合、合綴する際に表紙と共に破棄されてしまったようである。そのため殆ど現存していない。国立国会図書館には、逐次版「法令全書」のうち若干のものが合綴されず端本として現存している。偶々同年同月の号が複数冊所蔵されていた場合、一部は合綴され残りが端本となったのであろう。これらの端本を見ると、表紙は本文よりやや厚めの紙で印刷され、その表紙の内側には前述の「法令全書閲讀者注意」が印刷されている。装丁は極めて簡素で、背表紙はなく、表裏の両表紙と本文を合わせてわずか二ヶ所を糸で綴じただけのものである。合綴のための解体を前提とした装丁であることが明かである。
(14) いわゆるSlipと呼ばれる逐次刊行の冊子が刊行され、後に指示書と仕切紙等が配布され、それらに基づいて購読者自身が合綴を行う形式の刊行物には以下の如きものがある。〝 〟内が書名、（ ）内が発行機関、［ ］が合綴のための指　示書名である。

"HC PAPERS"(The Stationery Office)[Sessional Index]　英国庶民院議会報。

"HL PAPERS"(Her Majesty's Stationery Office) [Titles and Tables of Contents for the Sessional Papers of the House of Lords] 英国貴族院議会報。

"Feuille Federale"(Belp Jordi SA) [Table des Matieres]　スイス連邦法令集。

また、「布告布達全集」「達告示全集」の如くはじめにSlipが発行され、それらの一年分を単行書として編集したBound Volumeを新たに発行する形式には次の如きものがある。〝 〟内が書名、（ ）内が発行機関である。

"Svensk forfattningssamling" (NORSTEDTS TRYCKERI) スウェーデン法令集。

"The Public General Acts And General Synod Measures" (The Stationery Office) イギリス法令集。

"United States Statutes At Large" (United States Government Printing Office) アメリカ連邦法令集。

(15) 国立公文書館蔵「明治十八年公文録内閣十二月」十五、「法令全書ヲ官報附録トシテ配付ノ件」。

(16) 国立公文書館蔵「自明治十九年内閣官報局年報」。

(17) 国立国会図書館法令議会資料課蔵（千葉縣長柄上埴生郡役所旧蔵）「法令全書明治十九年（全）」参照。

(18) 西村捨也『明治時代法律書解題』（酒井書店、一九六八年）一九頁以下では、「法令全書」の頒布に関して、「明治十八年九月七日に書肆博聞社から発売したが、まもなく取止めて明治一九年一月から官報附録となった。明治二三年一月からは独立の定期刊行物として定価をつけて一般に売り出された。」と説明されている。しかし、この記述は正確ではない。逐次版「法令全書」は創刊当初から博聞社が発売元となり有償頒布された。しかし本文で述べたように明治一九年から官報附録となり官報購読者に無償配布されるようになっても、官報購読者以外には毎号定価十銭で博聞社から有償頒布が続けられた。従って明治二三年以前から一般へ有償頒布されていた。また独立の定期刊行物となった同二三年以降も、官報購読者には無償配布が続けられ、官報購読者以外には博聞社等から有償頒布された。但しその無償配布がいつまで続いたかは後述のごとく明らかではない。なお遡及版「法令全書」も博聞社から販売された。

(19) 国立公文書館蔵「往復簿三明治二二年　内閣記録局」三十五、「(続)法令全書官報附録ヲ廃ス云々ノ儀ニ付官報局へ照会ノ件」。

(20) 明治一五年一二月一六日太政官第五十九号布告(「法令全書第一五巻」《復刻版》(原書房、一九七六年)五三頁)。

(21) 国立公文書館蔵「往復簿三明治二十二年　内閣記録局」三十四、「法令全書官報附録ヲ廃ス云々ノ儀ニ付官報局へ照　会ノ件」。

(22) 国立国会図書館蔵(旧東京図書館蔵)「明治二十二年法令全書索引目録」(明治二三年)。

五　「法令全書」の創刊と主要政策とのかかわり

[一] 問題の所在

すでに述べたように、「法令全書」が実務上の法令検索の便宜のために、総合法令集の編纂が必要であるとの要請から誕生したことは間違いがない。ところで、「法令全書」の前身である「布告布達全集」「達告示全集」の創刊が計画され、遡及版「法令全書」が完成した明治一七年から同二四年という時期は、内閣制度実施・憲法制定・議会開設、それに備える様々な制度的措置が採られた時期でもあった。そこで「法令全書」の刊行が単に法令検索の便宜のためだけではなく、内閣制度実施・憲法制定・議会開設等の重要な施策との関連がなかったのかどうか検証しておく必要があろう。実際に、『法規分類大全』は議会開設、「現行日本法規」は日本国憲法の施行との関連で誕生した総合法令集であった。

周知の通り、「現行日本法規」は現在の加除式法令集の代表的存在である。法務省大臣官房司法法制調査部が編集にあたっている。同部は、現行憲法の制定の際、当時の現行法と来るべき新憲法との整合性を検証する任にあたることになった。そこで同部では、当時現行性を有していたすべての法令を調査収集して、「法令整備カード」を作成した。このカードにより現行法が特定され、且つその改正経過および改正態様を知ることができるようになった。このカードによる現行法の整理は現在に至るまで続けられている。そしてその成果が加除式法令集にまとめられたのが、「現行日本法規」である。従ってそれは新憲法と当時の現行法の整合性検証手段であった「法令整備カード」の副産物として誕生した法令集であり[1]、日本国憲法施行との関連があるということができよう。

また、『法規分類大全』は帝国議会の開設との関連で誕生した総合法令集ということができる。同書の編纂経緯は次の史料から知ることができる[2]。

編纂事業ノ起源

法規分類大全ノ編纂ヲ剏メシハ明治廿年三月ニ在リ當時曽禰荒助氏本局ニ長タリ嘗テ我政府完全ノ記録ナキヲ慨シ維新以来未曾有ノ一大成典ヲ編成セント期シ其旨趣ヲ内閣総理大臣伯爵伊藤博文公ニ稟申シテ裁可ヲ得乃チ局員ニ課シテ此業ヲ督責シ國會開設ノ期ヲ以テ發刊シ大ニ天下後世ニ益セント企圖セラレタリ

〈中略〉

廿三年度印刷

本書印刷ハ一大事業ニシテ到底経常費ヲ以テ支辨シ能ハス且國會開設ノ期亦相迫マルヲ以テ此ニ剏メテ臨時支出ノ議ヲ

決シ先ツ廿三年度ニ於テ卒業スヘキモノヲ六十一部ト假定シ其刊費豫算額ヲ算出シ大蔵省ニ照會ヲ経廿三年一月廿九日臨時費金四万円ノ支出ヲ認可セラル

右の史料から、本書が国会開設を意識して編纂された法令集であることは明らかである。『法規分類大全』は、明治二〇年三月に刊行の認可を得て編纂に着手された[3]。慶応三年一〇月から明治二〇年一二月までを収録する第一編の刊行が完了したのは明治二四年であった。ところで既に「法令全書」は明治一八年には刊行が決定され、内閣官報局が「法令全書」の編纂刊行事業を開始しているにもかかわらず、内閣記録局はそれと並行して『法規分類大全』の編纂刊行を進めたのは何故であろうか。次の史料がこの点に答えを与えてくれよう。

供用ノ目的[4]

一此書法令ノ原議々案ヲ具ヘ發令ノ事由ヲ明ニシ事ノ機密ニ渉ル者ノ外盡ク之ヲ載セ専ラ議政行政其局ニ當ル者ノ用ニ供スル目的タリ《後略》

法規分類大全編纂ノ趣旨[5]

《前略》既ニ公文類聚ノ撰アリト雖モ僅ニ一部ノ謄本ニシテ特ニ内閣中ニ行ハルヽノミ未タ普ク國家諸機関ノ用ニ供スル能ハス因テ更ニ保管ノ公文ニ就キ類ヲ以テ相從ヘ事ヲ以テ相比シ一法一令各其創定改廢増刪ノ原委ヲ具載シ御指令議案ノ如キモ亦復之ヲ附記シ以テ法令ノ精神ト改廢ノ事由トヲ證明審詳シ維新以来未曾有ノ一大成典ヲ編修刊行シ名ヲ法規分類大全ト曰フ《後略》

右の二史料から以下のことが明かである。すなわち、『法規分類大全』は公文書や伺指令を掲載して、その法令の制定改廃の経緯を明らかにするとともに、政府部内の執務の用に供することを目的として編纂されたことがわかる。「法令全書」との一番の相違は『法規分類大全』が国民への提供を予定されていなかった点にある。

また編纂の体裁に関しても内閣記録局は内閣官報局と見解を異にした。「法令全書」のように「編年ヲ以テ集ムル者ハ一事ノ顛末ヲ見ルニ便ナラ(6)ず、政府機関内での実務の便宜には、それぞれの事項の成立から廃止消滅までを系統的に配列した事項別編纂こそが適当と考えたのである。つまり、一方で内閣官報局の前身である太政官文書局は「法令全書」の刊行に際し、一般的な法令検索には編年式編纂が便利であると考えた。他方、内閣記録局は、官庁実務に供するには事項別編纂が有用と考えた。この点でも両者は好対照を示している。

以上のことから、『法規分類大全』創刊の意義は、「法令全書」と比較して利用者を限定し政府内実務担当者とした点、その実務の用に適する編纂形式を採用した点に見いだすことができよう。

[二]「法令全書」創刊の意図

それでは「法令全書」も憲法制定・国会開設あるいはそれに備えての内閣制度発足などの重要な施策を意識して、あるいはそれとの関連で何か特別の目的をもって創刊することが意図されたのであろうか。

内閣制度発足との関連であるが、前述のように「布告布達全集」「達告示全集」創刊の稟定は明治一七年一二月二五日であり、内閣制度の発足は明治一八年一二月である。内閣制度発足を期した編纂計画であるとするには、遡及版法令集の編纂に必要な時間を勘案すると、創刊の稟定時期があまりにも遅すぎるのではないだろうか。まして本章四［一］で述べたように、遡及版「法令全書」の当初の完成予定は明治二〇年三月とされた。さらに実際には遡及版の過半数は明治二三年以降に刊行されており、それは内閣制度の発足時期を遙かに越えてしまっている。以上の理由で、内閣制度の発足に向け編纂されたとは考えにくい。

次に憲法制定との関連をみてみると、憲法制定準備は、「布告布達全集」「達告示全集」の創刊稟定以前から行われていた。すなわち明治一六年八月には伊藤博文が欧州より帰国し、一七年三月には宮中に制度取調局が設置され本格的制定準備に入った。そして二一年四月には当時の内閣法制局長井上毅による憲法確定草案が完成した。遡及版「法令全書」の完成予定とされた明治二〇年三月というのは、この一連の憲法制定準備の真っ最中にあたる。

さて、別表四は遡及版「法令全書」に採録された法令件数と同書に採録されなかった法令件数の比較表である。[7] 同表では、遡及版「法令全書」に採録されなかった法令の多さが目に付く。遡及版「法令全書」の編纂に際して行われた法令調査は拙速の感を免れない。特に明治一〇年以降の掲載率の低さが顕著である。この遡及版「法令全書」明治一〇年巻以降はみな明治二三年ないし二四年に出版されたものである。この二年間に出版されたものが最も拙速であったということは、この間のどこかの時点に出版完了の期限を定められ、慌てて編纂作業が行われたことを意味しているように思われる。著者はその期限を、帝国議会開会の日すなわち帝国憲法施行の日ではなかったかと推測している。

遡及版「法令全書」の編纂事業は、来るべき憲法と現行法の整合性検証の道具とするために企画された。本章三［二］で示した「布告布達全集」「達告示全集」の刊行に関する史料は、かような主要政策との関連に全く言及していない。おそらく両全集から「法令全書」へ抜本的な変更を遂げた以降、この関連が意識され始めたのではないだろうか。しかし、実際の編集刊行作業は憲法発布には全く間に合わず、その施行日を最終期限として進められたにちがいない。残された時間に比して作業量は多かった。ところが、国会の開設に合わせて『法規分類大全』の編纂が開始されたことは、「法令全書」編纂担当者の志気を沮喪せしめることになったのではないだろうか。遡及版

「法令全書」の完成度の低さは、こんなところに原因があるのかもしれない。

（1）法務省大臣官房司法法制調査部法務専門官談話（於国立国会図書館調査及び立法考査局平成八年度説明聴取会）。

（2）「明治二十五年度法規分類大全刊行費豫算調製説明書」（国立公文書館蔵「内閣記録局日記明治二十四年」）。

（3）同右。

（4）国立公文書館蔵「記録局諸則沿革録第二編全」第一「明治二十年四月十二日法規分類大全編纂例則ヲ定ム」。

（5）国立公文書館蔵「内閣記録局日記明治二十四年」。

（6）国立公文書館蔵「内閣記録局日記明治二十年」。

（7）国立国会図書館調査及び立法考査局では、著者も参加して『日本法令索引太政官布告等編』の編纂作業が行われた。同編纂作業については若松邦保「日本法令沿革索引の編さん事業」（「レファレンス」四七九号、七頁以下、国立国会図書館調査及び立法考査局、一九九〇年一二月）を参照されたい。なお、その作業の一環として「法令全書」に採録されていない法令を「太政類典」・各省日誌、あるいは法規集などから採録するための調査が行われた。別表四は、上記編さん事業が完結した後に、国立国会図書館が公開した「日本法令索引〔明治前期編〕」による。

六　おわりに

「法令全書」をめぐる諸問題の中で創刊経緯はそのごく一部に過ぎない。本章の冒頭でも述べたごとく、「法令全書」をめぐる不明点は数多い。そのうち創刊経緯を本章で論じてきたが、それのみではまだ「法令全書」の史料的価値を明らかにしたとは言い難い。「法令全書」の史料的価値を評価するには、それが何を底本に編纂されたかを明らかにすることが必要である。逐次版「法令全書」を編纂する際底本として用いられたものは、原則として官報であった。但し陸軍省令乙号のように特定の理由で官報に掲載されなかった法令も若干補足された。ある法令が発令される際、主管省庁にて当該法令に関する官報原稿が作成され、それが官報に掲載され、更にその官報を底本に逐次版「法令全書」が編纂されるのであるから、その史料価値は法令原本を一次史料と考えた場合、四次五次史料と言わざるを得ない。同様に遡及版「法令全書」の史料価値を判断するにも、それらの底本を特定することが必要である。たとえば、各省の「達全書」等が底本の一部となったことは間違いないが、それら「達全書」等の編纂経緯を明らかにしないと、「法令全書」の史料的価値を判断することができない。なぜなら、それら「達全書」等が法令原本を基に編纂されたのか、各省日誌などを基にしたのかで、その史料的価値が異なるからである。

「法令全書」の史料的価値の評価にあたっては、その採録の精度も重要な要素となろう。すなわち、どの程度採録漏れがあるかを明らかにする必要があるということである。明治初期に官省各庁の統廃合が頻繁に行われたが、その際に資料の継承保存はどの程度行われたのであろうか。特に教部省のように廃止された官省各庁の資料保存はいかに行われたのか。また明治六年に太政官は焼失し多くの資料が烏有に帰したが、遡及版「法令全書」の編纂当時、明治六年以前の法令をどの程度知り得たのであろうか。またいかなる方法で知り得たのであろうか。これらの諸事情を考えると、遡及版「法令全書」における法令の調査収集の精度に疑念を抱かざるを得ない。法令集であるというそれだけの理由で「法令全書」を無批判に受容するのではなく、史料批判的手法を用いて史料価値を再評価する必要があろう。少なくとも、ある法令を遡及版「法令全書」で探して見つからなかったからといって、そのような法令は存在しなかったと即断するのではなく、遡及版「法令全書」の採録漏れを疑って他の諸史料を検索してみるという批判的利用態度は絶対に必要である。かような利用態度の有無で近代法史学の研究精度が大きく左右されると言っても過言ではなかろう。そのためにも、種々の法令集の創刊経緯やその特質の研究、布告・達など法令形式の研究、法令の公布・施行・改正態様の研究など、いわば法令論とでも呼ぶべき分野の研究を、法令伝達制度の研究と共に大きく進捗させる必要を痛感している。

〔附記〕

本章は、平成九年（一九九七年）四月二六日に専修大学で開催された法制史学会第四十九回総会に於いて著者が行った研究報告「『法令全書』の創刊経緯について」を補訂したものである。著者の未熟な報告を聞いてくださった会員諸先生方に改めて感謝の意を表したい。

また、国立国会図書館法令議会資料課本多真紀子氏には、欧米諸国の法令集および議会報の検索調査にあたり種々の有益なご教示をいただいた。記して感謝の意を表したい。

別表１　東京府における法令形式別伝達方法一覧

	布告	布達	達	告示	合計
明 治 16	28	19	333	133	513
明 治 17	33	31	804	238	1106
明 治 18	42	23	687	360	1112
小計	103	73	1824	731	2731
総　　計	176		2555		2731

注：明治16年の各法令件数は官報創刊以降（7/2以降）に限定した。

別表２　遡及版「法令全書」出版期日一覧表

	版権登録申請日	出版・刻成日	奥付発行日	官報広告日	発売価格
慶3・明1	18,7/15	20,10/05刻	20,10/ 日欠	20,10/19	60銭
明 治 2	18,7/15	20,10/05刻	20,10/ 日欠	20,10/19	60銭
明 治 3	18,7/15	20,11/05刻	20,11/ 日欠	20,11/18	60銭
明 治 4	18,7/1521,10/20	21,10/20出	21,10/20	21,10/25	80銭
明 治 5	18,7/1522,01/26	22,01/26出	22,01/26	22,01/28	1円20銭
明 治 6	18,7/1522,05/16	--- 出	22,05/15	22,05/25	1円65銭
明 治 7	18,7/1522,12/26	--- 出	22,05/15	22,05/25	1円30銭
明 治 8	18,7/1522,12/26	22,12/26出	22,12/28	22,12/28	1円60銭
明 治 9	18,7/1523,03/15	23,03/15出	23,03/15	23,03/17	1円30銭
明 治 10	18,7/15		23,08/25	23,08/27	90銭
明 治 11	18,7/15		23,09/25	23,10/03	60銭
明 治 12	18,7/15		23,09/30	23,10/03	1円
明 治 13	18,7/15		23,10/28	23,10/31	1円20
明 治 14	18,7/15	史料　なし	23,11/28	23,12/16	80銭
明 治 15	18,7/15		23,12/15	23,12/16	80銭
明 治 16	18,7/15		24,03/02	24,03/04	1円20銭
明 治 17	18,7/15		24,03/20	24,03/23	1円
索　　引	18,7/15		26,03/15	24,04/10	1円50甲乙

出版・刻成日：出版届又は刻成届が提出された日付。日付末の「出」は出版届「刻」は刻成届を意味する。
奥付発行日：遡及版「法令全書」各巻末奥付に記載された発行日を指す。
官報広告日：官報広告欄に遡及版「法令全書」の当該巻の広告が初めて掲載された日である。

別表３　明治20年逐次版「法令全書」出版日一覧表

巻　号	出版届	刻　成
1	19,1/20	20,02/09
2	19,1/20	20,03/07
3	19,1/20	20,04/09
4	---	20,05/10
5	---	20,06/13
6	---	20,07/15
7	---	20,08/15
8	---	20,09/12
9	---	20,10/12
10	---	20,11/10
11	---	20,12/12
12	---	21,01/11
索　引	---	21,05/04

別表４　遡及版「法令全書」採録法令件数・未採録件数一覧

	法令全書	未採録	合　計	掲載率
慶4・明1	1174	1327	2501	46.94%
明　治　2	1301	751	2052	63.40%
明　治　3	1072	762	1834	58.45%
明　治　4	1165	843	2008	58.02%
明　治　5	1668	780	2448	68.14%
明　治　6	2467	1487	3954	62.39%
明　治　7	1940	1728	3668	52.89%
明　治　8	2010	2098	4108	48.93%
明　治　9	1707	1846	3553	48.04%
明　治　10	1302	1793	3095	42.07%
明　治　11	1014	1011	2025	50.07%
明　治　12	856	981	1837	46.60%
明　治　13	887	932	1819	48.76%
明　治　14	926	1152	2078	44.56%
明　治　15	912	960	1872	48.72%
明　治　16	980	890	1870	52.41%
明　治　17	1080	547	1627	66.38%
明　治　18	1313	385	1698	77.33%
明　治　19	181	93	274	66.06%
総　計	23955	20366	44321	54.05%

注：明治19年は公文式（同年２月24日勅令第１号）発令以前に限った。
出典：国立国会図書館「日本法令索引［明治前期編］」

第六章　「官報」の創刊と人民の法令理解

――中央権力機構の変遷と法令伝達制度――

一　はじめに

著者は折にふれ、明治期の法令伝達に関する一連の拙稿を発表してきたが、明治期の法令伝達は「官報」制度の確立をもって概ねその完成を見ると言えよう。それ故「官報」の創刊およびその制度的特質を検討することは、法令伝達研究においては、避けて通りがたい作業である。そこで本章においては、「官報」をめぐる諸問題のうち、次のふたつを取りあげ検討を加えたい。

第一に、「官報」により法令を伝達することになれば、人民はそれを入手し、講読し、理解せねばならない。そこで考えねばならないことは、「官報」創刊に至るまでの種々の法令伝達制度を用いるにあたり、中央権力機構は国民に対してどの程度の法令理解力を求めたのであろうか。

近代的統治が法を媒介として為されるものであるなら、統治機構の近代化による法体制の変化に応じて、支配の客体である人民の法令理解の程度に対する支配側の期待は変化するはずである。換言すれば、法令は、明治政府の草創期以来、官報により統一されるまで種々の媒体で伝達された。当然の事ながら、それらを人民がどの程度理解できるかに対する中央権力機構の期待の程度には差異があるはずである。この期待度の変化は、中央権力機構の近代化の一指標となり得るのではなかろうか。そこで草創期から内閣制度発足に至る各段階で、明治政府は、人民に対してどの程度の法令理解力を期待し求めたのか、その差異を明らかにすることを試みる。

第二に、「官報」創刊に至る中央権力機構内部の機構的必然性の検討である。すなわちなぜ明治一六年というその時機に創刊しなければならなかったのであろうか。単に山縣有朋が偶々その時期に「官報」創刊を建議したにすぎないのであろうか。

著者は、法令伝達に関する一連の研究の過程で、明治一四年の大隈重信の「法令公布日誌」構想と相前後する時期に発令された各省事務章程通則が、「法令公布日誌」ないし「官報」を創刊せざるを得なくなるような、不可避的な制度変革を中央権力機構にもたらしたと考えている。法令伝達の見地からは、太政官内閣制は各省事務章程通則の制定で大きな転機を迎えると言えよう。この点についての検討を試みたい。

すなわち、法令の発令件数を調べると、明治一四年には発令件数そのものも前年を上回っているが、太政官の発した法令件数が全法令に占める割合は、突如前年に対して突出した。これは明らかに上記各省事務章程通則第四条による機構改革に起因する。同条により実務諸省の首長である卿が当該実務執行について天皇への補弼責任を負担することになり、太政大臣のみが補弼責任を負うという従来の太政官制に大きな変化をもたらしたのである。

しかしこのため、各省が人民一般に対して発令していた布達は、省卿の副書に伴い発令機関が本官たる太政官へと必然的に移行することとなった。そのため従来各省が独自に発令していた布達は、たとえそれが各省の専権にかかる立法分野であっても、太政官が省側から伺を受け稟議取り決めの上指令を発し、省側が草案を起草し太政官がそれに決裁を与え布達として発令し、必要な場合は当該法令を制定した旨を他省庁に示達するという複雑な手続きを強いられることとなり、太政官法令の発令件数は激増し、文書処理は煩雑化し、その結果太政官に予想以上の過剰な負担を強いる結果となったのである。

この結果、明治六年以降に形成されてきた法令伝達システムは、布達の発令系統の抜本的変革に対応できなくなった。このことが、新たな法令伝達方法の必要性を生み、それが明治一四年政変で沙汰止みとなってしまった大隈の「法令公布日誌」様の新たな法令伝達システムの早急な構築の機運をもたらした。本章では、「官報」の創刊にはこのような、当時の権力機構に内包された構造的必然性があったことを明らかにしたい。

また現在では、後述のごとく、最高裁判所は、「最初の購読可能時説」を採用し、ある法令が国民に周知された時点を、当該法令が掲載された官報を一般国民が閲読又は購入しようとすればそれをなしうる状態となる最初の時点と擬制している。このような、西洋近代法における「法令伝達―人民の法令周知の擬制（法令を周知したものとみなす）」という法技術が、我が国の明治近代法体制下のどの段階で継受されたものであろうか。官報創刊の経緯を明らかにするためには、この点の検討も必須であろう。

以上の諸点について、以下で検討を試みたいと思う。

二 中央集権化と人民の法令理解

〔一〕 草創期明治政府の人民像と法令伝達

(1) 支配権力の神聖性と愚民観

著者は本書第一章において、明治期の高札に対する権力機構側と人民双方の法意識について論じた。[1] そこには近世以前の高札の伝統的な法意識がそのまま受け継がれていた。すなわち中国古代の最高支配権を象徴する駒型を用いることで、支配権力の偉大さとその発令する法令の権威を象徴した。そのためそこに記された法令の内容もさることながら高札それ自体が畏敬の対象となり、文字を読める読めないにかかわらず人民に対して支配権の存在を示威することになった。それにより高札に記された法令には峻厳性が付与され、人民の遵法精神の涵養に資した。すなわちそこには次に示す『南紀徳川史』の一文に象徴される人民の姿が依然として存在していた。[2]

下民先祖代々聞伝へ言ひ習はし、如何愚民幼童も御高札と称すれば事の何たるを知らすして唯大切なるもの犯すへからすと固執したり

ここには、ただ高札であるからという理由でその内容の如何に関わらず権威を感じ遵法精神を涵養される人民の姿が端的に描かれている。人民に対して法令の内容の理解を期待せず結果として遵守を確保すればよいといういわば愚民観とそれに対する支配権力の神聖性という意識は、明治初年の権力機構中にも息づいていた。彼らは、人民の

遵法を緊急且つ十分に確保する必要のある法令には高札の形式を利用し、且つその発令形式は行為規範のみを提示し、法効果としての刑罰は部外に秘した。これは、まさに近世における触の形式に他ならない。このように支配権力の神聖性と愚民観との対置の中で明治新政府が人民に期待したことは、発令された法令の理解ではなく結果的に遵守を確保することであった。

この愚民観と支配権力の神聖性は高札のみに象徴されたものではない。例えば明治元年八月、明治政府は詔書日誌類を書肆が店先に陳列することを禁じた。(3)

組々世話懸　名主共

頃日市中ニテ繪草紙其外商ヒ致シ候者共戯画等ノ中へ詔書ノ寫ヲ相交見セ先へ掛置候由全ク不心得故之儀トハ乍申恐多キ事ニ付以来詔書ノ寫者不及申太政官鎮将府東京府日誌ノ類ハ見セ先へ不差出右題號ヲ紙へ記シ張出置候様可致右ノ趣組々へ申通名主共支配限其筋渡世ノ者へ不洩様可申聞

これによれば、詔書や日誌類を大衆向け商品である戯画等に交えて陳列するのは恐れ多いことなので、在庫を示す紙を貼りだし現品は陳列しないよう命じたのである。高札同様に政府刊行物も支配権力の神聖性を具有するのだという近世的感覚が権力機構側に残存していたことの証左と言えよう。

(2) 中央集権化と人民像の変化

支配権力の神聖性を根拠に人民の法令理解の可否に関わらず結果的に遵守を確保しようという愚民観を基礎とした支配秩序は、程なく変更を余儀なくされた。それは中央集権化の進捗という権力機構側の事情による変化であったと言えよう。すなわち明治四年七月二七日太政官第三七五、(4)同第三七六(5)により民部省が廃止され同省が管掌していた諸事務は大蔵省に移管されることとなった。これにより大蔵省は財政権に加えて民政権全般を掌握し絶大な権限を握ることとなった。そして明治五年に至ると大蔵卿井上馨は家禄藩債整理のため緊縮財政を志向するが、権力を集中した大蔵省へ批判的な司法卿江藤新平らは、機構充実のための改革実施に向け多大な予算を要求した。ここに明治六年定額問題が惹起された。この対立の過程で江藤司法卿は、大蔵省が管掌する地方行政に司法による統制を加えることで、大蔵省の内政権を相対的に縮小せしめる策を講じた。すなわち明治五年司法省第四六号[6]の発令であった。

○（司法省）第四十六號（一一月二八日）（抄）

一地方官及ヒ其戸長等ニテ太政官ノ御布告及ヒ諸省ノ布達ニ悖リ規則ヲ立或ハ処置ヲ為ス時ハ各人民ヨリ其地方裁判所ヘ訴訟シ又ハ司法省裁判所ヘ訴訟苦シカラサル事

一太政官ノ御布告及ヒ諸省ノ布達ヲ地方官ニテ其隣縣ノ地方掲示ノ日ヨリ十日ヲ過クルモ猶延滞布達セサル時ハ各人民ヨリ其地方ノ裁判所ヘ訴訟シ亦ハ司法省裁判所エ訴訟苦シカラサル事

一太政官ノ御布告及ヒ諸省ノ布達ニ付地方官ニテ誤解等ノ故ヲ以テ右御布告布達ノ旨ニ悖ル説得書等ヲ頒布スル時ハ各人民ヨリ其地方裁判所亦ハ司法省裁判所エ訴訟苦シカラサル事

これによれば、地方官や戸長が太政官および諸省の法令に矛盾する行政を行った場合、あるいは人民の権利を侵害した場合には、府県裁判所または司法省裁判所に裁判上の救済を求めることができた。また地方官が、太政官及び諸省の法令の公示及び伝達を不当に延滞した場合や諸法令の解釈を誤った場合も同様であった。これは、地方行政の怠慢やそれによる人民の権利侵害を行政裁判により救済する途を拓くものであったと同時に、大蔵省の地方行政に対し裁判所を統轄する司法省が積極的に干渉していくことを意味していた。

ここで注目すべき事は、この法令の期待する人民像はもはや愚民ではあり得ないということである。すなわち内政に関する諸法令の意味を理解し、それに基づき当該地域の具体的行政の進捗を評価し、地方権力の怠慢や権利侵害が見いだされたときにはそれに対する裁判上の救済を求めることのできる、いわば法を理解する人民像が求められていたということである。(7) このように中央権力機構側の人民観の変化は、その機構内部の権力闘争と中央集権化による支配秩序の変化という中央権力機構側の事情変更に伴って生じたものであり、教化啓蒙による人民の質的向上のごとき人民側の内在的要因による変化ではなかった。かような新たな人民観はその後も維持され、中央集権化の進捗の過程でかかる人民像に対する種々の法令周知の方策が模索されていったのである。

〔二〕 中央集権化と法令伝達方法の刷新

(1) 中央集権化の進捗

さて、前述の司法による地方行政権の統制は、明治六年五月二日太政官達(8)「正院事務章程潤飾」により新たな段階を迎えた。

正院事務章程

《前略》

凡ソ裁判上重大ノ訟獄アレハ内閣議官其事ヲ審議シ或ハ臨時裁判所ニ出席シテ之ヲ監視スル事アルヘシ

《後略》

明治五年司法省第四六号の時点では、司法卿が裁判事務を総括し裁判を通じて地方行政に関与するにとどまり、正院は司法省の伺に対し指令を与えるという裁制体制を以て関与するのみであった。しかしこの新正院事務章程により、内閣議官は「裁判上重大ノ訟獄」を審議し、臨時裁判所に出席し直接監視する権限を有するようになった。その限りにおいて、太政官正院を頂点とする中央集権的機構に司法による地方統制が組み入れられる格好となった。この改革の背景には、江藤新平の司法卿から参議への転身という事情が存在したのである。[9]

一方、大久保利通は同月欧米巡見より帰朝したが、留守政府の機構改革のため外遊派が活躍する余地のないことを発見し凝然とした。そのような状況の中、彼は自ら大蔵卿という地位で欧米巡見に出たにも関わらず、内務省を創設して大蔵省の内政権を割譲する機構改革構想に帰国後の活路を見いだしたのであった。そして彼ら外遊派は、欧米巡見の帰結として内治優先を強硬に主張し、留守政府による征韓の決定を覆すことに成功した。すなわち征韓論対内治優先論という論争は、他面留守政府と外遊派の対抗という意義を有し、明治六年政変による征韓派諸参議の下野は、大久保を中心に大隈・大木喬任を含む非征韓派主導の政局の実現であった。そして政変直後の一〇月二五日、大久保の発案により参議が各省の首長である卿を兼任することとなった。[10]前述の明治六年五月二日太政官達「正院事務章程潤飾」では、太政官正院に内閣を設置し、参議が内閣議官として国政全般にわたる意思決定をすることとなり、中央集権化を大きく進捗した。しかし参議は制度上実務諸省からは遊離し両者の間に第一義的連関が存在しないことが、内閣による諸省の統制を希薄化するという欠陥を有していた。参議省卿兼任はかような欠陥を克服する対策として実施されたものである。更に明治六年一一月、内務省が設置され、前述の参議省卿兼任の例にならい大久保は参議兼内務卿に就任した。このようにして江藤の司法による地方行政統制に端を発した機構改革は、大久保を中心とした中央集権的支配機構の構築という形で一応の決着をみたのである。

（2）法令伝達方法の近代化

中央集権化の進捗の過程で法令伝達方法も刷新され、明治期の法令伝達制度を考える上での最初の画期を迎えたと言えよう。すなわち明治六年二月二四日、太政官は第六八号[11]によって人民の熟知のため三十日間法令を適宜の場所に掲示することと、当時掲示されていた高札の除却を命じた。高札の除却命令には、高札に象徴された支配権力の神聖性という旧幕時代の支配権力観と愚民像に依拠した支配構造から、対極に位置する近代的支配方法へと脱却せんとする支配権力側の意図が含まれている。本書第三章[12]で検討したごとく、各地方では当時、伝統的便宜的伝達方法が実施されていたが、太政官第六八号発令以降も中央政府はかような地方毎の周知方法と掲示の併存を奨励した。当時は国家機構整備の進捗に伴い例えば徴兵令[13]や違式詿違条例[14]のように人民側が法令内容を的確に理解して新たな権利義務の変動に対応できなければならない類の法令が頻繁に登場し、従来のごとく人民は意味を理解せずとも禁令を遵守すれば良いという段階はもはや終わりを告げていた。ここに至り「法令を知らしめれば理解する人民像」が求められたにちがいない。そうであるなら、人民熟知のための掲示が全国統一的周知方法として実施されることは、便宜的周知方法が不備な地方であっても最低限三十日間の掲示は行われるという、いわば周知への担保として機能したと考えられよう。

かような人民周知への努力は期限を定めて行われることになった。全員皆知を目標に努力しても、人民の具体的居住環境や具体的理解力が障害となり、実際にはその実現は不可能であることは言うまでもない。そこで、本書第三章[15]で検討したごとく、中央政府は明治六年六月一四日太政官第二一三号[16]により、中央政府から法令を発送した場合の各地への到達所要日数を法定し、その後同年太政官第六八号の定める三十日間の掲示により発令された法令は発効するものとされた。これにより中央政府は、その発令になる法令が各地方でいつ発効するかが予測可能となった。

以上のごとき過程を経て、中央政府は、法令を発令した際の全国共通且つ最低限の周知方法の実施を確保し、各地での法令発効日の予測可能性を手にすることができた。これにより中央政府は各地方における任意の法令の発効予測日を前提に立法行政諸施策を展開できるのであるから、法的諸関係が安定化したことは容易に想像がつく。更には明治六年五月二日太政官達[17]で示達された新正院事務章程により、内閣議官は裁判を通じて地方行政に関与することが可能となり、且つ内閣議官である参議は同年一〇月以来事実上各省卿を兼任しているのであるから、太政官正院とその下部組織として統制された諸省は、各地方における法令の施行状況を裁判を通じて掌握することが可能となった。これらにより、中央集権的支配機構による法令の発令・伝達周知・施行状況の確認の諸方法が整備されたと言えよう。

本書第三章[18]で述べたように、明治四年一二月二七日大蔵省第一三七[19]では諸省が各地方へ宛てて発令する法令を一旦大蔵省に集中せしめ、同省より一括して発令された。しかし明治八年一月三一日太政官第十六号達[20]府県往復規程では各省から直接府県に宛てて逓送されることとなった。地方行政の管掌が大蔵省から内務省へと移り且つ太政官の諸省への統制力が強まるという一連の中央政府の支配機構の変化が、かような法令伝達方法の変化を生ぜしめたのである。

以上の理由で著者は明治六年の一連の機構改革を法令伝達方法の近代化の一画期と考えるのである。

(3) 周知期限と周知の擬制

ところで、現在、法令は「官報」によって公布されるが、「官報」は厳密には何時の時点を以て到達したと考えるのであろうか。特にこれは公布の日より施行される法令の場合、施行開始時点の問題として重要な意味を持つ。この点に関して最高裁判所は「最初の購読可能時説[21]」を採用している。すなわち「一般国民が官報を閲読又は購入しようとすればそれをなしうる状態となる最初の時点」とされている。法の名宛人である一般国民がその内容を知ろうと思えば知ることができる条件が整った段階、すなわち一般国民に対して当該法令を知り得る可能性の供与が為されるのが「最初の購読可能時」であるとの判断である。すなわちここには知り得る可能性の供与を以て周知を擬制するという法技術が用いられており、その背景には西洋近代法の基本原則である私的自治の原則に象徴されるいわば理性的存在体としての人間像が前提とされていると言えよう。すなわちこの場合で言えば、自分にとって必要な法的情報は、自己の自由意思と責任において知るように努めるという人間像である。かような周知の擬制という法技術との関連で検討を加えなくてはならないのが、前述の明治六年六月一四日太政官第二一三号の「三十日間掲示ノ後ハ管下一般ニ之ヲ知リ得タル事ト看做候」である。すなわちこれは三十日間の掲示により周知の可能性を供与し、期間経過によって周知を擬制するという意味であろうか。あるいは三十日間に各地方官は人民周知のためのあらゆる努力を傾注し、それを過ぎても周知を達成できなかった部分についてはやむを得ず期間中の周知を断念して施行するという意味であり、すなわちそれはあくまで周知努力期限と位置づけられるべきものであろうか。

前述のごとく、中央集権的国家機構整備の過程で支配権力側の人民に対する法令理解への期待度は大きな変化を遂げ、法令の内容理解が求められるようになった。そのことには明治六年六月一四日太政官第二一三号発令以後にも何等変わりがない。すなわち中央政府は、各府県からの従来の各地の実状に即した便宜的周知方法を存続せしめて良いか否かの伺に対して一貫して存続を指令した。また、地方官側も後述のごとく人民の法令理解に対し同様の期待を有した。本書第三章[22]で述べたごとく、人民に法令の内容を平易に理解させるために読み聞かせや学校における教授、印刷頒布等の工夫が盛んに為されたこともその証左と言えよう。

一方、掲示や役場等への法令の備置は戸毎回達などに比較すると、知りうる機会の供与という性質を強く持っている。すなわちいかに掲示を行っても法令謄本を備え置いても、個々の人民が実際に掲示場に足を運び、あるいは戸長役場等へ閲読に赴かなければ法令の内容を具体的に知ることはできないからである。明治六年太政官第六八号により中央政府が全国で統一して実施する法令伝達方法として採用したのはかような性質を具備する掲示であった。そこで著者は一見矛盾と思われるこの伝達システムを次のように解釈する。すなわち、当時の中央政府は府県に到達した法令を、各地方が従来より独自に行っている種々の便宜的周知方法により人民に周知せしめることを期待した。しかしながら、個々の人民の理解力等の具体的諸条件を前提に考えれば、たとえ何日を費やしても周知の実現は不可能と言わざるを得ない。そこで三十日間という期間を限って各地方に便宜的方法による周知のための努力を期待した。そしてその期間に知らしめることのできなかった者に対しては、掲示を存続せしめることで、知りうる可能性を供与し続けたのであろう。かような意図が中央政府に存在したため、全国で統一的に実施する周知方法として掲示が採用されたにちがいない。確かに本書第三章[23]で述べたごとく翌明治七年四月一四日太政官第四八号達[24]により、全国統一的周知方法としての掲示は廃止され、各府県での法令の増刷期間二十日とその後三十日間の周知期間が設けられた。しかしそれは掲示の効用を中央政府が消極的に評価したためではなく、掲示が各地方の便宜的周知方法として極めて良く普及しており、中央政府が敢えてその実施を法定する必要がないことがその理由のひとつである。同年八月七日の内務省の上申を受け太政官は各地方の掲示の便宜供与として旧高札場を無償で各府県へ払い下げる旨を決定した[25]。このことからも明らかなように、中央政府の掲示の有効性への評価には変わりがなかったものと思われる。

ところで明治一五年「官報」の創刊準備の過程で、布告布達告示の公布式を改正する法案が元老院で検視された。その法案によれば、「官報」は各府県に逓送され前述の法定到達日数経過の後十日を以て周知期間としていた。元老院の法案読会においてはこの周知期間の長さの妥当性が問題となった。この点について元老院議官であった槇村正直は次のように反対意見を披瀝した。[26]

《前略》抑モ人民ヲシテ皆共ニ一モ遺漏スル無ク諸布令ヲ知了セシムルニハ其期限ヲ三十日乃至五十日ト為スモ猶ホ未タ足ラサル可シ然ルモ是等ハ姑ク措キ究竟之ヲシテ周知スルヲ得セシムル足レル餘裕ヲ與ヘサル可カラス因テ十日ヲ二十日ト修正セントス《後略》

これを見ると、元老院議官にして且つ周知の通り明治五年の小野組転籍事件当時の京都府権大参事として地方官の経験もある槇村正直が、周知を実現する時間的余裕が必要である旨を述べている点が注目される。また神田孝平をはじめとする他の議官からも十日では周知の方策を実施するにあまりに余裕がない旨の反対意見が相次いだ。かような諸発言から考えるに、中央政府も地方官も、明治一五年当時に至っても依然として、周知期間は各府県における周知のための努力期間であると考えており、単に当該期間の経過を待って周知を擬制するためのものとは位置づけていなかったことは明かである。

さて、かような元老院議官の意見に対して、法案趣旨説明のために政府側委員として出席していた参事院議官久保田貫一は次のように反論した。[27]

《前略》諸法令ヲシテ必ス悉ク人民ニ周知セシメントスルヤ此期限ヲ長クシ一年乃至二年ト為スモ亦未タ以テ足ラサラントス然リ而シテ人民普子ク知了スルヲ俟テ之ヲ施行セントセハ施政ニ妨碍スル有ルヲ以テ若干ノ周知期限ヲ制定シ以テ之ヲ經過スレハ人民ハ皆既ニ知了シタル者ト看做スノ外ナシ是下付原案ニ十日ト限定セシ所以ニシテ良シヤ之ヲ二十

日ト為スモ周知ハ到底望ム可カラス而シテ十日ト限ルモ敢テ太タ急促ナルニ非ス《中略》強テ外國ノ例ニ倣ハント云フニ非サルモ嘗テ本員ノ聞ク所ニ據レハ佛國ハ布令ノ後チ一日ヲ隔テ英國ハ布令ノ即日ヨリ實行スルノ例規アルト但シ此ノ如キハ周知ノ計画ヲタモ（ママ）為スニ暇マ無キヲ以テ事ニ支障スル有ル可シト雖モ布令ハ務メテ速カニ其施行ヲ欲スルニ由リ本條ノ第一項モ此ノ如ク起草シタリト思惟ス《後略》

この反論からは、人民周知を実現することは現実的には不可能であり、それは擬制という法技術を用いることで概念上にのみ存在し得るものであり、それ故当該周知期間を十日としても二十日としても実質的には差異は生じないのだという起草者側の意図を明らかに読みとることができる。また同時に、政府側起草委員は、官報制度を創設するにあたり西洋諸外国の制度を調査参照し、その結果法令周知の擬制という法技術を知ったこともこの反論から明かである。この法案はかような検視を経て明治一六年五月二六日に太政官第十七号布告[28]として発令された。その内容は布告布達は各府県到達後七日を以て施行期限とするというものであり、前述の元老院の議論を前提に考えると、政府側委員の主張する西洋諸外国の制度をまねて周知の擬制を採用したものであることは明かである。

以上のことから、明治六年太政官第二一三号の言う三十日間はまさに周知の努力期間と位置づけられるべきものであり、当該期間の経過を以て知り得たものと看做すということは、それを過ぎても周知を達成できなかった部分についてはやむを得ず期間中の周知を断念して施行するが知りうる可能性は供与しておくという意味であり、当該期間中各府県は周知の実現に向けあらゆる努力を期待されていた。従って周知期間の単なる徒過を以て周知を擬制するという法技術の導入と評価されるべきものではなかった。法令周知の擬制という法技術は「官報」創刊準備の過程で諸外国の制度を調査の結果導入されたものである。

しかし、ここで注意すべき事は、明治一六年七月二日の「官報」創刊を以て直ちに法令周知の擬制が全面的に採用されたというわけではないことである。すなわち明治一六年五月二二日太政官第二三号達[29]は達・告示のみを「官報」掲載を以て公式の伝達方法と規定している。布告・布達については「官報」に事実上掲載するも、従来から行われている便宜的伝達方法を用いて伝達することとしたのである。布告・布達は人民の権利義務に変動を及ぼす内容を含む可能性が高い故に、「官報」という伝達媒体により知り得る可能性を供与するだけでは心許ないので既存の便宜的伝達方法を存続せしめ周知徹底を図るべきであるという逡巡があったためであろう。その後内閣制度発足直後の明治一八年一二月二八日に内閣第二三号布達[30]によって、ようやく布告・布達も「官報」登載を正式な伝達方法とされた。ここに至り政府は人民に対してようやく、知り得る可能性の供与を以て法令の周知を擬制することを躊躇なく人民に求めることができるようになったのである。すなわち政府は人民に対し、「知り得る可能性を供与しておけば自らの責任と自由意思で必要な法情報を入手する理性的存在としての人民像」を全面的に求めたのであった。

〔三〕　法令理解に対する人民側の意識

それでは、布告・布達の名宛人たる人民は、法情報の入手の必要性をどの程度感じていたのであろうか。前述のごとく、明治四年頃になると愚民観に基づく中央権力機構側の統治は立ちゆかなくなり始めた。しかしながら人民側は、俄に法情報入手の必要性を感じるには至らず、周知は、はかばかしく実現できなかったようである。

明治五年三月七日、東京府は各区正副戸長に宛て「東京府下布告張出場所規則」を布達した。[31]

一府下布告張出場所ノ儀近来猥ニ相成右ハ畢竟町役人共ノ心付不行届ニ付自今ハ其儀無之様屹度心得可申

《後略》

東京府では法令が発令された際、布告張出場に掲示し周知をはかったが、この史料からは、そこが当時荒廃していたため、各区の正副戸長に管理責任を負わせることで、それを維持しようとしたことがわかる。法情報入手のメディアとして布告張出場が本旨に従って利用されていたならば発令されなかった布達であろう。

また明治六年八月一五日、水沢県より太政官に対して次のような届が提出された。すなわち同県では「當管内ハ人民頑愚ニシテ文運未開一丁字ヲ不解者往往不少獨掲示ノミニテ御趣意ヲ領解仕候事無覺束」いので、人民を小学校等に定期的に集め、同校教員等をして法令の説明会を開催する旨を届け出たのである。(32) 当時は、前述の如く明治六年太政官第六八号(33)により全国で統一的に掲示による法令伝達が行われていたのであるが、それだけでは周知が困難なため、県独自の周知策として法令の説明会を実施する旨の届であった。

明治七年二月（日付欠け）、堺県は諸布令順達規則を示達した。その理由は「従来諸布令順達一定ノ規則無之ヨリ、兎角遅々或ハ粗漏ニシテ、禁制ノ令アルモ不識犯罪ニ陥ルモノ多々有之、憫然ノ至ニ候」ということであった。(34)

このように、明治四年頃より中央権力機構側は「法令を知らしめれば理解する人民像」を求めるようになったが、その実現にはかなりの困難を伴ったことは想像に難くない。前述のごとく明治六年には徴兵令(35)や違式詿違条例(36)が発令された。これらは直接的に人民の生活関係に影響を及ぼす法である故、法の周知は必須であるにもかかわらず、この段階に至っても人民の法令理解がはかばかしく実現されていなかったことは明かである。このような状況は、その後も続いた。それは東京府でさえ例外ではなかった。東京府では明治九年に至っても「布告類ノ儀ハ人民一般速ニ承知不致候テハ不相成儀ニ候ヘトモ従来各區適宜取計候迄ニテ到底遷延不達ノ憂ヲ免カレ」ないという状況が続いていた。そこで「布達類触出地」を定め厳格な法令の回覧を実施するための規則を定めざるを得なかったのである。(37) 地方においては、法令周知を実現することは更に困難であったと想像される。例えば津南県では人民への法令周知方法として法令の回覧を採用していたが、明治一四年に至っても、それが延滞してしまうことに苦慮し、「報知会」という名称で、惣代または議員自宅等適宜の場所で、夜間に人民に対し法令の読会を定期的に開催することを計画した。[38]

以上のごとく、中央権力機構側が求めた「法令を知らしめれば理解する人民像」は、容易には実現しなかった。一方、前述のごとく、明治六年六月一四日太政官第二一三号[39]は「三十日間掲示ノ後ハ管下一般ニ之ヲ知リ得タル事ト看做候」として、地方官に対して人民に法令を周知せしめる期限として三十日間を定めた。これはあくまで周知徹底の期限であり、周知の擬制までの猶予期間ではなかった。また前述のごとく、中央権力機構が法令周知の擬制という法技術を、人民に対して全面的に導入したのは明治一八年一二月二八日に内閣第二三号布達[40]によってであった。明治六年太政官第二一三号を発令してから、法令周知の擬制の導入までかように長い時間を必要としたのは、まさにその前段階である「法令を知らしめれば理解する人民像」の実現が困難で時間を要したためにほかならない。

（1）　本書第一章「四　高札の機能［二］（2）高札をめぐる法意識」（九一頁以下）参照。
（2）　『南紀徳川史』第十巻（名著出版、一九七一年）三六五頁以下。
（3）　国立公文書館蔵「太政類典」第一編第一巻第四九。
（4）　「法令全書」第四巻（原書房覆刻版、一九九四年）二九四頁。
（5）　同右。
（6）　「法令全書」第五巻ノ二（原書房覆刻版、一九九四年）一三四六頁。
（7）　明治五年司法省第四六号に基づく初の行政訴訟を提起したのは、政府為替方の小野組であった。政府の東京移転に伴い本店を東京に移転すべく京都府に東京への転籍願を提出したが京都府権大参事槇村正直はその受理を認めなかった。そこで小野組は同法に基づく救済を求め京都裁判所へ訴状を提出した。いわゆる小野組転籍事件である。

(8)「法令全書」第六巻ノ一（原書房覆刻版、一九八八年）七六二頁。
(9) 浅古弘「司法省裁判所私考」（杉山晴康編『裁判と法の歴史的展開』敬文堂、一九九二年）四三頁以下。
(10) 明治六年一〇月二七日太政官番外、同二八日太政官番外（「法令全書」第六巻ノ一（原書房覆刻版、一九八八年）八〇七頁）。
(11)「法令全書」第六巻ノ一（原書房覆刻版、一九八八年）六四頁。
(12) 本書第三章「四　府県から各町村への伝達方法［一］総説」以下（一三四頁以下）参照。
(13) 明治六年一月十日太政官（「法令全書」第六巻ノ一（原書房覆刻版、一九八八年））七〇四頁。
(14) 明治六年七月一九日太政官第二五六（布）（同右）三七四頁。
(15) 本書第三章「三　中央政府から府県への伝達方法［三］（3）」（一二九頁以下）参照。
(16)「法令全書」第六巻ノ一（原書房覆刻版、一九八八年）二九六頁。
(17) 同右、七六二頁。
(18)（15）参照。
(19)「法令全書」第四巻（原書房覆刻版、一九九四年）六三九頁。
(20)「法令全書」第八巻ノ一（原書房覆刻版、一九九七年）五三一頁。
(21) 最高裁昭和三三年一〇月一五日大法廷判決（「最判刑集」十二巻十四号三三一三頁）。
(22)（11）参照。
(23)（11）参照。
(24)「法令全書」第七巻ノ一（原書房覆刻版、一九九四年）二八五頁。

(25) 国立公文書館蔵「太政類典」第二編第一巻第五九。
(26)『元老院会議筆記』前期第十五巻（元老院会議筆記刊行会、一九七一年）一七五〇頁。
(27) 同右、一七五三頁。
(28)「法令全書」第十六巻ノ一（原書房覆刻版、一九九四年）二七頁。
(29) 同右、三二九頁。
(30)「法令全書」第十八巻ノ一（原書房覆刻版、一九七七年）布達五〇頁。
(31)「東京府下布告張出場所規則」（国立公文書館蔵「太政類典」第二編第二巻第二）。
(32) 国立公文書館蔵「公文録明治六年八月諸県伺一、第十四水沢県届」。
(33) (11) 参照。
(34) 堺市史史料『堺県史稿』明治七年二月日欠堺県達（羽曳野史料叢書6堺県法令集2、八七頁）。
(35) (12) 参照。
(36) (13) 参照。
(37) 明治九年三月十日東京府第四一号（東京都公文書館蔵「第一法令類纂巻之二布告達」）。東京府における法令伝達の詳細は本書第二章を参照のこと。特に上記法令に関しては同章「四　民間委託による法令増刷期［一］」（一五二頁以下）参照。
(38) 明治一四年一〇月一一日報知会開設建議案（『津南町市　資料編下巻』一九八四年、津南町史編さん委員会編、八〇頁）。
(39) (15) 参照。
(40) (29) 参照。

三　太政官内閣と「官報」創刊

〔一〕太政官内閣と諸省

〔二〕では「官報」創刊に至った中央政府の機構的要因について分析を試みようと思う。それに先立ち、太政官内閣制度の特質及び変遷について検討したい。

前述のごとく、明治六年五月二日正院事務章程潤飾[1]により太政官に初めて内閣が設けられ、参議は内閣議官として国政全般にわたる意思決定の任にあたることとなった。しかし現在は各省大臣が内閣で国務大臣を兼ねることで実務上の連続性を確保しているが、この段階では参議と各省の首長である卿との間にはかような連続性は存在せず遊離していた。そこで同年一〇月二七日太政官番外[2]、二八日同番外[3]により各参議に各省卿を兼任せしめた。ただしこれは兼任せしめる制度を創設したのではなく、具体的に個々の参議を省卿に任命するという形で事実上行われたものであった。これにより正院内閣を頂点として実務諸省に至る縦型の連続的立法行政系統が確立した。

明治八年一月、当時野に下っていた板垣退助・木戸孝允の参議復帰による政府補強を目的に大阪会議が開催され、席上板垣・木戸の立憲政体への漸次移行という主張が容れられ政府側と妥協が成立し、両人の参議復帰が決定した。

ここでの合意に基づき且つ三権分立への世論の沸騰を反映すべく、会議後「立法ノ源ヲ廣メ」るために元老院が、「審判ノ権ヲ鞏ク」すために大審院が、「民情ヲ通シ公益ヲ圖」るために地方官会議が設置された。これらは中央集権化進捗の過程で諸省と共に太政官内閣の下部に組み入れられ、いわば疑似三権分立的組織を構成した。しかしながら地方官会議は準議会的機能には遠く及ばず一般行政上の諮問機関の域を出ることはなく、また元老院も同年一二月二八日太政官第二一七号達[4]により「新法制定舊法改正ヲ議定スル所」とされ、すなわち立法審査機関との位置づけで立法権そのものは内閣へと移転した。擬似的三権分立という外観建設と同時にそれを凌駕すべき圧倒的権力の太政官内閣への集中が行われたのである。そして明治一〇年一月一八日太政官第十号達[5]により正院の名称は廃止され、内閣が名実ともに中枢機関として位置づけられるようになった。

太政官内閣の実務諸省統制は参議省卿兼任により行われてきたが、行政首長が国政決定の実権をも掌握していることへの批判は年々高まると同時に、彼らの権力が強大化するにつれ新たな矛盾が生じてきた。すなわち、職制上参議の上位に立つ大臣が微力であり参議統率力に欠けるため、実権を握る諸参議を統率できる機関が存在しないこと、また各参議は他の参議が管掌する掌務に極力干渉しないため本官である太政官内閣が諸省を統轄する機能を十分に果たし得ない等であった[6]。特に当時の太政官内閣は大久保利通の暗殺により指導者を失い、薩長両派の均衡の上にようやく存立しているにも関わらず、長州派と財政を掌握する大隈派の新たな対立という分裂要因を抱えていたので、さような参議省卿兼任が内包する矛盾が深刻な形で露呈した。ここに至り明治一三年二月二八日太政官達[7]により各参議は省卿兼任を免ぜられた。これにより太政官内閣と実務諸省を媒介する新たな紐帯が必要となり、法制・会計・軍事・内務・司法・外務の六部制が創設され、各部は二・三名の参議により総理された。しかしながらこの六部制は一方で太政官内事務の煩雑性に拍車をかける結果となり、他方で各部は数名の参議により総理されるという形で参議の指揮監督権を温存したため、却って参議への一層の権力集中を招く結果となった。そのため明治一四年政変後の政府機構建て直しに際して、同年一〇月二一日太政官達[8]により参議省卿兼任は復活しその後明治一八年の内閣制の創始まで存続したのである。

〔二〕繁文と「官報」創刊

太政官内閣は前述のごとき経過をたどったが、その機構的性質は次のようにまとめることができよう。第一に、本来は行政部であるはずの内閣が立法をも管掌する行政部立法の機構であると言える。第二に、太政官内閣を組織するのは国政全般の意思決定を為す参議であり、たとえ参議省卿兼任を実施しても参議と各省の首長である卿は行政論上は別個の機関であり、後者はあくまで内閣の構成要因たり得ない。従って太政官内閣と各省は、現在における内閣と各省のごとき直接的結合関係を有さず、上下の支配秩序に組み入れられているものの相互に別機関として存立した。そのため後述の如く、明治一四年各省事務章程通則制定以前は行政実務を直接担当する各省の首長である卿は担当行政に対する輔弼責任すら負担していなかった。第三に、かように直接的結合関係にない両者の間で具体的な立法行政事務を行うためには、専決処分が可能な事項と伺―指令という決裁手続きが必要な事項が極めて複雑に混在することとなった。

このように太政官内閣と諸省の非連結性が複雑な実務上の管轄権と決裁手続きを生み、それらは煩雑な文書処理と膨大な法令件数という形で具現した。ここで別表1を参照されたい。確かに明治六年以降政府機構の中央集権化に伴い法令の発令件数は激増したし、特に注意すべきことは、遡及版「法令全書」の編纂にあたり調査から洩れたため掲載できなかった法令件数の極端な多さである。例えば明治六年の「法令全書」未掲載法令件数は一四八七件であり明治五年の七八〇件に比して一気に倍増した。また明治一〇年に至っては発令件数全体からみた同書の掲載率は四二．〇七％という低さである。遡及版「法令全書」編纂作業は明治一八年に着手され、明治一〇年からは僅か八年後であるにもかかわらず、当局の調査がかように膨大な調査採録洩れを生じるほど複雑な国家機構が膨大な件数の法令を発令していたのである。

また、法令の発令に伴う膨大な文書処理も改善すべき大きな問題とされていた。明治一八年一二月二三日「内閣改制ノ詔[9]」が発令されたが、その中でも太政官と諸省の非結合性のため「従前各省太政官ニ隷屬シ上申下行經由繁複ナルノ弊」を生じ、その結果としての「繁文ヲ省キ以テ淹滞ヲ通シ」ることを内閣制度創設の理由の一つにあげていた。また同月二六日内閣発令「各省事務ヲ整理スルノ綱領[10]」でも内閣制度創始後の各省事務整理の目標の一つとして「繁文ヲ省ク事」を挙げその中で太政官における法令発令や文書往復を次のように評価していた。

維新ノ後舊ヲ變シ新ニ就クノ際下司ノ上司ニ稟請シ命ヲ得テ始メテ施行スルヲ例トシ細大多端往復織ルカ如ク相因テ一ノ慣習ヲ成シ一令出ルコトニ疑問百出經伺ノ文簿積テ堆ヲ為シ往々半年或ハ一年ニシテ始メテ定マル此レ従前各省及太政官ノ事務繁劇官吏冗多ナル所以ニシテ始メハ已ムヲ得サルノ勢ニ出テ終リニ因習ノ弊ニ堪ヘサル者ナリ《後略》

さらには、『憲法義解[11]』においても「太政官は諸省の上に冠首とし、諸省は其の下の分司たり、諸卿の職は太政官符を施行するに過ぎず、而して事を天皇に受け重責に任ずる者に非」ざるため「多岐分裂の弊」が生じたのであり、内閣制度はその解消を目指したものであると説明していた。

さて、別表2は明治四年以降の各年の発令法令総数と太政官発令法令数及びその比率である。「法令全書」が発令機関毎編纂の体裁を採用したのが明治四年以降なのでその年以降、内閣創始の明治一八年までに限定した。これを見ると、前にも述べたが、中央集権的統治機構の整備が本格化した明治六年からそれが一応の落着を見る明治八年までが法令件数の激増期である。その後、支配機構の整備と政権の安定に起因するのであろうが、法令発令件数は漸減する傾向を示した。しかし注目すべきは明治一四年以降である。この年以降太政官の発した法令件数が全法令に占める割合が、突如顕著な増加に転じた。これは明らかに明治一四年太政官第九四号達[12]各省事務章程通則第四条による機構改革に起因する。同条は「凡法律規則布達ノ其主管ノ事務ニ属スルモノハ各卿之ニ副書シ其執行ノ責ニ任スヘシ」と命じ、実務諸省の首長である卿が当該実務執行について天皇への補弼責任を負担することになり、同時に太政大臣のみが補弼責任を負うという従来の太政官制に大きな変化をもたらした。しかしこのため、各省が人民一般に対して発令していた布達は、省卿の副書に伴い発令機関が本官たる太政官へと必然的に移行することとなった。すなわち従来各省が独自に発令していた布達は、たとえそれが各省の専権にかかる立法分野であっても、太政官が省側から伺を受け稟議取り決めの上指令を発し、省側が草案を起草し太政官がそれに決裁を与え布達として発令し、必要な場合は当該法令を制定した旨を他省庁に示達するという複雑な手続きを強いられることとなった。このような経緯で法令発令件数は激増し、文書処理は煩雑化し、その結果太政官に予想以上の過剰な負担を強いる結果となった。

〔三〕山縣の「官報」構想の背景

(1) 大隈の「法令公布日誌」構想

さて、前述のごとき明治一五年のかかる状況下で、山縣有朋により「官報」創刊の建議が為されたのは果たして偶然であろうか。本書第四章[13]で論じたように、山縣の官報構想に先だって、明治一四年三月一一日に大隈の「法令公布日誌」構想が裁可を得た。大隈がかような新たな法令公布制度を創始せんとした背景には次のようなものがある。

a郵便事情の向上

当時は郵便事情の向上を背景に、新聞各紙が新たに施行される法令を探知しそれを掲載した場合、その新聞は明治六年太政官第二一三号布告[14]の法定到達期限より早く各地方へ配給され、それにより民衆は事実上法令を聞知するに至る。法令自体は、この法定到達期限経過後、更に二十日の増刷期間と三十日の周知期間を経過しなければ施行されない。従って民衆が法令を実際に知った日と、当該法令が施行される日との間に大きな懸隔が生じてしまい不都合が生じるというのである。

b太政官日誌廃刊以来、法令及び官庁記事の公知手段の欠如

太政官日誌は明治一〇年一月二二日に廃刊が決定され[15]、政府は、太政官法令その他伺・届などの官庁記事の公的刊行手段を失った。前述の如く諸省の日誌類も概ね廃刊となっていた。そのため、法令伝達という観点から新聞の役割が相対的に増大せざるを得なかった。しかしながら、新聞等がそれら諸記事を記載しても、往々にして皮相の理解に止る評論が多いという悪循環が存在した。

c国会開設に向けた新聞の皮相な論戦

加えて、明治一三年当時、国会開設要求の昂揚に伴い、漸進主義と急進主義の立場に分かれ論戦に終始していた。福澤諭吉をして「駄民権論[16]」と嘆かしめる程度でしかない世論の沸騰が存在したのである。

このような状況下で、従来の法令伝達の弊を払拭し得る機能的伝達方式を導入し、法令を始め諸官庁記事を掲載し、且つ世論を強力に教導し得る公報誌として、大隈は「法令公布日誌」の創刊を企図し、世論教導のためには当

代きっての健筆である福沢諭吉の参画を得ることに成功したのである。[17]そして「法令公布日誌」は「官報」の部で、法令や官庁記事を伝達し、「私報」の部で福沢の筆力によって強力な世論教導を図ったのである。

（2）山縣の「官報」構想と世論教導

a「法令公布日誌」構想の挫折

周知の通り、当時は、開拓使官有物払い下げ事件が国会開設運動に油を注ぎ、大隈はその事件の渦中にあり、同年一〇月には免官が決定された。明治一四年政変である。そのため「法令公布日誌」構想は実行に移されないまま宙に浮いてしまったのである。さらに悪いことには、この政変の混乱の中で、政府は世論教導の手段として利用していた福地源一郎の「東京日々新聞」が太政官記事印行御用の免除を願い出てきたのである。福地は「法令公布日誌」構想を知るに及び、「私報」の部の執筆担当を願い出ていた。しかしながら願いが容れられず担当が福澤に決定されたことを聞くに及び、「漸く退屈の思を為して内閣諸公に伺候して其高説を聴くに飽きて自ら疎遠に成[18]」り、開拓使官有物払い下げ事件に接し「在廷諸侯に望みを失ひ[19]」政府排撃の論陣を張るに至ったのである。福地はその後、政府に対し太政官記事印行御用の免除を願い出、これは明治一四年九月二十日に裁可された。[20]これにより政府は官令伝達及び政府公報の有力紙を失うことになった。これは政府にとり一層深刻な事態であった。

b山縣の参入と世論教導策の断念

これに危機感を持ったのは井上毅であった。一方福澤は、伊藤博文と井上馨に対し、再三にわたり「法令公布日誌」計画のその後について問い合せたが、両者からは満足のいく回答が得られなかった。この時、井上馨は福澤を次第に敵視し始めていた。[21]既に「法令公布日誌」に代わる新たな政府機関紙構想に着手していたためである。すなわち、これより以前、井上毅は明治一四年九月三十日伊藤博文宛書翰の中で、「向後ニウスを籠絡するは第一緊要之事」であること、「小生等もとても悪まれ序に陰々尽力いたし候ても不苦奉存候」[22]と、政府公報紙創設へ自ら参入する用意のあることを述べていた。井上毅は、その後フランス及びプロシアの「官報」を調査の上「官報新聞発行意見」[23]を起草した。井上毅の「官報新聞」の主要部分は「官報欄」と「社説」で構成されていた。後者は政府の主義を弁護し、法律規則の理由説明及び世論の指導を目的とし、大隈の「私報」に相当した。

さらに、明治一四年一〇月六日の山縣有朋発伊藤博文宛書翰[24]を見ると「尚新聞着手の一点は過日井上とも談合致置候。猶御勘考被成置度候」とあり、この頃迄に山縣も政府公報紙問題に参入していたことがわかる。

その後、明治一四年一一月二十日、井上毅は難題に直面し伊藤博文と山田顕義に書翰で意見を求めた。すなわち、「社説」が法令及び政務の説明の域を出てしまうと、「政府と人民と学問之力を戦はすの嫌い」[25]があり、またそれが憲法の議論に及べば、国会開設に向け世論が沸騰している折から困難が予想される、というのである。これに対し、山田は伊藤に対し、「全く官報に致し法律規則公告より指令訓示に到る迄一切の公報を記載し」、「他の新聞演説者と抗論対議を要する者の如きは明治日報へ差出候様致し可然義と存候」[26]と具申した。既存の親政府系新聞を利用しようという発想である。政府部内では、山田の路線で話しがまとまった。「官報」一本立てとし社説を創設しない代り、政府寄りの数紙に援助を与え、政府のために論陣を張らせようとしたようである。『保古飛呂比』明治一四年一二月二日条によれば、政府は、「明治日報」・「曙新聞」・「東京日々新聞」・「報知新聞」・「朝野新聞」・「京浜新聞」へ補助を与えることを内決した。[27]上述の福澤諭吉の排除と福地源一郎の離反が禍根となり、このような形で「官報」構想が具体化したと言えるであろう。それ故、この後、山縣の「官報」構想が実現される段階では、すでにそれには世論教導のためのメディアという機能は与えられていなかったということになる。

以上のことを「参議山縣有朋建議官報發行ノ件」[28]で検証してみよう。

《前略》

新紙ハ官報ヲ経トシ私報ヲ緯トス官報トハ何ゾ政府公然新紙ヲ發行シ其主義政道ヲ明ニスルモノヲ云フ私報トハ何ゾ政府陰カニ私社ヲ助ケテ新紙ヲ發行セシメ私報ヲ以テ輿論ヲ争フモノヲ云フ

《中略》

私報トハ何ゾ名普通ノ新聞紙ニシテ官實ニ之ヲ資助ス一時ノ名士達観ノ人ヲ延テ社員ニ充テ文筆ヲ揮ヒ理義ヲ闡キ官報ヲ輔翼シ世道人心ヲ匡正シ邪説ヲ排キ正論ヲ抽ンスルモノナリ

ここでは、「私報」により世論教導を行おうと考えていることは明かであるが、「官報」にその機能を担架せしめるのではなく、民間の新聞社をこの任にあてようと考えていることは明かであり、井上毅の構想段階で存在した「官報新聞」の「社説」欄のごとく政府紙の一欄をこの任にあてることは断念したことが明らかに読みとれるのである。

そして「参議山縣有朋建議官報發行ノ件、『官報発行方法』[29]では、

《前略》

私報ニ至リテハ其体裁毫モ尋常新聞紙ト異ナルナシ但タ官報ノ旨意ヲ承ケテ輿論ヲ争ヒ政府ノ主義ヲ表彰シテ人心ヲ喚醒シ政府ヲ助ケテ禍乱ヲ未爾ニ消スル等ノ任アルヲ以テ其新聞ハ必ス政府ノ資濟ヲ要ス而シテ目下此類ノ新聞ハ東京大坂二府ニ於テ日報東洋明治大東等諸新聞アリト雖モ概ネ猶ホ勢微弱ニシテ輿論ヲ争ヒ人心ヲ匡正スルニ足ラス是レ一ニハ材識充備世務練達ノ記者ニ乏シキニ因ルト雖トモ亦タ官報局未タ設置ニ至ラス此等私報ヲシテ政府ノ機関タルノ實ヲ挙グル能ハサラシムルニ因ルナリ故ニ速ニ官報ヲ發行シ私報ヲシテ之ト駢行シ大ニ其實効ヲ奏セシメスンハアル可カラ

サルナリ

として、政府援助により民間新聞の数社を早急に世論教導の筆力を有する御用新聞化する必要性を強く述べている。

以上のことから明らかなように、山縣の「官報」構想においては、その建議の段階で既に、「官報」そのものに自由民権運動に対する世論教導機能を盛り込むことは断念されていたことは明かである。従ってそこに存在する「官報」の機能は、「参議山縣有朋建議官報發行ノ件『官報発行方法』」に、「官報既ニ發行ヲ経ルトキハ規チ廣ク之ヲ官省並ニ地方ヘ頒布スルヲ以テ従前ノ如ク布告達類出ル毎ニ印刷シテ之ヲ四方ニ頒ツノ煩ナク兼テ其費ヲ省クニ足ル」[30]とあるごとく、法令や官省記事を統一的合理的に伝達するための政府公報紙という以外には存在しない。

c　山縣の「官報」構想の裁可

このようにして輪郭が固まった「官報」構想は、明治一五年に至り「参議山縣有朋建議官報発行ノ件」[31]として上程された。山縣の建議書には日付の記載がない。しかし、「法令公布日誌」構想の当時から関わっていた伊藤博文や井上馨の名義ではなく山縣の名により建議されたのは、伊藤が憲法取調べのため渡欧することとなり参事院議長を山縣に譲ったためであろう。「参事院職制章程」[32]第一条によれば、「参事院ハ太政官ニ属シ内閣ノ命ニ依リ法律規則ノ草定審査ニ参預スル所トス」とあり、その長が山縣であったからである。従って山縣名義で建議されたということは、彼が参事院議長に就任した二月二七日以降で且つ太政官中で官報創刊準備に着手する三月二九日以前に為されたと考えるのが適当であろう。

〔四〕山縣の「官報」構想と繁文の処理

前節で説明したごとく、明治一四年の政変で大隈が下野したことで、彼の「法令公布日誌」構想は棚上げになってしまった。またそれへの参画に積極的であった福澤は、大隈後の「官報新聞」からは離反してしまった。奇しくも当時、御用新聞の任にあった「東京日々新聞」の福地源一郎は、大隈の「法令公布日誌」構想における「私報」の執筆担当を願い出ていたが、それが福澤に決したことを遺恨とし太政官記事印行御用を拝辞してしまっていた。大隈の下野後、政府広報誌を構想する井上馨、井上毅、山田顕義らは、ここにいたり国会開設に向け皮相な新聞の論調に踊らされ沸騰する世論を教導する筆力を持った指導者を欠いていた。そのため、山縣の官報創刊の建議では、山田顕義の提案のごとく、「官報」そのものに世論教導のメディアという任を持たせることは断念し、「全く官報に致し法律規則公告より指令訓示に到る迄一切の公報を記載[33]」することで、従来各官省が独自に行っていた法令伝達を改め、発令される法令を一局に集積し、共通の方法で一挙に伝達するためのメディアとしての「官報」を志向せざるを得なかった。それによって既存の煩雑な法令伝達方法を刷新しようという意図が、山縣の「官報」創刊の建議には次のごとく明確に盛り込まれていた[34]。

《前略》官報既ニ發行ヲ経ルトキハ規チ廣ク之ヲ官省並ニ地方ヘ頒布スルヲ以テ従前ノ如ク布告達類出ル毎ニ印刷シテ之ヲ四方ニ頒ツノ煩ナク兼テ其費ヲ省クニ足ル《後略》

このように「従前ノ如ク布告達類出ル毎ニ印刷シテ之ヲ四方ニ頒ツノ煩」いとなった原因は、前述のごとく各省事務章程通則により、従来所管各省が人民に対して直接発令していた布達を、各省大臣の副書により本官たる太政官が一手に発令するよう制度改正されたことである。すなわち第一に、法令発令に際して担当各省と太政官との間での伺ー指令のやりとり等の発令手続きが複雑化したこと。第二に担当各省が直接発令していた布達を太政官が発令することとなり、従来の布達の伝達方法が機能し得なくなったこと。第三に太政官から発令される法令件数が激増して、明治八年府県往復規則以来の発令機関から府県への法令の直接送付方式では対応しきれなくなったこと。以上の諸問題が右の山縣の「官報」創刊の建議の中で「煩」いと評されたにちがいない。

また換言すれば、従来各省が独自に人民一般に対して発令していた布達を、太政官が一手に発令するという新制度の発足は、太政官が各省の所掌分野の法令をも統括して伝達する新たな法令伝達制度を創設するまたとない好機であったとも言えよう。右の山縣の「官報」創刊の建議の一節は、まさにこの点を如実に物語っているのである。

このように、中央権力機構に内在する矛盾が「繁文」を生み、それが在来の法令伝達方法の処理能力を超えてしまったという支配権力側の事情で、新たな法令伝達方法が模索され「官報」創刊に至った。その創刊の過程では西洋諸外国の「官報」制度が調査され継受された。そしてその一環として新たな人民像が求められるようになったのである。それはすなわち、「知りうる可能性を供与しておけば自らの責任と自由意思で法情報を入手する理性的存在としての人間像」であった。[35]我が国の法令伝達方法と西洋近代法における私的自治の原則との邂逅であった。

（1）　明治六年五月二日太政官（達）（「法令全書」第六巻ノ一（原書房覆刻版、一九八八年）七六二頁）。
（2）　「法令全書」第六巻ノ一（原書房覆刻版、一九八八年）八〇七頁。
（3）　同右。
（4）　「法令全書」第八巻ノ一（原書房覆刻版、一九九七年）八〇一頁。

(5)「法令全書」第十巻（原書房覆刻版、一九八八年）一四二頁。
(6)吉井蒼生夫「中央権力機構の形成」（『日本近代法体制の形成』上巻、日本評論社、一九八一年、一〇八頁以下）。
(7)「法令全書」第十三巻ノ一（原書房覆刻版、一九九四年）八四二頁。
(8)「法令全書」第十四巻（原書房覆刻版、一九九四年）三五三頁。
(9)「法令全書」第十八巻ノ一（原書房覆刻版、一九七七年）詔勅奏議一頁。
(10)同右、達千五三頁。
(11)『憲法義解』（岩波文庫一一一、一九八九年）八五頁。
(12)「法令全書」第十四巻（原書房覆刻版、一九九四年）三三八頁。
(13)本書第四章「三　関係公文書の紹介」［二］以下（二八七頁以下）参照。
(14)「法令全書」第六巻ノ一（原書房覆刻版、一九八八年）二九六頁。
(15)国立公文書館蔵「公文録」明治一〇年二月寮局伺第二。
(16)「福澤諭吉発井上馨伊藤博文宛書翰」明治一四年一〇月一一日（『福澤諭吉全集』第十七巻、岩波書店一九六一年四七五頁）。
(17)本書第四章五［一］（二七六頁）参照。
(18)国立国会図書館蔵、福地源一郎「新聞紙実歴」（同著『懐往事談』一八九七年）二三八頁。
(19)同右、二二九頁。
(20)国立公文書館蔵「公文録」明治一四年府県自七月至九月全第三十六。
(21)井上馨発伊藤博文宛書翰（明治一四年一〇月三十日）『伊藤博文関係文書』一（塙書房一九七三年）一六七頁。
(22)井上毅発伊藤博文宛書翰（同右、三二一頁）。
(23)『井上毅伝史料篇第一』（国学院大学図書館一九六六年）二五六頁以下。木野主計は、この起草時期を明治一四年一〇月頃と推

定している。（木野主計「官報創刊と福沢諭吉の官報新聞発行の挫折」（「出版研究」二十号日本出版学会一九八九年）二九〇頁）。

(24)『伊藤博文関係文書』八（塙書房一九八〇年）一〇四頁。
(25)『伊藤博文関係文書』一（塙書房一九七三年）三二四頁。
(26)山田顕義発伊藤博文宛書翰（明治一四年一一月二一日）（『伊藤博文関係文書』八（塙書房一九八〇年）一六二頁）。
(27)佐佐木高行『保古飛呂比』第十巻（東京大学出版会一九七八年）五五〇頁。
(28)国立公文書館蔵「自明治十五年至同十六年公文別録太政官二」。
(29)同右。
(30)同右。
(31)同右。
(32)明治一四年一〇月二一日太政官第八九号達（「法令全書」第一四巻（原書房覆刻版一九七六年）三三〇頁）。
(33)注（14）参照。
(34)「参議山縣有朋建議官報發行ノ件『官報発行方法』」（国立公文書館蔵、「自明治十五年至明治十六年　公文別録　太政官二」）。
(35)ただし、前項で述べたごとく、政府が人民に対してかような人民像を全面的に求めるに至ったのは、内閣制度発足直後の明治十八年内閣第二三号布達により布告・布達も官報登載を公式な伝達方法と規定した以降である。

四　おわりに

明治政府は、その草創期においては法令の内容の理解はともかく結果的に遵守することを人民に求めた。その意味で当時の支配機構が期待した人民像は、いわば従順な愚民像とでも言うべきものであった。その背景には、独自且つ有効な支配の方策を持たず旧幕時代の支配方式や法意識を流用したという支配権力側の事情が存在したと言えよう。しかし、中央集権的支配機構の建設過程で支配権力の求める人民像は変容を余儀なくされた。すなわち法令の近代化は人民の権利義務の変動および複雑化を招来し、その結果従来のごとく触という禁令を黙して遵守すれば良いだけの人民ではなく、知らせれば法令の内容を理解できる人民像が求められるようになった。ここに至り明治政府は、従来より各地方が用いてきた人民に対する法令の便宜的周知方法を積極的に奨励し利用した。このようにして建設された中央集権的支配機構は、太政官内閣制の内包する機構的問題のため数度にわたる変遷を遂げたが、明治一四年の各省事務章程通則の発令に至り太政官そのものの法令発令件数が爆発的に増大することとなった。かような太政官の負担の増大は法令伝達方法の抜本的な刷新を必要とし、そのことが「官報」の創刊の一因となったのである。そして、「官報」制度創設の過程で西洋諸国の法令伝達における周知の擬制という法技術を知りそれを継受することとなった。「官報」創刊により政府が行うべき法令伝達は、新たな法令を知りうる可能性を人民に供与することを以て足りることになった。ここにいたり明治政府の求める人民像は、知らせれば法令の内容を理解できる人民像から自ら必要な法情報は自らの責任で求める人民像へと変容を遂げたのであった。

本章においては、それら人民像を中央権力機構側が望んだ人民像という視点で捉えてきた。かかる視点から史料収集したことによる制約もあり、中央権力機構側が求めたそれぞれの人民像が人民側で実際にどの程度実現されたかを検証するのにも、中央政府や地方官という権力機構側の史料を用いざるを得なかった。今後、自由民権運動史や民衆史の視点から史料収集を行い、この点を一層詳細に検討する必要があろう。今後の課題としたい。

このように、支配権力側の機構改革は人民の法令理解への権力側の期待度に大きな変化をもたらし、それは当然のことながら法令伝達方法の変化へと繋がったことは明らかである。ところで明治政府は、本章で論じた法令伝達の諸方法以外にも、『法例彙纂』『官途必携』「法令全書」『法規分類大全』等の法令集を刊行した。それら刊行物も法令伝達の媒体と捉えるなら、「官報」をはじめとしてそれらを前述の視点で分析することは、各段階の支配機構が人民のみならず各方面に対してどの程度の法令理解を求めたかを知る重要な方策となろう。この点も今後の課題としたい。

〔附記〕本章は、先に法制史学会第五三回研究大会（平成一七年一〇月一六日於熊本大学）における拙報『官報』の創刊経緯について―明治期における法令伝達研究の見地から―」のうち、特に「【五】中央権力機構が求める人民像―法令伝達の視点から―」を抜粋して補訂したものである。

別表１　法令全書掲載法令数・未掲載法令数比較

	法令全書	未採録	合　計	掲載率
慶4・明1	1174	1327	2501	46.94%
明　治 2	1301	751	2052	63.40%
明　治 3	1072	762	1834	58.45%
明　治 4	1165	843	2008	58.02%
明　治 5	1668	780	2448	68.14%
明　治 6	2467	1487	3954	62.39%
明　治 7	1940	1728	3668	52.89%
明　治 8	2010	2098	4108	48.93%
明　治 9	1707	1846	3553	48.04%
明　治10	1302	1793	3095	42.07%
明　治11	1014	1011	2025	50.07%
明　治12	856	981	1837	46.60%
明　治13	887	932	1819	48.76%
明　治14	926	1152	2078	44.56%
明　治15	912	960	1872	48.72%
明　治16	980	890	1870	52.41%
明　治17	1080	547	1627	66.38%
明　治18	1313	385	1698	77.33%
明　治19	181	93	274	66.06%
総　計	23955	20366	44321	54.05%

注：明治19年は公文式（同年２月24日勅令第１号）発令以前に限った。

出典：国立国会図書館「日本法令索引［明治前期編］」

別表２　全法令件数・太政官法令件数比較

年　次	全法令件数	太政官発令法令件数	太政官発令法令比率
明　治 4	2008	1201	59.81%
明　治 5	2448	937	38.28%
明　治 6	3954	1279	32.35%
明　治 7	3668	1454	39.64%
明　治 8	4108	1607	39.12%
明　治 9	3553	1266	35.63%
明　治10	3095	1026	33.15%
明　治11	2025	537	26.52%
明　治12	1837	441	24.01%
明　治13	1819	469	25.78%
明　治14	2078	676	32.53%
明　治15	1872	618	33.01%
明　治16	1870	613	32.78%
明　治17	1627	395	24.28%
明　治18	1698	291	17.14%
総　計	37660	12810	34.01%

出典：国立国会図書館「日本法令索引［明治前期編］」

結　言――法令伝達研究の展望――

一　今後の課題

〔一〕はじめに

本書では、以上のごとく明治期の法令伝達について検討してきた。しかしそれら以外にも日本近代法史学における法令伝達研究とその周辺には、種々の解決すべき問題が存在する。種々の法令集の創刊経緯や特質あるいは史料学的信頼性の研究、法令の公布・公示・頒布等の概念の研究、布告・布達等の法令形式の意味に関する研究、あるいは法令の改正態様の研究等、今後取り組むべき分野は枚挙に遑がない。前述のように、これらは近代法史学のすべての研究分野に横断的に関連する基礎研究であり、これらを等閑視することは近代法史各分野の研究精度に極めて深刻な影響を及ぼすことを意味することを忘れてはならない。次に今後検討すべき課題を紹介したい。

〔二〕 法令の日付

例えば「法令全書」の各法令に記載された日付は何を表すのであろうか。施行日なのか、公布日なのか、あるいは裁可日なのであろうか。明治一六年七月二日に官報が創刊された以後明治一九年二月に公文式が発令される以前の法令の場合は、著者の調査では若干の例外を除いてその日付は官報掲載日に一致する。しかしそれ以外の時期における諸法令の日付が何を表すのかは依然不明確なままである。そこで現在までのところ、その日付を「発令日」と称してその意味を婉曲化しておく以外には方法がない。

〔三〕 法令集の史料学的検討

例えば太政官関係の法令を検索する際に対象となる法令史料には「公文録」「太政類典」「公文類聚」「公文別録」「布告布達原書」「布告全書」「太政官布達編冊」「達原書」「太政官達全書」「法規分類大全」「太政官御達書」等の史料がある。(1) そこである法令を検索したところ「達原書」と「太政官達全書」に掲載されていた場合、典拠としてはどちらが史料学的に優越しているのであろうか。同様に「太政官達全書」と「太政官御達書」に掲載されていた場合はどうなのか。これらの優越関係は、第一に発令担当官庁の編纂した法令集かそれとも他官庁が編纂したものかにより明らかに史料的優劣により決定される。特に官報創刊以前の後者の場合は、発令担当官庁から法令謄本が他官庁に伝達され、その謄本を基に法令集として編纂されたのであるから、数度の写し取りを経ているので史料価値は前者に劣ることになる。第二に前者の場合、立法のどの段階で作成された史料であるかが問題になる。主務大臣の決裁、場合によっては天皇の裁可を受けた原義なのか、それを基に作成した副本なのか、更にはそれらの副本を基に編纂された法令集なのか等により史料価値は異なる。またこのような発令担当官庁が編纂した法令集であったとしても、それが逐次的に編纂発行されたものか、後代に遡及編纂されたものかでも史料価値は異なることになろう。従って厳密な意味では、かような法令諸史料の史料学的検討が進捗し、それぞれの史料価値が明らかになってはじめて正確な法令の引用が可能となると言えよう。

この意味において法令伝達の研究には、従来の古文書学の枠を超え、記録史料学[2]等の史料に関する新らしい学問との連携が必要となろう。それは、記録の作成・流通・蓄積・保存および廃棄という記録のライフサイクルの動的研究、記録史料群の内的構造ないし体系秩序の分析、記録内容の質等をその研究課題としているからである。

〔四〕法令形式の研究

各章にてしばしば述べたが、明治六年七月一八日太政官第二五四号（布）[3]により太政官法令の内一般に対するものと各庁官員に対するものの結文例が定められ、前者を布告、後者を達と称することとされた。同様に同年八月二八日太政官（達）[4]により各省使の発令する法令も、一般に対するものと各庁官員に対するもので結文例が定められ、前者を布達、後者を達と称することとなった。ここに至り初めて法令形式が政府内で統一されたのである。その後明治一四年に至り同年一一月一〇日太政官第九四号達[5]として「各省事務章程通則」が発令され、法令の制定手続が変更された。それにともない同年一二月三日太政官第一〇一号達[6]により従来の布達は太政官から発令されることとされた。また新たに太政官及び各省使が一時的に公布する法令として告示が創設された。

従って各省を例にとると、明治六年年八月二八日太政官（達）以降は布達と達という二種類の法令を発令し、同一四年一二月三日太政官第一〇一号達以降は布達は太政官から発令されることとなったので、各省は達と告示を発令することとなった。しかし、実際は各省とも達等の法令形式を自省の便宜に応じて数種に細分化していたので、それら便宜的区分の意味が問題となる。例えば明治七年以降の陸軍省が発令した諸法令の法令形式を見てみよう。明治七年には布第何号布達・布第何号達・号外布達・号外達という四つの法令形式を用いたが、翌明治八年にはそれらに加えて布第何号布達・布第何号達なるものを用いた。明治九年には法令形式を全面的に改定して達第何号達・号外達・日付のみの達を用いることとされた。しかし翌明治一〇年には再び全面的に改定され達甲第何号達・達乙第何号達・号外達を用いるようになった。そして明治一二年には号外達を廃し達丙第何号達と布第何号布達が創設された。そして前述の明治一四年の太政官第一〇一号達により各省から布達が発せられなくなったのを受け翌明治一五年からは布第何号布達が廃され、代わりに告第何号告示が創設された。

このように各省においては布達・達に便宜的区分を設け、更にそれらはしばしば変更された。それではそれぞれの便宜的区分によって当該法令の名宛人はどのように異なるのか、立法手続に違いはあるのか、決裁手続の異同はどうか、法令の存続期間に差があるのか（永続的法令と一時的効力をもたせるもので区分を変えたのか）等、あまりにも不明な点が多いのが現状である。

ちなみに前述の陸軍省達のうち達丙第何号達は「法令全書」全くに掲載されていない。同書を遡及編纂する際に陸軍省が法令編纂の底本とした諸史料の中に達丙第何号達が掲載されていなかったためであろうと著者は推測している。この点も今後明らかにしていかなければならない。

〔五〕改正態様の研究

緒言二〔三〕（2）「法実務のための基礎研究・用語使用準則の確立」において述べたように、現行法実務において種々の法実務機関および研究者が改正態様を表す様々な用語を用いているが、それらは必ずしも共通の理解に則った使用準則に基づいて用いられているわけではない。それ故、著者は、かような法の改正態様に関する基礎研究の進捗せしめ使用準則を確立することに法令論存立のひとつの意義を見いだしている。それと同様に、「法令全書」等に掲載されている非現行法令の改正の態様を表す用語として「改正」「消滅」「改ム」「改定」「廃ス」「取消」等が用いられている。しかし同書の編纂に従事した太政官文書局ないし内閣官報局がそれぞれの用語をどのように定義したかが不明であり、従って現行法実務における「改正」「消滅」等の用語法と整合性があるのかも検証できていない。

二　むすび

以上に述べたことから明らかなように、法令伝達の研究は、近代法史学の基礎研究領域と言うべきものであり、その進捗如何によりそれを前提に展開される諸研究の精度が大きく左右されることになる。また、そうであるのみならず、法令伝達の研究は更に大きな法学研究の範疇としての法令論の中核に位置づけられる。この法令論においては、法史学および実定法学さらには周辺諸科学の方法論を駆使して詳細に検討することが目的となろう。例えば伝達媒体としての法令集および法令諸史料の研究においては、近代史料学・記録史料学・書誌学等の周辺学問の方法論を積極的に導入して史料批判的分析を行っていかなくてはならない。また官報公示主義の諸問題や法令の改正態様の検討等は、法史学と現行実定法学の境界領域と言うべき研究分野であり、法史学のみならず現行法の知識が不可欠であるとともに、内閣および衆参両院の各法制局等の立法実務当局における法令執務知識が必須となろう。さらに、法の消長変異とそれらの伝達過程を検討するためには、法令の立案・審議・裁可・公示という立法および伝達の諸過程を公文書学等の比較的新しい学問知識を駆使して検討する必要があろう。また、法令伝達の諸問題の中には、前述のごとく伝達という名目で行われる法の実定的内容の変容などという深刻な問題も含まれている。これに対しては法史学的・現行実定法学的研究視角のみならず立法論的視点から法令論を展開することも必要となろう。

このように法令論は、近代法史学および実定法学の研究所産を基礎として、立法過程ないし伝達過程という法実務に近い領域をも含めて、法の生成から変異消長の過程および伝達の過程に内在する内的秩序を分析検討するの学問領域と言えよう。これまで法史学者・実定法学者の双方が未着手の研究領域であることはもはや明らかである。しかし現在の所、法令論の学問領域の輪廓を明確には認識しずらいという印象を与えるかもしれない。その理由は、第一に法の周辺諸科学の方法論と研究業績を積極的に導入しながら展開していくべき研究であるためであり、第二に、何よりその中核に位置すべき法令伝達という研究領域が従来明確に示されていなかったためであろう。従って今後、法令伝達の研究が進捗するにつれ、その輪廓はある程度明確に示されていくことになろう。そして何より、法令論の研究を進捗せしめることは、法史学や現行実定法学の研究精度を高めるのみならず、国民に法令の姿をより正確に知らしめることを通じて、近代法治国家の根幹を強固ならしめる一助ともなり得るのである。

（1）ここで列挙した諸史料のうち「太政官布達編冊」は最高裁判所図書館蔵、「法規分類大全」は国立国会図書館等蔵、なお原書房より覆刻版あり。それら以外の諸史料は国立公文書館蔵。
（2）大藤修「史料と記録史料学」（「記録と史料」創刊号、一九九〇年）。
（3）「法令全書」第六巻ノ一（原書房覆刻版、一九八八年）三六四頁。
（4）同右、七九七頁。
（5）「法令全書」第十四巻（原書房覆刻版、一九九四年）三三八頁。
（6）同右、三四〇頁。

本書を終えるにあたって

一

本書は、著者が早稲田大学に学位請求した学位論文と、その後に法令伝達に関して公開した諸論文を、再度補訂編集したものである。さまざまな方々からの指導や激励の賜物としてようやくここに形となった。

想えば、かつて早稲田大学大学院法学研究科博士後期課程に入学した当初、著者は「一生もの」の研究テーマになかなか出会えずその模索に苦闘していた。そんな時、わが師浅古弘先生が、著者を「日本法令索引」(明治前期編)の編纂作業に招いてくださった。これは国立国会図書館法第8条に基づく同館の「日本法令索引」編纂事業の一環であり、明治十九年二月の公文式発令以前に発令された諸法令を調査収集して目録索引を編纂するというものであった。かつて同館の「日本法令沿革索引審議会」で審議委員であられた石井良助先生が、公文式以前の法令を「法令全書」から採録するだけでは多くの法令が漏れてしまう旨、相当数の法令が同書に採録されなかった可能性がある旨を問題提起されていた。

浅古弘先生の指導下で、国会図書館でのこの編纂作業に著者も参加した。しかしこの作業が困難を極めることは容易に予想された。案の定、作業を開始するやいなやさまざまな疑問が噴出した。なぜ明治初年の「法令全書」の法令番号は四角で囲まれているのだろうか、それ以降の法令番号といかなる差異があるのであろうか。法令の日付は何を表しているのであろうか、「官報」創刊後に関しては「官報」掲載日であろうか、そうであるとしたらそれ以前の日付は裁可日なのか。各省特に軍部の多岐にわたる法令形式の定義はどうなっているのであろうか。枚挙に遑がない状況であった。先行研究を検索しても見当たらず、編纂作業を進めるためには、調査研究が前提作業として必要であった。もはや言うまでもなく、この過程で著者の研究テーマは自然と決まっていった。その意味では国会図書館におけるこの編纂事業そのものが著者の師であるといっても過言ではなかろう。そして本書のごとき研究テーマのカテゴリーを法令伝達と命名してくださったもの浅古弘先生であった。

・　・　・　・

二

著者は本書の研究の過程で、多くのよき指導者に恵まれた。本書の論考に取り組む過程でのかけがえのないいくつかの出会いをここに紹介し、その方々への感謝を表したい。

法令伝達研究の最初として本書の第一章「明治期の高札と法令伝達」（初出の論題は「明治高札考」）を刊行した際、先行研究として大いに参照したのが、故服藤弘司先生のご研究の成果であった。当時博士後期課程の大学院生であった著者にとって故服藤弘司先生は斯界の巨人であった。恐る恐る拙稿をお送りしたが、詳細なご指導の返信を賜った。それ以来先生とは論文でのお付き合いが始まった。ある時、先生の酒肴の席に招かれたことがある。そこで先生から「オレは岡田が一人前になるまで心配で死ねないよ」と言われたのを鮮明に覚えている。歯に衣を着せない先生のあの話しっぷりで。思えば一度も先生の研究室に籍を置いたこともない著者にこのような温かい言葉をおかけくださり、ご逝去に至るまで心配してくださった。今でも著者の研究の励みである。本書の刊行を以て、今一度、先生のご冥福を祈りたい。

・　・　・　・　・

前述の拙稿を著者が戦々恐々の思いでお送りしたもうおひとりは大平祐一先生であった。すでに近世法史学の大家であられ、まだ面識を持たない一大学院生にとっては、どのような辛辣な批評をされるのかと、緊張の内に送り状を認めたのを覚えている。しかし予想に反して優しく穏やかで有益なご指導を賜り、それ以来今日に至るまで、ご指導を賜り続けている。思えば拙文の書評を「法令史研究」に初めて寄せてくださったのも、大平祐一先生であった。

著者が学会報告をする折などは、個人的に慰労会を開いてくださる等、今日に至るまでどれだけ励ましていただいたことか。先生の弛まないご努力と研究心は、生来怠惰な著者にとり、何よりの刺激である。著者の筆がぱたりと止まり動かないでいる間に、先生から新たなご高論の抜き刷りを頂戴し、翻ってわが身の怠惰さを嘆くというのが、近年の構図として定着してしまった。先生からは感謝しきれないほどの励ましを賜っている。

・　・　・　・　・

さて、前述のごとく「法令全書」には数多くの採録漏れがあった。前述の法令索引編纂のため、浅古弘先生と共に著者は、さまざまな資料館に所蔵されている法令集の調査にあたった。当時筆者は「官報」の創刊経緯について従来の先行諸研究の知見に疑問を抱き始めていた。そんな矢先、『福沢諭吉全集』に掲載された「法令公布日誌」関係史料に出会った。それを見ると明らかに公文上奏式に規定された「可」の裁可印が押されていた。そうであればその原本は国立公文書館に所蔵されているのではと考え、その目録に首っ引きで当たっていた。当時は前述の法令索引編纂作業として「法令全書」に未済録の諸法令を、国立公文書館所蔵資料から調査採録していたのである。同館で調査対象とすべき史料群や史料簿冊を特定している際、著者は、当時同館で公開に向け整理作業が進んでいる新たな史料群が存在することを知った。「諸雑公文書」であった。そして何とその中に、著者が探し続けていた「法令公布日誌」関係史料の原本が編綴されていることを知った。その事実を、そして「諸雑公文書」の公文書学的位置づけをご教示くださったのが、当時まだ同館に勤務され同史料群の整理を担当されていた中野目徹先生であった。

著者は浅古弘先生に伴われ、国立公文書館に赴き「諸雑公文書」からの「法令全書」未済録法令の調査収集を行い、同時に「法令公布日誌」関係文書の筆写を許され、先生と共に丸二日を費やしてこれを筆写した。筆写しながら著者は、浅古弘先生がこれを用いて論文を書いてくだされば、それを基に自分の官報創刊経緯の研究を進めることができると期待していた。ところが結果は全く違っていた。筆写をようやく終えた二日目の夕刻、何と先生はご自分が筆写した分をすべて著者に委ねてくださったのだ。「いい論文を書いてください」と仰って。その寛大なご厚意のおかげで本書第四章「『法令公布日誌』構想と『官報』の創刊」（初出の論題は「法令公布日誌考」）は刊行されるに至ったのである。わが師の人柄を語るにこれ以上の逸話はない。

・・・・・

さて、第五章「『法令全書』の創刊について」（初出の論題は「『法令全書』創刊考」）の執筆にあたり、著者は関係公文書をはじめとする諸史料から、創刊当時の逐次版「法令全書」の発行体裁の特定を試みていた。その結果、逐次版の一年分は毎月一冊発行される本編と索引一冊の十三冊で構成されていたらしい。それらを読者自身がいったん解体し、法律・勅令等の法令形式ごとに編綴し直し、別途に頒布された表紙を用いて下二巻に合綴するというものであったらしいと推測された。しかし著者は半信半疑であった。読者が解体し編綴し、合綴することを前提とした逐次刊行物などというものが、当時本当に存在したのであろうか。

前述の法令索引編纂作業は国立国会図書館調査および立法考査局法令議会資料課（現在は議会官庁資料課）が中心になって進めていた。著者は編纂作業を超えて同課の職員の方々にご交誼を賜っていた。幸いにも職員の方々も、作業の中心にある「法令全書」なるものが当時どのような体裁で、どのような位置づけにあった法令集なのか興味を持ってくださっていた。そのような中で著者は、逐次版法令全書の体裁を特定できたのであるが、半信半疑である旨を話したのを今でも覚えている。幸いにも同課の本多真紀子調査員をはじめとする課員の方々は外国の法令集で同様の体裁を取るものがあることをご教示くださった。

それのみならず、ある時、著者は本多真紀子調査員に声をかけられた。「岡田さん、こんなものが書庫にありましたよ」。何気なく彼女の促す手元を見ると、何と驚いたことに著者が推定した逐次版「法令全書」の実物があるではないか。何と現存していたのだ。著者は一瞥して驚嘆したことを鮮明に覚えている。それは明治二十年代の某年某月発行の逐次版「法令全書」であった。まさに著者が推定した通りの年間発行十三冊の内の一冊であった。解体しやすいよう簡単に和綴じされ、奥付には十二冊揃ったら解体して、法令形式ごとに編綴し、下二冊分けて表紙を付けて合綴するよう指示まで印刷されていた。まさに著者が推測した通りの実物が、目の前に現れたのであった。後で分かったことなのであるが、本多真紀子調査員をはじめとする何人もの課員の方々が、著者の疑問を心に留めてくださり、業務の折に触れ広大な法令議会資料課の書庫で手掛かりを捜索してくださっていたのだ。

発見された場所に案内されると、未解体の逐次版「法令全書」と解体されたその紙片が書庫の片隅の書架に乱雑に積まれていた。それらは蔵書登録をされておらず、顧みられることがなかったため、その存在に気付かれることなく百年近く書庫に眠っていたものであった。このように、当時の法令議会資料課の方々一人ひとりが著者にとってはかけがえのない友人であり、わが師であった。

・・・・・

著者は一九九三年以来、大学の教壇に立ち指導を続けているが、その間に実に多くのかけがえのない学生たちに出会ってきた。教育者にとって最良の師は学生なのかもしれない。著者にそう思わせるかけがえのないたくさんの出会いがあった。彼らの励ましが、そして彼らがいてくれることそれ自体に励まされ、教育や研究に従事してくることができた。

その中からは、光栄なことに、著者の授業で刺激を受け研究者の道を進み始めた教え子も何人かいる。今回、本書を世に送り出すにあたり、ゲラの校正に際しては、かつての教え子で現在は日本看護協会研究員であり医学博士の内山綾子氏が、面倒な作業に助力を与えてくれた。

また本書の刊行にあたり成文堂編集部の篠崎雄彦氏には、著者の生来の怠惰さゆえ、大変な忍耐を強いることになってしまった。それにもかかわらず、辛抱強くご支援くださった。

・・・・・

かつて「学問は人の生きざまである」と言った哲学者がいた。さして人の範たり得るとは言い難い著者の生きざまのなかで、幸いにも繰り返されたかけがえのない出会い。その出会いの賜物が本書である。ここに紹介した方々へ心よりの感謝を表したい。

・・・・・

最後に、何よりも、三〇歳を超えてから八年間勤務した高等学校教師の職を辞し、早稲田大学大学院の学窓に復帰したいという著者の無茶な願いを真摯に受け止め、以来二十四年間にわたり著者を支え続けてくれ、今回の出版に当たっては膨大な量の原稿を出版の体裁に整えるため労を厭わず朱を入れてくれたわが妻、岡田富美子に本書を捧げる。

・・・・・

まことに、人の出会いは宝である。

二〇一三年の春浅き文の京にて

著者　しるす

著者略歴

岡 田 昭 夫（おかだ　あきお）

1981年　早稲田大学法学部卒業。高等学校の専任教員を経て、1989年早稲田大学大学院法学研究科修士課程入学。

1997年　早稲田大学大学院法学研究科博士後期課程公法学専修退学

2004年　博士（論文博士・法学）（早稲田大学）

現　在　早稲田大学メディアネットワークセンター講師，一橋大学大学教育研究開発センター講師，明治大学法学部講師，東京医科大学医学部講師，大東文化大学法学部講師，関東学園大学経済学部講師，東京情報大学情報ビジネス科講師

明治期における法令伝達の研究

2013年５月１日　初版第１刷発行

著　者　岡 田 昭 夫

発行者　阿 部 耕 一

〒162-0041　東京都新宿区早稲田鶴巻町514

発行所　株式会社　成 文 堂

電話03(3203)9201㈹　Fax 03(3203)9206

http://www.seibundoh.co.jp

製版・印刷　藤原印刷　製本　佐抜製本

ISBN 978-4-7923-0542-0　C3032

定価（本体 8000 円＋税）